本书受中国人民大学明德学者项目（11XNJ028）资助；受深圳立言教育研究院《社会组织如何参与学校发展》项目资助。

| 光明社科文库 |

社会组织与教育共治研究

杨海燕◎著

光明日报出版社

图书在版编目（CIP）数据

社会组织与教育共治研究 / 杨海燕著. -- 北京：光明日报出版社，2021.6

ISBN 978-7-5194-6175-1

Ⅰ.①社… Ⅱ.①杨… Ⅲ.①教育管理—研究—中国 Ⅳ.①G526

中国版本图书馆 CIP 数据核字（2021）第 128589 号

社会组织与教育共治研究

SHEHUI ZUZHI YU JIAOYU GONGZHI YANJIU

著　　者：杨海燕

责任编辑：杨　娜　　　　责任校对：李小蒙

封面设计：中联华文　　　　责任印制：曹　诤

出版发行：光明日报出版社

地　　址：北京市西城区永安路 106 号，100050

电　　话：010-63169890（咨询），010-63131930（邮购）

传　　真：010-63131930

网　　址：http://book.gmw.cn

E - mail：gmrbcbs@gmw.cn

法律顾问：北京市兰台律师事务所龚柳方律师

印　　刷：三河市华东印刷有限公司

装　　订：三河市华东印刷有限公司

本书如有破损、缺页、装订错误，请与本社联系调换，电话：010-63131930

开　　本：170mm×240mm

字　　数：255 千字　　　　印　　张：16.5

版　　次：2022 年 1 月第 1 版　　　　印　　次：2022 年 1 月第 1 次印刷

书　　号：ISBN 978-7-5194-6175-1

定　　价：95.00 元

前　言

随着国家治理体系和治理能力现代化的提出，“治理”逐渐成为社会生活领域的热门话题，义务教育质量不高和受教育者教育需求不断提高之间的矛盾要求不断提高教育治理能力。社会组织作为教育共治的参与主体，应该在共治结构、资源供给、协作方式和成果产出中发挥更加重要的作用。

我国社会组织参与教育治理经历了四个阶段：没有社会组织参与的二元子集模式、社会组织隐约可见的三元单交集模式、社会组织作为黏合剂的四元三交集模式和社会组织发挥独立作用的四元多交集模式。四元多交集模式是教育共治的理想模式。依据克里斯·安塞尔（Chris Ansell）的协同治理一般过程模型，社会组织参与县域G-S-O-U四方协同治理的机制应该在激发动力、完善过程、持续循环三个方面进行改进。

学校的教育治理经历了政府—中小学协同（G-S协同）、大学—中小学协同（U-S协同）、政府—大学—中小学协同（G-U-S协同）等几个发展阶段，但这些合作模式又存在许多不足：学校自身缺乏创新和校本管理经验、政府行政化的触手缺少约束、大学的理论产出落地时水土不服等，学校发展需要探索更加完善的治理方案，随着教育社会组织的发展壮大，由社会组织作为新的主体加入后的四方协同治理模式（G-S-O-U协同）应运而生。四方协同即政府（government）、中小学（school）、社会组织（organization）、大学（university）四大主体按照特定的形式结合成一个相对稳定的合作体，相互沟通协作，促进学校的发展。

本研究以四方协同治理机制为基础，通过探索社会组织与地方教育行政部门、社会组织与研究院所、社会组织与中小学之间的互动，深入研究四方合作的运行机制，分析社会组织作为教育共治的参与主体，如何在共治结构、资源供给、协作方式和成果产出中发挥更加重要的作用。通过案例研究发现，四方协同治理模式存在协同参与动力不足、协同过程要素缺失、协同主体角色失范等问题。针对这些问题，研究认为应该从三个方面加强社会组织在参与地方教育共治中的作用，即激发协同主体参与动力、完善协同过程制度设计、矫正协同主体角色等。

目　录

CONTENTS

第一章

绪　论

第一节　研究背景和意义

任何问题的形成都能找到一定的影响背景，特定时空下的政治经济环境、思想认识深度、实践发展程度等都深刻地影响着一代人及其对生活的认知。因而研究问题的发现与形成不能离开我们所处社会历史和现实环境而存在。将目光聚焦于义务教育领域，不难发现一些新的变化正在产生，新的问题也随之出现，新的机遇也伺机而动，这些共同指向了本次研究的主题——多元协同治理。

一、研究背景

（一）教育治理的提出

2003 年出台的政府工作报告明确了政府经济调节、市场监管、社会管理和公共服务的职能；2005 年又明确提出建设服务型政府，创新政府管理方式；2013 年 11 月，党的十八届三中全会正式提出“推进国家治理体系和治理能力现代化”，这标志着“治理”被摆在国家战略的高度，正式融入国家和社会发展的话语体系，是未来一段时间里公共服务发展的方向。

这一变化同样反映在教育行政上，政府包办教育向社会共治教育的转变过程中，怎样协调各主体之间的关系、怎样构建主体间的合作机制是需要关注的重点。2014 年，教育部袁贵仁部长在全国教育工作会议上做了题为《深化教育领域综合改革，加快推进教育治理体系和治理能力现代化》的讲话，强调教育行政部门要进一步简政放权，在做好宏观调控的基础上，该放的放，避免“越位”“错位”和“缺位”；社会力所能及的要尽量交给社会去做，厘清教育治理中各主体的职责和权限。可以看到，在“教育治理”热度上升的过程中，形成政府宏观调控、市场要素涌流、社会积极参与的新关系是前提，这个过程中依然面临着很多的困难有待探索创新应对的方法，聚焦学校改进中的治理协同既符合政策理论研究的趋势，又是建设服务型政府、激发全社会活力、促进教育发展实践的推动力量。

（二）义务教育受教育者的需求变化

我国自古以来就有对教育投入大量关注的传统，一直发展到现当代更是对义务教育给予更多的重视。此外，受教育者对教育的普遍关注在社会主义市场经济体制确立发展后有了新的进步，马斯洛经典的需求层次理论解释了人们需求的变化发展，20 世纪 90 年代后高速增长的 GDP 带来居民人均可支配收入的切实增加，人们在“富起来”之余开始更多地思考教育问题，教育兴国、人才强国的理念在广泛宣传中深入人心，公共教育质量，尤其是中小学的义务教育质量，成为国家和社会、家庭最为重视的问题。

人才竞争日益激烈的当下，义务教育受教育者的需求呈现出更丰富、更高端的特点，学生开始拒绝毫无新意的教学模式和教学内容，学生和家长既要求能够通过在校学习有优秀的学业表现，又望在科学、艺术、生活等多方面使综合素养得以提高，也希望有更新颖、快捷、先进的教学体验。

（三）教育社会组织的发展

教育社会组织作为整个社会组织阵营中的一个组成部分，在整体发展过程中得到了进步。1982 年《中华人民共和国宪法》中首次明确了社会组织在教育领域中可以发挥力量，指出“国家鼓励集体经济组织，国家企业事业和其他社会力量依照法律规定举办各种教育事业”。面对中小学学校改进过程中的难题，是否能发挥教育社会组织的优势，在治理过程中引入社会组织，使其与其他治理主体深刻相融，达到共治和善治的目标——这成了当下教育理论研究者和实践者开始思考的新方案。

二、研究意义

（一）理论意义

引入社会组织参与教育治理，强调多元主体协同共治，既是对当下“社会治理体系和治理能力现代化”号召的回应，也是对治理理论在教育领域应用的进一步丰富，有利于促进教育民主、激发教育活力。

（二）实践意义

通过研究案例学校的成功实践，印证了社会组织参与学校发展的可行性和有效性，解释了多元主体在学校发展中如何凝聚力量，为探索学校发展的创新道路提供了有益借鉴。

第二节　文献综述

一、有关教育协同治理的研究

协同治理在受到政治学、管理学、法学等多种学科青睐的同时，也是教育管理这一跨学科研究中应用较为广泛的一种研究视角。从现有的相关研究来看，研究者将教育管理领域中的政府、高校、中小学、社会组织等组织机构看作是相互独立又依赖的主体，针对这些主体之间的互动、协商、整合过程进行了进一步探讨。

（一）教育自治、共治与善治

什么是教育治理呢，学者褚宏启认为教育治理是指不同的组织结构，包括政府、社会组织、利益团体和公民等，在某一特定的制度体系下开展合作、互动，对教育公共领域的事务进行整合的过程（褚宏启，2014）。当前的中小学教育实践与改革中，教育治理既是无法回避的潮流，也是研究趋向的主要方向。

教育发展和改革中要做到协同驱动、有效治理，离不开学校自治、教育相关主体共治、教育善治的三个重点。学校自治是保障学校活力、促进协同共治的基础和前提。完善学校内部治理结构是发挥学校在教育管理中的主体作用，加快建设现代学校制度的第一步。2010 年，《国家中长期教育改革和发展规划纲要》明确提出："落实和扩大学校办学自主权，政府要依法保障学校充分行使办学自主权。"2012 年，教育部印发《全面推进依法治校实施纲要》，纲要中写道："切实落实和尊重学校办学自主权，减少过多、过细的直接管理活动。需要切实扩大学校在办学模式、育人方式、资源配置、人事管理、合作办学、服务社区等方面的自主权。"

褚宏启认为，在当前教育治理的背景下，加快中小学管理改革最重要的就是先着重提高中小学校的自主性，要将中小学管理从过去的他治变为自治，抛开依附，走向自主，即"从他治到自治，从依附到自主"。过去的他治是政府作为唯一的管理主体对学校的家长式管控，与此不同，自治是在政府推行简政放权、提出学校管办评分离的背景下，逐步适应政校分开的必然策略。政府减少对学校繁杂的行政干预，保留宏观上的指导，学校则是首先从树立起自我管理、自我服务的意识，培养自主管理、自主办学的能力，逐步落实校本权力。①

学者杨明认为，受到我国政治体制的影响，以往的公共教育治理受到行政权力影响较重，在政府"独治"的传统下，学校自治和社会共治并没有成为主流观念。杨明将这种教育管理状态称为"政府控制模式"，"政府控制模式"的基本特征是：第一，管理权威是自上而下的，学校是政府一系列教育政策和教育指令的受命者，只管执行政府的相关要求。第二，管理对象是同质性的，政府将教育管理的对象简单地看成是同一个对象，其中没有不同需求、不同层次、不同利益的区分，因而只需要用简单一致的政策进行管理即可。第三，管理的范围是全面的，政府将自己视为全能者，因而也应该全面管控教育管理中的大小事务。第四，管理的方式是直接的，政府通常使用财

---

① 褚宏启. 自治与共治：教育治理背景下的中小学管理改革［J］. 中小学管理，2014（11）：16-18.

政拨款、行政命令直接干预公共教育领域的管理事务。①

教育共治是在不同教育治理主体出现后，多元主体之间进行对话、协商、妥协、互动的过程。王晓辉指出教育决策主体是多元化的，除了传统的政府是显而易见的决策主体，社会中的新闻媒体、企业，专家学者、教师、家长、学生等也都是应该纳入教育决策考虑范围之中的利益相关主体。② 徐冬青从理论层面证明了现代学校制度必须要建立在教育公共治理体系完善的基础之上，教育领域之间不同主体需要通过对话和协商来建立信任，构建起合作伙伴关系。对话和协商机制可以贯穿于学校治理的各个环节，是处理好治理过程之中不同主体关系的重要手段，可以找到各主体的连接点和平衡点。③ 学者李涛从构建协商网络的角度分析了共治的参与主体和方式，他认为一个全面的协商机制中应该包括政府、学校、家长、社会和学生五个主体之间的相互协商，即政府与学校协商、政府与社会协商、学校与社会协商、学校与家长协商、学校与学生协商，由此构成教育共治中的沟通协商网络。④

教育善治是教育共治的目标和价值取向。学者俞可平在《治理和善治：一种新的政治分析框架》一文中把善治的六个基本要素概括为："合法性、透明性、责任性、法治、回应、有效。"⑤ 褚宏启在六要素的基础上进行了引申，把教育善治的特征扩展为十个，即"参与度、回应性、透明度、自由度、秩序、效率、法治、问责、公平和效能"⑥。

在研究教育协同治理的三大理论内涵成果的基础上，研究者们还对教育治理的理想状态进行了设想，其中，褚宏启提出了教育的"五治"，意为公共教育治理中需要以"法治"为基础，政府开展"元治"、多元主体"共

① 杨明. 从政府控制模式到政府监督模式：中国高等教育政府管理模式的现代性转换 [J]. 教育科学，2003 (5)：1-4.

② 王晓辉. 关于教育治理的理论构思 [J]. 北京师范大学学报（社会科学版），2007 (4)：5-15.

③ 徐冬青. 公共治理：现代学校制度建设"新探索" [M]. 南京：江苏教育出版社，2011：242-255.

④ 李涛. 教育公共治理若干问题探析 [J]. 教育发展研究，2009 (8)：61-63.

⑤ 俞可平. 治理和善治：一种新的政治分析框架 [J]. 南京社会科学，2001 (9)：40-44.

⑥ 褚宏启，贾继娥. 教育治理与教育善治 [J]. 中国教育学刊，2014 (12)：6-10.

治”、学校立足“自治”，共同达成“善治”。

（二）教育协同治理的几种已有模式

国内有关多元协同治理的模式研究主要集中在政府—中小学合作（G-S协同)、大学—中小学合作（U-S 协同)、大学—政府—中小学合作（U-G-S 协同）三种模式上。其中不乏理论与实践并举的研究案例，其共同点都是基于协同治理中自治、共治和善治思想基础上做出的创新，研究的特征主要表现为：在研究主题上，集中于通过协同治理创新教师教育或课程开发；在研究内容上，主要分布在协同治理的理论基础、实践效果、存在不足上；在研究主体上，主要集中于教育在行政部门、大学和中小学的独立或联合研究。但对社会组织在协同治理中发挥的作用无论是从理论论证上还是从实践调研上都比较缺乏。

1. G-S 协同

G-S 协同是指政府和中小学之间的合作管理，在这个过程中主要是政府起主导作用，两者之间的关系是单线的，缺乏双向互动。学校作为政府行政功能的延伸，负责贯彻执行政府的教育意志，在学校管理中缺乏自主性，往往要接受政府各式各样的教育督导，而缺少意见反馈的机制，因而这种单向的管理方式较少在协同治理的研究中被着重强调。

2. U-S 协同

U-S 协同是指大学和中小学之间就中小学学校管理、教师教育等问题进行的初步协同共治探索。大学与中小学合作的理念最早源于杜威实验学校里的举措，杜威开放实验学校给师范专业的学生提供实习的场所，让大学里的师范教育与学校教师实践相结合；此外，还鼓励中小学一线教师参与大学相关教育理论的学习。

U-S 协同概念的正式提出是在 20 世纪 90 年代以后，研究者认为，U-S 协同有利于让大学与中小学双方各取所需，互相弥补，共同进步。赵玉丹在研究国外大学和中小学合作关系的基础上，总结出 U-S 协同的三个关键要素是：第一，树立共同的行动目标，明确的共同目标有利于促进学校质量提升；第二，培养共同的利益点和研究兴趣，有利于在合作中促进双方教师水平的提升；第三，形成平等的权利和义务，在合作中保持共同决策和一致行动，有利于合作的长久和稳定。① 巴奥特（Biott）根据 U-S 协同中双方的权力地位不同，将其划分成两种模式，第一种称为执行模式，在这种模式中大学占有主导优势，以专家身份对中小学开展指导、教授，为其做示范，并要求中小学实施自己的理论和策略；另一种模式称为发展模式，在这种模式中，大学和中小学处于相对平等的地位，双方通过交流、沟通、商讨、询问等手段开展合作。在 U-S 协同的阶段方面，威尔逊（C. Wilson）等人将大学与中小学的合作过程概括为五个发展阶段：开展、初具成效、产生成果、成果的扩展、成熟的伙伴关系。这五个阶段在时间上具有先后关系，表明合作伙伴关系的发展历程。

3. U-G-S 协同

随着大学与中小学协同的深入，有些研究者开始思考一些问题“大学和中小学合作实体之间既存的文化冲突如何化解，更好的支持性环境如何构造，两主体合作的具体实效又该如何客观评价，并使其具有一定合法性”②。U-G-S 模式便应运而生，现阶段中学者研究最集中的协同治理模式是大学—政府—中小学协同模式（U-G-S 协同模式），较为典型的是东北师范大学设立的“教师教育创新东北实验区”就是借助“师范大学—地方政府—中小学校”的平台进行教师教育研究。③

在 U-G-S 模式中，治理参与主体呈现多元化的特征，作为一种“有计划、互利的跨机构联盟”，通过合作，三方机构能够在资源优势、组织功能上实现互补，进而共生共赢。当前世界范围内很多国家较为关注大学、地方政府、中小学的相互合作在师范生实践性知识培养、资源共享等方面所起到的作用（陈娜，2016）。

但这些模式都或多或少呈现出在协同治理过程中的失效问题，这主要是由于在思想认同、组织机构、目标一致性、文化冲突等方面的不一致性导致

① 赵玉丹．大学与中小学伙伴合作：国外研究的现状与述评［J］．内蒙古师范大学学报（教育科学版），2007（3）：31-34.

② 李国栋，杨小晶．U-D-S 伙伴协作：理念、经验与启示［J］．外国教育研究，2013（10）：30-33.

③ 刘益春，李广，高夯．“U-G-S”教师教育模式建构研究——基于教师教育创新东北实验区建设的实践与思考［J］．教师教育研究，2013（1）：61-65.

的。学者滕明兰指出，致力于教师发展的U-S合作已经逐渐展开，但这种合作层次较低，她以“协同合伙”一词描述这种合作关系，认为大学与中小学的合作关系停留在形式上，对教师教育和学校发展难以起到实质性的推动作用。造成“协同合伙”的原因主要是大学和中小学没有形成一致的合作目标，缺少共同的动力，且大学与中小学并未处在一个平等的层面进行合作，合作中的工具价值更明显，体现为中小学在合作中扮演实践基地的角色，为大学提供实验场所，对学校自身的发展则没有太多帮助。还有学者认为，中小学在大学和政府的双重权威下，只能扮演“服从者”“执行者”的角色，在三者的合作过程之中，本应处于核心位置的中小学反而被边缘化了。

针对这些质疑和批评声，有研究者（李国栋、杨小晶，2013；陈娜，2017）用补充参与主体的视角，希望引入第三方组织来协调原来模式中的矛盾。如“U-D-S”伙伴协作模式，其中“D”指District，包括地方教育局和学区、社区相关教育机构等，希望以社区作为独立于政府和中小学之外的第三方，为三方合作提供社区环境的支持，并通过社区力量化解原来合作中的文化冲突等问题。不过其问题在于，一方面，这些研究在声音上比较微弱，研究时间也比较短；另一方面，将地方政府和地方社区机构融合在District一个意涵之中，造成对社会组织的主体分析较为薄弱。因此，要弥补当前教育协同治理中现有的缺漏问题，势必要在社会组织这一主体之中进行更多的探讨。

总的来说，我国关于教育协同治理的研究主要集中于期刊文献，专门的著作研究数量有限。而且，相关的研究主要集中在近五年，可以看出这一问题的研究仍然处于较新的阶段。

二、有关社会组织参与教育治理的研究

（一）社会组织与治理

政府与社会组织之间的互动关系是社会组织参与治理的保障，治理理论的发展则是社会组织参与治理的基础。

研究社会组织的学者往往从社会组织作为政府补充、与政府互动的视角来解读政府与社会组织之间的关系：保罗·斯特里腾（2000）认为，政府与

社会组织互相关系表现为成功的社会组织对政府的宏观政策制定施加影响，并将自己的意志反映给政府；政府的一般决定会影响社会组织的发展。科恩等（1992）认为社会组织与政府之间存在“制约、冲突、互利共生、合作和参与”五种关系。研究公私合作的著名学者萨拉蒙认为政府和社会组织之间应该建立合作伙伴关系，让社会组织参与公共服务有利于两者关系的发展。奥斯特罗姆提出的多中心治理理论中阐述了公共产品和服务供给中生产者与供给者相分离的这一理念，认为在公共产品的提供与生产中，可以允许其他组织的参与，这种参与以政府授权或者共同提供等形式来实现。

治理理论强调不同主体在管理社会事务方面要建立共同愿景，协同合作，尤其是政府和市场之外的第三方主体是保证治理的公平、合理、顺畅的重要部分，这在一定程度上推动了社会组织的发展。再者，就治理形式而言，学者们提出了多中心治理、共同治理、自主治理等理论，虽然各不相同，但其突出特征都强调了社会组织在治理中的作用，突出公共参与，并包含了达到善治目标的理念。

反过来社会组织的发展又证明了治理理论的科学性，并进一步促进了治理理论的深化研究：一个自由、成熟的公民社会的发展，加上政府对社会功能的认识更新而赋予社会组织更多自主权，带来的是社会治理的进一步完善和成熟。这里涉及两个治理成功的关键要素，一是公民参与公共事务的积极性和主动性，二是社会组织的发展。① 从这个意义上来说，社会组织是社会治理能够顺利开展和实现的关键要素。从政府与公民的关系上来看，社会组织的出现意味着一个缓冲地带的形成，公民的诉求经由社会组织的整合和加工得到放大和重视，有利于促进公民诉求的达成，而政府政令的执行也在社会组织的软化下变得不再生硬，可接受度大大提高。从社会组织自身的发展上来看，“社会”主体的发展壮大伴随着政府部分权力的逐步让渡，以及社会组织实践能力的不断提高，社会组织的重要性和作用不断增强，社会组织为治理运动兴起和发展奠定了基础。

（二）社会组织与教育

社会组织何以可能参与教育？第一，能够在社会公共事务治理中敏锐地

① 张铭，陆道平. 西方行政管理思想史［M］. 天津：南开大学出版社，2008：328.

发现政府服务供给的盲区，并迅速为其补充相应的产品或服务。第二，能够深刻地感知社会深层次的、真实的需要，并且富有效率和针对性地加以解决。第三，能够凭借自身扁平化的组织形态，有效地促进社会民主，塑造公民社会。能够在与政府的交往中促进政府的理念更新，构建与政府之间的对话协商机制。第四，凭借其创新潜能，能够协助政府发现公共治理的新路径。

社会组织参与教育治理的形式主要有四种。第一种是公益捐赠。即社会组织将面向社会募集的实物或资金无偿捐赠给学校，通过资助、捐款、设立奖学金等方式支持公立学校的发展和学生就学。第二种是政府购买。政府通过向社会组织购买教育产品从而引导社会组织参与教育治理，政府购买的一般是公立学校无法提供或者供给不足的教育资源，如农民工子弟学位、优质的中小学入学机会等。第三种是合同外包。即社会组织与政府通过签订合同达成契约关系，独立承包学校管理运营的部分或全部流程，可以划分为教育服务外包和非教育类支持性服务外包两类。① 第四种是委托管理。政府通过与社会组织签订合同，将公立学校的运营和管理部分或全部交给对应的社会组织，学校的所有权仍然归属政府，由政府拨付财政款项支持学校运营。

三、有关学校发展的研究

（一）对学校发展定义的研究

学校发展是什么？从现有的研究结果看，主要的讨论集中在两个问题：

第一，学校发展是一个过程，还是一个结果。有的学者将学校发展看作是一个过程，如我国学者范国睿认为学校发展是指在外环境变化的影响下，学校为了适应环境而随之变化的过程，学校发展既包括数量的发展，即学校规模扩张，又包括质量的发展，即学校办学质量和办学效益的提高。有的则强调发展的结果，如国际学校改进计划（International School Improvement Project）将学校发展看作是“一种系统而持续的努力，旨在改变校内的学习条

---

① Public Private Partnership in Education-A Report by Education International [R/OL]. Education International, 2009: 18-19.

件和其他相关的条件，最终能让学校更有效地实现教育目标"①。霍普金森（Hopkins）认为，"从特殊的技术角度来看，学校改进是一种教育改革的特殊方法，用来提高学生的成就以及加强学校的管理变革能力"②。我国学者江雪梅、褚宏启等人认为学校发展不是应对学校危机的应急反应，而应该是目的明确、计划充分、实时调控、连续系统的综合过程（江雪梅、褚宏启，2011）。

第二，学校发展是学校内部的发展，还是学校与外部的发展。有学者提出学校发展内容复杂，内涵丰富，是一个"持续、多维、动态"的过程，学校发展发生在学校内部，是包括学校内的个体、组织在学校内部各方面的整体性改进和提高（张熙，2004）。持相反观点的学者认为学校发展应该与外部环境相联系，比如，劳凯声等人认为，学校发展是随着外部社会环境的变化而相应调整的，不同时期社会对学校发展的要求不尽相同，个体对学校也有不同期望，因此，学校发展就是要在社会和个体的希望之间找到一个平衡的过程（劳凯声，2000）；史静寰等人认为，学校发展是指条件不好的学校以多样化的外部资源为依托，促进办学条件和办学水平的提高，学校发展需要关注学校与社区的关系，通过学校发展促进社区共同发展（史静寰，2004）。

（二）对学校发展目标和阶段的研究

学校发展的目标主要有两个，一是提高教育质量（张熙，2004）；二是促进学生的全面发展、个性发展、健康发展和持续发展（范国睿，2004；张兆芹，2005；江雪梅、褚宏启，2011）。

根据学校发展的过程，可以将其划分成不同的阶段，一般来说，学界普遍认同的几个发展阶段是：（1）问题诊断，识别学校现存的各种问题；（2）制订学校发展计划，明确发展目标、确定发展方式、明确发展策略；（3）实施学校发展计划，保证学校发展中的主体参与；（4）实现学校发展目标，通

---

① 梁歆，黄显华. 学校改进：理论和实证研究［M］. 上海：华东师范大学出版社，2010：8.

② HOPKINS D. The Practice and Theory of School Improvement［M］. Berlin：Springer，2005.

过前期阶段的实现，达成预定的发展目标（江雪梅、褚宏启①，2011；苏丽静②，2012）。

笔者认为，在学校发展的四个已有阶段的基础上，可以加入第五个阶段，即学校发展的评估和反思阶段，对学校发展实施过程进行总结和反思，为下一次学校发展提供有益借鉴。

（三）对学校发展措施的研究

影响学校发展的因素众多，包括学校领导者的愿景、学校文化、学校的组织结构和制度安排、教学内容和教学方式、学校个体和组织的专业发展程度（张兆芹，2005）等，还涉及校长及其管理团队在学校的课程规划、开发、实施、管理和评价之中的领导力（英配昌，2009；李永培，2011）；也有学者认为学校发展的前提是要创建特色课程体系、完善课程实施过程，课程体系是提高学校教育质量的关键，也是提升学校办学品位的基础（钱颖萍，2015；刘璇，2014）。

学校发展涉及学校内部教学活动的各个方面和学校外部环境与学校之间的关系。学者张熙指出了学校特色发展的五个方面，即“文化建设、管理建设、教学建设、课程建设、优势项目和活动”（张熙③，2014），这五个方面较好地总结了当前学界对学校发展的主要内容的研究。学者张宝贵提出，学校文化是促进学校教育成效提高、促进学校发展的催化力量（张宝贵，2007）。他将学校按照文化建设的水平，划分成了规范校、特色校和品牌校三种类型，规范校满足一般的学校制度文化建设，在师生管理和教学开展中通过强制规范，实现课程要求；特色校是在规范校的基础上重新创建学校文化，立足学校已有文化基础形成自身特色，满足学生的个性发展需求，促进学生全面发展；品牌校则是文化建设促进学校发展的高级阶段，它是在特色校形成的学校文化基础上，进一步实现学校文化的系统化，将文化融入学校活动的各个方面，并在同类学校之中成为榜样角色。

针对这五个学校发展的主要内容，学者们提出了相应的促进学校发展的

① 江雪梅，褚宏启．学校发展过程研究［J］．教育理论与实践，2011（13）：18-22.
② 苏丽静．S中学发展的实证研究［D］．石家庄：河北师范大学，2012：13-14.
③ 张熙．为学校特色发展找一条合适的路径［J］．人民教育，2014（9）：8-12.

措施建议：

有学者提出，文化是推动学校发展变革的心理基础，文化具有的变迁力、塑造力、制约力和学习力是影响学校发展的重要因素（王星霞，2010）。因此，要促进学校发展就必须加强文化建设，比如，要让文化建设与学校发展战略相融合，将学校的愿景、使命、策略整合到学校文化中，发展积极的学校组织文化（吴增强，2003；张宝贵，2007）。

有的学者从学校课程体系构建的角度提出学校发展的措施，课程是实现办学方案的载体，现代化的学校必须具有特色的校本课程，课程的校本化直接集中体现出学校的办学理念（张宝贵，2007）；课程亦是特色学校发展的载体，在学校文化基础上形成的特色课程体系是推动学校发展的有效力量，如学者刘璇调研上海市某外国语中学的特色课程开发实践，发现其以特色外语课程为核心规划课程体系、统筹课程实施、创新课程设计，助力学校特色发展（刘璇，2014）。

有的学者认为学校发展需要加强学校人力资源的开发与管理（张宝贵，2007），其中最主要就是教师的专业发展，学校的发展与教师的专业发展是相辅相成的关系，教师的专业发展能够促进学校发展，反过来学校发展又为教师专业发展提供了保障，在学校内部建立教师专业发展学校是促进教师与学校共同发展的有效措施（戚业国、陈玉琨，2002；高焕祥，2006）。

除此之外，很多学者还提出了一些具体的发展措施，比如，提高学校科研工作和科研水平（吴横宇，2003）；创新学校组织管理（盛雅萍，2004）；运用标杆管理方法促进学校发展，增加竞争优势（胡永新，2006）；锻造学校精神（康岫岩，2007）；等等。

第二章

理论基础与核心概念

在理解教育协同治理理论之前，首先需要回答的一个问题是：为什么教育可以由政府以外的主体来参与供给？这与公共物品的特性息息相关，公共物品理论认为，在人们所需要的各式各样的物品和服务中，可以根据效用是否可以分割、使用是否具有竞争性和收益是否具有排他性三条标准，将它们划分为公共物品、私人物品和介于二者之间的混合物品。理想状态下的供给模式为政府供给公共物品，私人部门供给私人物品，但实际情况是各式物品和服务的复杂程度使得我们难以轻易地将它们归类到哪一种领域去。纯粹的公共物品和私人物品固然存在，但数量极少，更多的物品是不具备完全的非竞争性或非排他性的混合物品。公共基础教育就是这样一种具有非排他性和不充分的非竞争特点的混合物品，或者称为准公共产品。国家为每一个适龄儿童提供义务教育，在课堂上听课的学生 A 并不会对周围的学生 B 接受同样的教育产生排斥，但随着同一个学校或课堂里学生人数的增多，超过一定临界点之后，每增加一个学生所带来的教育成本会随机发生改变。故而当教育需求超过政府所能提供的某一临界值的时候，就会出现供给失灵的问题。

教育的准公共产品属性决定了在教育供给中并非政府或者市场的非此即彼的博弈，而是有空间允许更多的主体参与进来，最终选择哪一种方案取决于效率的差异。布坎南在《公共物品的需求与供给》一书中提到在决定公共供给时，“应当从国内的私人企业购买这些物品……或者，由政府直接组织生产，取决于对不同生产方式的效率计算”。这种对教育物品属性的划分成为当前的主流认识，也是治理理论发展的一个重要基础。

第一节　治理理论

一、治理：多元协同

治理理论是教育协同治理的重要理论来源。

随着社会管理结构和权力中心的变化，治理理论在近年来越来越成为研究者分析社会管理议题最常使用的框架。有关治理这一概念的内涵及其发展，在国内外学者的研究中都有相应涉及，国外主要有詹姆斯·N. 罗西瑙、罗伯特·罗茨、格里·斯托克和全球治理委员会等学者和组织对治理理论进行了深入研究，国内则主要是以俞可平、杨雪冬、孙柏瑛等学者的研究为基础。

治理（governance）一词最早的含义是把控、诱导、操纵，这一概念在西方最早出现于拉丁文和希腊文中，据西方学者考证，最早在 14 世纪末的时候，治理作为一个独立的词汇已经开始使用。① 但治理这一概念从真正意义上用于解释和应对公共管理领域的社会问题却是在 20 世纪 70 年代后，20 世纪 70 年代正值西方资本主义国家面临滞胀危机的时期，物价持续上涨、高失业率、经济长期低迷使得凯恩斯主义饱受诟病，“大政府”的观念被批判，学界和社会开始要求政府还权于社会的呼声渐涨，“政府再造运动”下新公共管理理论、新公共服务理论竞相出现，政府被要求做“守夜人”“掌舵者”。人们开始将目光放到政府和市场之外的第三方组织中去，构建起“国家—社会”的新范式，为治理一种既强调政府公共职能又重视社会组织作用的相互配合、共同管理的理念与方式培育土壤，期盼着社会组织能够为社会管理带来新的生机与活力。

《没有政府的治理》是罗西瑙关于治理理论集中阐述的著作，他认为治理并不是正式的制度，但又实实在在地发挥作用，它意味着社会生活中各种

① 孙柏瑛. 当代地方治理：面向 21 世纪的挑战［M］. 北京：中国人民大学出版社，2004：19.

活动需要遵循的一套机制，这种机制既包含了政府机制，又包含了非政府的社会机制。格里·斯托克对治理的界定主要在于强调合作性，认为治理把“原先由国家独自承担的职能逐步地转移给社会组织以及公民自愿性团体”①。接着，他又总结了五种具有代表性的治理定义，来界定治理的内涵和外延：“（1）治理意味着一系列来自政府但又不限于政府的社会公共机构和行为者，它对传统的国家和政府权威提出挑战，它认为政府并不是国家唯一的权力中心。（2）治理意味着在为社会和经济问题寻求解决方案的过程中，存在着界限和责任方面的模糊性，它表明在现代社会，国家正在把原先由它独自承担的责任转移给公民社会，即各种私人部门和公民自愿性团体。责任的转移在体制上表现为公私界限的模糊，转而体现为一系列志愿性机构的出现。（3）治理明确肯定了在涉及集体行为的各个社会公共机构之间存在着权力依赖。这表现为，参加集体行动的组织依赖其他的组织，为达到目的，组织必须交换资源，并就共同目标进行谈判，交换产生的结果不仅取决于各方参与者的资源，也取决于游戏规则和进行交换的环境。（4）治理意味着参与者最终将形成一个自主的网络，这一自主的网络在某个特定领域中拥有发号施令的权威。（5）治理意味着办好事情的能力并不仅限于政府的权力，不限于政府的发号施令或运用权威，在公共事务的管理中还存在着其他的管理方法和技术。”②

罗伯特·罗茨在《新的治理》一文中根据治理的目的和范围的不同，将治理划分成六种类型：一是作为最小国家的管理的治理；二是作为公司管理的治理；三是作为新公共管理的治理；四是作为“善治”的治理；五是作为社会—控制系统的治理；六是作为自组织网络的治理。

作为全球治理研究领域内具有影响力的组织，全球治理委员会在《我们的全球伙伴关系》中将治理定义为既涉及公共部门又涉及私人部门的、动态的、相互协调的过程。

---

① 格里·斯托克，华夏风. 作为理论的治理：五个论点［J］. 国际社会科学杂志（中文版），1999（1）：19-30.

② 格里·斯托克，华夏风. 作为理论的治理：五个论点［J］. 国际社会科学杂志（中文版），1999（1）：19-30.

治理一词在中国古已有之，春秋战国时期的文献中就已经明确记载了治理这个词汇，此时的治理强调的是国家和政府对社会的有效统治和管理。20世纪90年代以来，具有现代多中心合作意义的治理理论被引入中国，国内研究者对该理论的研究主要经历了从简单的介绍引入到立足国内社会实际分析其理论适用性的过程转变。

目前，对国内学界有关治理理论的研究主要流派进行划分的话，可以归纳出三种代表观点。第一种以毛寿龙为代表，从政府管理的角度出发，认为治理是新的社会环境和经济背景下政府职能的转变和管理改革。第二种以俞可平等学者为代表，深入研究了中国公民社会的机制，以国家—社会二分为前提，指出治理就是社会功能不断扩展和完善。第三种是以陈振明教授为代表的"合作网络"研究路径，即认为国家与社会团体以及公民的合作赋予了"治理"新的内涵，现实意义上的治理实际就是一种合作管理。

总的来看，对治理的概念界定的基础是市场和政府在社会资源配置领域里的双重失灵，治理理论并非是政府或者市场的哪一种极端，而是基于政府、市场和社会共同发力下的结构重组，也即在国家—社会范式下的多元主体管理创新。其中，主要强调三点：第一，强调社会组织的作用；第二，强调对话、协商、妥协、整合；第三，强调以善治为价值取向。

从统治到治理，反映的是社会关系的重新建构，原先政府中心的社会关系转变成了政府、社会互动协调的动态关系，作为调整的结果，国家、公民和社会的角色都发生了转变：国家从掌控和主导变成了引导、整合与鼓励；公民从消费者转变成为参与者；社会中的第三方组织成了最重要的中介。

治理的两个基本前提是，第一要培育团结合作、民主互动和协商妥协的精神；第二要具备多元化的主体，这些主体拥有成熟的参与能力，并在主体之间建立起和谐的伙伴关系。（藏志军，2003）它强调不同的主体之间创新的组合和互动模式，各主体间的有机协同，即动态的、互补的、共融的合作，而简单地机械相加并不是解决公共领域社会危机的办法，这也是本文所要去证明的协同创新的解释力所在。

二、三个维度：自治、共治和善治

协同治理为研究多主体共同解决公共问题提供了新的思路，具体来说，协同治理的研究中又涉及自治、共治和善治三个主要的概念。

（一）自治

国内外研究者对自治的定位分析基本保持一致，其中，国内研究者主要沿袭了国外观点。首先，在协同治理中，自治是组织最初的治理形态，也是保持独立的前提，奥斯特罗姆为解决“集体行动困境”，提出了自主治理理论，即“相互依赖的个人可以自我组织以进行自主治理，从而能在集体中所有人都面对搭便车、规避责任以及其他机会主义行为诱惑的情形下，取得共同、持续的收益”①，并在此基础上形成了多中心治理理论。

其次，在自治与共治的关系中，自治是共治的基础和前提。在自我治理的条件下才有能力进行高效的共同治理，共治理论形成的基础在于各个主体的独立，独立不仅是个体上的形式独立，更为重要的是能力上的实质独立，即各个主体具有充分的治理能力，这种能力的培育通常与自治密切相关。迈克尔·迈金尼斯认为，“为了进行公共事务管理和提供公共服务，实现持续发展的治理目标，由社会中多元的独立行为主体基于一定的集体行动规则，通过相互博弈、相互调适、共同参与合作等互动关系，形成多样化的公共事务管理制度或组织模式”②。

（二）共治

共治在英文中通常翻译为“collegiality”或者“co-governance”，前者的共治侧重于共同统治，最初意指天主教中主教和教皇共同掌权，继而衍生出“同僚之间相互尊重彼此的能力和义务”，因而其翻译为中文“共治”时，更强调共同管理而非治理。③ 随着简·库曼认为共治作为新的治理方式可以有效应对治理失效的问题，他强调了共治思想中的治理意涵，认为治理不是一成不变的，不是被安排的，而是为了应对复杂、多样和动态的社会议题，各

---

① 奥斯特罗姆. 公共事务的治理之道：集体行动制度的演进［M］. 余逊达，陈旭东，译. 上海：上海三联书店，2000：5.

② 迈克尔·迈金尼斯. 多中心体制与地方公共经济［M］. 毛寿龙，译. 上海：上海三联书店，2000：75.

③ 刘洪彬. 国家治理体系现代化研究［D］. 武汉：武汉大学，2014.

个主体之间的创新互动与合作。①

随着近年来治理理论、新公共管理理论以及新公共服务理论在我国学界研究的深入，对共治的研究也呈现出更加全面和体系化的态势。学界现有的关于共治的研究主要是对西方理论的引进，从两个方面对共治进行解读，一是以奥斯特罗姆的多中心治理为基础，从社会管理的角度出发，以“多中心”“多元治理”等概念阐述共治思想。二是在共同管理的意义上讨论治理，学者陈振明提出的“合作网络”，将治理看作是合作管理，即共治就是治理的核心意涵。

共治一词既体现了多主体，又强调了治理，还以“协同”连接各个主体间到治理的过程，是协同治理核心的思想集中体现。

（三）善治

与前两个因素不同，善治在国内外的研究中存在细微的差异，首先，国外研究者一般是对善治（good governance）的本体概念进行阐释，认为善治是良好的治理，指的是社会管理过程中实现公共利益的最大化，善治的六个基本要素，即合法性（legitimacy）、透明性（transparency）、责任性（accountability）、法治（rule of law）、回应（responsiveness）、有效（effectiveness）。② 查尔斯·J. 福克斯（2002）则认为善治为了实现幸福而进行的一系列活动，哈斯·曼德（2007）认为善治是以民众为中心的，能够对民众需求做出迅速回应的治理模式。

而在国内研究中，学者们主要是将善治作为治理的目标进行研究，它与治理在发展中具有先后顺序上的逻辑关系。俞可平认为善治中的善就是公共利益，善治就是为了公共利益最大化而开展的管理活动，善治的前提是国家与社会之间要开展良性互动和持续的合作（俞可平，2000）。中国“治理与善治”研究，实际上是“由治理到善治”的研究。善治是治理的目的，治理最终将走向善治（王诗宗，2009）。管理与治理的一个重要区别就在于管理不带有价值判断和感情色彩，而治理一词生来就包含了“善”的价值取向，

① KOOLMAN J. Governing as governance［M］. London：Sage Publication，2003：82.
② 俞可平. 治理与善治［M］. 北京：社会科学文献出版社，2000：9-11.

以达成善治为治理的价值理想。

第二节　学校发展理论

在对学校发展的研究中，通常还有“学校改进”（School Improvement）这一概念，现有研究常常用学校改进一词来指代学校发展。1985年，世界经合组织在《学校改进——对实践的理论指导》（*Making School Improvement Work: A Conceptual Guide to Practice*）一书中指出，学校改进是一种系统的、持续的努力，学校改进的目的是在一所学校中对其学校条件、其他相关条件进行变革，最终实现高校的教育目标，同时，这种变革将推广到更多的学校中去，学校改进的有效性取决于是否具备变革的目标一致性。

米尔斯（Mills）、富兰（Fullan）和泰勒（Taylor）等人在研究组织发展的基础上，发现了组织发展的两个目标：第一，组织发展要满足个体的需要。第二，组织发展要改进组织运转方式及其结果。并提出学校发展是一种旨在达成自我分析与革新的相互关联的、系统规划的、起支持作用的努力。通过运用行为发展的概念与方法，各种方案特别是聚焦于变革正式的或非正式的程序、过程、规范与结构。

孟繁华①将学校发展总结为三个要素：技术、制度和愿景。三个要素分别代表学校发展的三个维度，从而提出学校发展的三种模式，这三种模式分别是技术—事实—问题型发展模式、制度—规范—结构型发展模式、愿景—价值—战略发展型模式，这三种模式分别反映了学校发展从低到高的层次变化。

一、系统论与学校发展

系统论由奥地利学者贝塔朗菲（L. Von. Bertalanffy）创立，在计算机、数学、管理学等领域有大量运用，系统、要素、结构和功能是系统论的四个

① 孟繁华. 学校发展论［M］. 北京：教育科学出版社，2011：72-77.

关键词，该理论的主要观点可以归纳为以下六个方面：

一是整体性。系统论认为，所有系统都是一个有机整体，各部分连接在一起使得整体的作用大于各部分作用之和。二是开放性。系统处于一个开放的环境之中，系统不是孤独的存在，而是要与外部环境之间进行着充分的物质和信息交换。三是独立性。系统作为一个有机整体相对独立于其他整体而存在。四是联系性。系统内的各要素密切联系、相互作用，共同组成系统这一整体。五是环境适应性。系统的存在发展需要满足一定的环境条件，受到环境的影响，随着环境的变化而变化。六是结构性。系统内部各要素是按照一定的结构组织起来的，各部分之间具有特定的组织方式、规律和关系。

系统论是学校发展理论中最常使用的理论之一，在系统论视野下，学校就是一个系统，学校内部的教学、课程、人员、建筑等要素紧密联系、相互影响，按照一定的结构组成学校系统整体。

（一）学校发展的动力来自外部环境和内部要素的变化

学校作为一个系统，并非封闭的存在，而是与外界保持着物质交换和信息交流，受到外部环境的深刻影响。外部环境的变化和随着带来的内部各要素的变化是学校发展的深层次动力，人民群众日益增长的对优质义务教育的需求与相对落后的教育供给现状的矛盾促使学校由内而外产生变革的动力。

（二）学校发展是一个多元主体共同参与的过程

系统既是一个独立的整体，又是一定环境中的组成部分，系统与外部环境中的其他系统相互作用，有利于充分利用各自的优势，产生更大的效果，故而不能用孤立的观点去衡量学校的发展，学校发展应该是学校作为整体与外部环境其他系统相作用的过程，要协调好学校与环境的关系、协调好学校与系统内外部各要素之间的关系（赖玉民，2008）。即学校发展不仅仅是学校自己的事，还应该由政府、社会共同参与协调：首先，学校的工作与政府部门联系比较密切，学校开展活动既会受到来自政府的扶持，又会难以避免地被政府行政力量所干扰。其次，学校的发展也不能脱离社会的支持和制约（黄扬清，2003）。

（三）学校发展有一定的规律

学校系统内部各要素是按照一定的结构组织起来的，各部分之间具有特定的组织方式、规律和关系。学校管理的对象是一个复杂的开放系统，各种因素在系统中相互作用、相互影响。一般认为，学校发展一般要经历四个阶段：问题诊断；制定学校发展规划；实施与反馈学校发展规划；实现学校发展目标（图 2-1）。前一阶段的发展效果直接影响着后一阶段的成功与否。

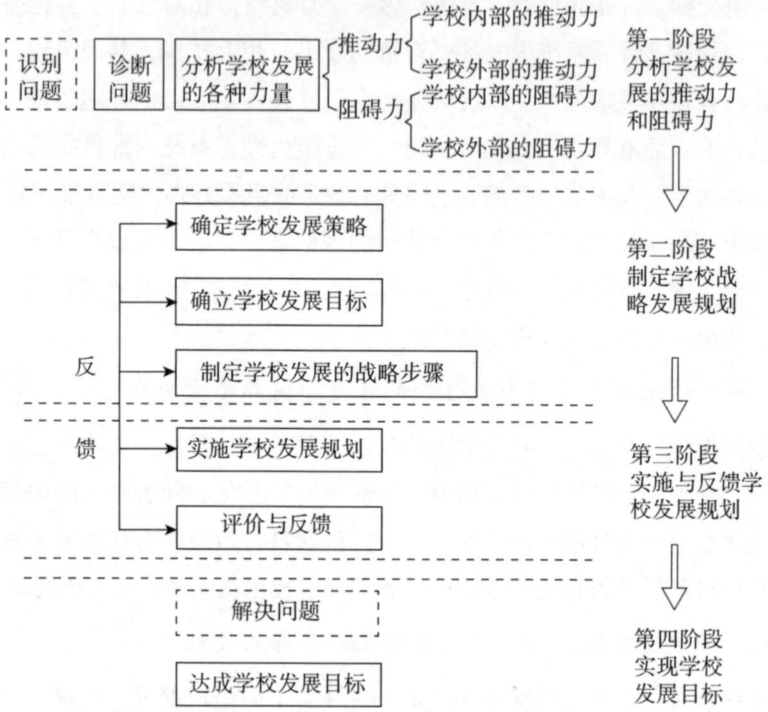

图 2-1　学校发展的四个阶段①

在图 2-1 所示的学校发展的四个阶段中，首先是问题诊断阶段，即识别学校发展存在的种种问题，分析学校内外部的推动力和阻碍力，为学校发展策略的制定做好准备。其次是制定学校发展规划阶段，即确定学校发展策略、确立学校发展目标、制定学校发展的战略步骤，根据学校发展的历史基础、现有条件和自身特色，找到适合学校发展的路子，确立明确的发展目标，并将目标逐一细化分解，形成可操作化的发展实施方案。再次是实施与

① 江雪梅，褚宏启. 学校发展过程研究［J］. 教育理论与实践，2011（13）：18.

反馈学校发展规划阶段，这一阶段是将学校发展的策略具体开展实施，并对发展的成效进行评估反馈，并根据反馈内容不断修正发展方式，保证学校发展向着正确的目标前进。最后是实现学校发展目标阶段，学校发展的问题得以解决，预期的发展目标实现，为更高阶段的发展做准备。

二、课程是学校发展的核心

课程是学校的核心，也是学校发展的焦点。路易斯·斯托尔（Louise Stoll）等在其著作 *Changing our Schools* 中提到，学校变革必然有某种特定的目标和价值，对教师而言，变革的意义在于课堂里对学生所做的工作；学校效能的相关研究表明课堂行为对学生成就的影响很大，因而课堂、教与学的问题就成了学校发展的基础。

学校发展实质上是学校技术、制度和愿景的变革，技术变革、制度变革、愿景变革的共同基础是文化变革，基于学校特定历史文化课程体系的建设和发展，正是顺应学校发展的趋势，反映着学校发展的过程。

从发展目标来看，课程体系建设和学校发展都是为了促进学生的全面发展、个性发展与可持续发展，提高学生的学业表现，提升学生成就。因此，以课程建设为学校发展的核心，能够确保学校发展的正确方向，为学校发展提供核心动力。

从学校发展的实现方式来看，课程体系建设是实现学校发展最高效的途径。学校发展过程中确立的明确愿景、阶段目标等，都是通过课程得以最快速、直接、有效地传达给学校师生，让师生了解学校发展的进程并参与进来。

从课程体系建设的过程来看，从基础课程到校本课程的开发实施，都蕴含了学校历史文化、价值理念等思想，课程体系不断完善的过程，也是学校办学文化逐步落地实现的过程。

因此，本研究认为将课程作为学校发展的核心具有理论上和现实上的意义，课程体系的建设足以反映出学校发展这一主题。

第三节 核心概念

一、社会组织

社会组织是一个颇具中国特色的概念提法，从广义上来讲，社会组织即具有特定的组织目标、稳定的组织结构、规范的制度章程、明确的分工的一系列要素的集合。狭义的社会组织往往被用于传统的政府—市场—社会三分法中对介于政府和市场之外的第三方部门，如“非营利组织”“非政府组织”等。

广义的社会组织定义过于宽泛，其含义更接近“处于社会之中的组织”；狭义的社会组织的定义仅仅强调非营利的组织机构，将市场和社会完全割裂开来。反观当前社会，各个社会主体显示出充分融合的特征，主体间的界限不再像过去泾渭分明，越来越多的组织的出现兼有多样化的特征，仅仅用简单的二分法、三分法，难以为很多新出现的组织归类定性。

因此，与现有的狭义的和广义的概念均有所区别，本研究所定义的社会组织是指在工商部门登记的、以公司形式注册的、独立核算的法人企业组织。这些组织致力于准公共产品领域的产品研发、服务推广、理论研究、改革创新等，并亲自参与社会治理，在促进社会治理现代化的同时获得组织的盈利。

而本研究的教育社会组织，则是以提供教育类的产品和服务为主的社会组织，以提供专业服务为职责，在获得盈利的同时，起到促进公共教育利益的作用。它们所提供的教育产品和服务被政府、高校或中小学等教育组织使用。根据产品和服务的不同，教育社会组织的种类也多种多样，几种常见的包括教育发展基金会、教育中介组织、教育咨询机构、教育研究院、民办学校等。教育社会组织的发展自20世纪50年代以来到现在，逐渐壮大，形成了一支具有广泛影响力的队伍。

二、四方协同

协同具有协调合作、团结统一、相互配合等含义，在英文中协同（collaboration）一词被解释为不同的主体之间协作的成果。① 即协同具有一定的要素：一是具备两个或两个以上的参与主体；二是主体之间有双向的沟通和协作；三是两个或两个以上主体所构成的这一协同体有明确的目标，并在工作中具有高的效率。

有关协同的学术研究首先是从理论物理学领域开始的，德国物理学家赫尔曼·哈肯创建的协同学从量子理论的角度分析了系统和元素、元素之间的关系。而这一理论被借鉴使用在社会研究领域，主要是使用了其“社会子系统的相互沟通达到一定程度的协调状态，有利于促进整体系统达成全新的和谐有序的状态”的观点。

四方协同即大学（university）、政府（government）、社会组织（organization）、中小学（school）四大主体按照特定的形式结合成一个相对稳定的合作体，相互沟通协作，以求达到更高效的中小学校治理成果的机制。各主体分别具有不同的职能，四方之间产生互补和动态交互，其中，大学是理论研究的第一线，主要负责形成先进的教育治理科研成果；政府是公立学校的举办者，主要负责对教育政策和方向进行宏观把握，对学校治理中的各个主体进行督导；社会组织是独立的专业化机构，负责理论与政策的解释转化和学校改进创新的具体实施指导；中小学是开展协同治理的实践阵地，负责将改进方案在校内具体开展。

三、教育治理

20 世纪 70 年代后西方社会的政府失灵使得人们对全能政府的质疑越来越多，“原先由国家独自承担的职能要逐步地转移给社会组织以及公民自愿

① 柯林斯英汉双解大词典中对 collaboration 的解释为：A collaboration is a piece of work that has been produced as the result of people or groups working together.

性团体"①。——诸如此类的呼声是治理一词产生和发展的起源，治理意味着权力开始在除了政府之外的主体之中分配，各主体之间产生依赖，互相交换资源以求得共同发展。

教育治理是指在教育领域，不再由政府全权包办教育发展中的事务，而是进行职能的划分和精简，政府做到该放的放、该管的管，扩大社会力量的参与，这样有利于丰富教育产品和服务、增强教育水平和质量、提高教育事务管理的效率。与传统的统治（government）、管理（management）相比，治理（governance）更强调主体的多元、权力的制衡、信息的沟通、能力的互补、目标的明确、过程的动态和结果的良善。教育治理相比过去的教育统治、教育管理，更加注重政府引导作用、中小学校的自我管理和社会的积极参与。

四、学校发展

如前文研究综述所陈，当前学界关于学校发展这一概念有多种角度的论说，按照发展的主体来划分，学校发展可以指学生发展、教师发展、校长发展等；按照发展的内容划分，学校发展可以指学校硬件发展与软件发展；按照发展的方式划分，学校发展可以指规模化发展与内涵式发展等；按照发展的程度划分，学校发展可以指渐进式发展与跨越式发展等。

但这些不同角度的概念界定之中，又有普遍的共性：第一，学校发展的主体和基本单位是学校；第二学校发展的动力来自社会的期望；第三，学校发展是一个有明确的目标、合理的计划过程；第四，学校发展的结果是使学校组织的内外环境发生了积极的变化等。

因此，基于学界已有的研究成果和本文研究内容需要的双重考虑，本研究中所界定的学校发展是指：由社会对优质基础教育的需求所激发的，以学校为主体，以学校原有的文化为依托，利用学校、政府和社会有益资源，通过学校特色课程体系建设，实现办学质量的提高、促进学生全面发展的过程。

---

① 格里·斯托克，华夏风. 作为理论的治理：五个论点［J］. 国际社会科学杂志（中文版），1999（1）：19-30.

这一概念主要是强调两点：第一，学校发展的核心是课程体系建设。课程是学校开展教育教学活动的载体，建设具有文化、有特色的、成体系的课程是学校发展的核心内容，课程体系的发展也有利于促进学校各方面的进步。第二，学校发展的主体是学校自身，政府、社会等外部资源提供辅助。学校发展要保障学校的主体地位，但学校发展又不仅仅是学校内部的发展，它还与政府、社会的发展变化息息相关，因此，学校发展的过程需要考虑外部主体的作用。

第三章

社会组织参与教育协同治理的历史与现状

第一节　社会组织参与教育协同治理历程回顾

一、国外社会组织参与教育协同治理

（一）产生背景

社会组织首先在国外出现具有其自身特殊的社会背景，20 世纪 70 年代西方社会的“滞胀”危机引发的社会震动带来了人们对社会管理模式的再一次反思：政府和市场的二元博弈是否是社会管理的唯一解？出于对政府或市场单一权威的不再信任，第三条道路——社会组织在此时兴起，由社会组织组成的第三部门被认为是政府和市场之外的有效补充，能够在其中起到制衡协调的作用，这首先在素来有分权传统的美国得到了发展。

教育领域可以说是社会组织发挥作用的第一块试验田，在此之前已经有研究社会组织的学者为其参与教育治理做好了充分的理论铺垫，新自由主义和新公共管理运动的发展将这种理论准备进一步推动向前，学者们纷纷通过对教育的特点和性质的定位，来论证社会组织参与教育治理的可行性。萨缪尔森的公共产品理论有关物品的竞争性和排他性的论述，指出教育的排他性和不充分的竞争性决定了教育属于准公共产品的行列；萨瓦斯也在《民营化与公私部门的伙伴关系》一书中指出，所有的物品都可以通过排他和消费这两个特性的程度大小加以分类，而教育具有不完全的排他性和竞争性，因而

教育事业的发展既不能被政府完全包办，又不可以放手交给市场任意调节，这给了私人部门，尤其是其中不以营利为目的的社会组织以充分的理由进入教育领域。

在众多理论支持的背后，反映出的其实是教育领域在当时的社会背景下逐渐显示的各方面弊病：首先，公立学校在学生学业表现上不断让人失望，1983 年 4 月，美国高质量教育委员会发布了一份名为 *A nation at Risk——the imperative of educational reform* 的报告，对当时美国公立学校的管理不善、效率低下、教育资源的浪费和学生学业成绩下降等问题的严峻形势进行了汇总，反映出政府单一管理下的公立学校缺乏竞争、绩效低下的问题。其次，家长和学生对教育质量的要求不断提高，知识经济时代的开启对学校提供的教育在创新性、多样性、先进性方面的质量要求不断升级，这直接地影响着家长和学生的受教育需求，公立学校封闭式的自我发展和简单的接受政府指导的做法与这种升级需要相违背。除了前述的这些学校内部推动因素，外部的诸多因素，如公民社会的兴起和发展、民主政治的成熟和多样化的经济发展路径探索等都加速了教育公共治理的完善以及社会组织加入其中的速度。在这些综合背景的影响下形成的一种社会主流共识是：社会组织的出现弥补了政府在公共治理领域失灵的不足，社会组织参与教育治理是对社会治理理论中多元主体参与的扩充，其参与教育治理的本身就已体现社会治理观念与实践的转变，是社会治理不断完善发展的反映。

（二）发展过程

20 世纪 70 年代，教育公共治理领域的第一次创新是从引入大学研究力量开始的，在此之前的公立中小学的管理一般是在主要出资者——政府的主导下进行。单一的政府管理使得中小学校趋于科层化，并长期缺少创新源泉，缺乏教育理论和方法的更新，因而作为教育科研的代表——大学的进入可以说为中小学公共教育治理提供了理论指导。这种政府—大学—中小学的三方合作的渊源来自杜威创办的实验学校，一方面，他为师范院校的学生提供实习机会；另一方面，他又倡导中小学的一线教师应该进入大学学习相关的课程以提高自身的技能。这种三方合作的教育治理弥补了以往教育理论和实践相割裂的问题，但很快又陷入了新的困境：大学、政府和中小学之间固有的组织文化、实践方法等的差异导致这种合作异化成了形式上的嫁接，使得三方之间沟通不畅、理念难以转化成有效成果等。教育社会组织就在此时悄然兴起了。

20世纪90年代是社会组织参与教育治理发展最迅速的时期，这一时期主要是在发达国家展开的教育社会组织治理实践，在社会组织的积极参与下，产生了多种具有代表性的社会组织参与教育治理的形式。教育社会组织开始从幕后走向台前，在中小学创新管理、学校改进和促进教育资源合理配置方面发挥了重要的作用。这里主要列举美国特许学校和英国教育行动区等两个案例加以说明：（1）美国特许学校。美国特许学校是第三部门参与校本管理的典型案例，20世纪70年代出现的公立中小学校学生学业水平下滑引发了对学校管理的改革，设立特许学校变成了应对危机的一项变革举措。学区与社会组织订立契约（这里的社会组织包括社区组织、企业团体和教师团体等），将辖区内一些学业表现不佳的公立学校转交给这些非政府部门管理，接管学校的组织从学区政府那里获得运营学校的经费，并拥有独立管理学校的特殊权限。相比于普通的公立学校，特许学校在教职工聘用、组织教学、学校管理等方面都有较大的自主权，相对独立于学区政府的领导之外。与此同时，特许学校也要承担与普通公立学校不同的绩效责任，它需要向学区承诺一定的教学绩效目标，并在一定的考核期内要达到承诺目标，否则可能被终止这种管理权。而特许学校的成果评估和绩效考核则一般由另外的独立的教育社会组织来进行，他们对特许学校的学生成绩、学校在校表现、学校财务管理等方面进行检查和评估，并将考核结果汇报给学区管理部门。（2）英国教育行动区。类似于特许学校，英国教育行动区也是对学区薄弱校的扶持改造计划，由主管政府将欲转让的薄弱校管理权面向社会公开招标，获得管理权的社会组织接管学校后，独立开展学校教学和管理活动。特许学校和英国教育行动区的组织和运营体现出在教育社会组织迅速发展的阶段，其参与教育治理在形式上呈现出多样化特征，参与范围和深度都不断推进。

21世纪初，社会组织参与教育治理在西方发达国家已经处于较为成熟的阶段，转而开始面向国际社会推广这种成熟经验，教育社会组织开始在世界各地掀起了一阵热潮。2004年基础教育PPP国际圆桌会议在巴西召开，第二年，该会议在法国召开，两次会议的主题都围绕基础教育治理中的公私部门合作可行性和非政府组织对基础教育发展的作用而展开。2009 年，世界银行发布的“The Role and Impact of Public-Private Partnership in Education”一文中，指出社会组织参与教育治理的一种重要方式就是政府向社会组织购买教育服务，以签订合同为手段，社会组织负责在某一段时间内提供某一种教育服务，这一过程要在政府制定的有关教育政策和规则下进行，政府要向社会组织支付这种教育服务的费用。①

经过近 50 年的发展演变，国外社会组织在教育治理中位置的变化逐渐从无到有、从外围到核心，目前，在国际社会中，教育治理已经离不开社会组织的重要参与。从参与范围上看，教育社会组织几乎涵盖了教育治理过程中的所有方面：政府教育政策咨询、中小学课程设计、校本管理、教师培训、教学质量评估、学校委托管理等。从世界教育创新峰会（WISE）及教育项目奖评选出来的部分获奖项目（见表 3-1）中可以看到，当前社会组织的参与是国际上学界研究教育治理最具创新空间的焦点问题，社会组织越来越接近公共教育治理领域的核心区域。

表 3-1 世界教育创新峰会（WISE）及教育项目奖获奖名单（部分）

获奖项目	地区	项目的主要内容	项目组织者	发起时间
Nanhi Kali	印度	为印度女童接受义务教育提供救助和支持	K. C 马辛德拉教育信托基金会	2009
Escuela Nueva	哥伦比亚	通过创新性的教育模式，提升薄弱学校的基础教育质量	新学校基金会	2009
The Citizens Foundation	巴基斯坦	为巴基斯坦的穷人提供正式的学校教育	公民基金会	2010
Creative Partnerships	英国	通过与创新领域专家的团队合作，提高学生的创造力和学习表现	英国“创新、文化、教育”基金会	2011

① PATRINOS H A, BARRERA-OSORIOF, GLIAQLIETA J. The Role and Impact of Public-Private Partnership in Education [EB/OL]. World Bank, 2009.

续表

获奖项目	地区	项目的主要内容	项目组织者	发起时间
Teacher Education in Sub Saharan Africa	撒哈拉以南地区	在撒哈拉以南的非洲地区，在线提供基于学校的教师教育和培训教材	The Open University	2011
Bridge International Academies	肯尼亚	帮助在基本生活水平以下的孩子获得丰富的课程与体育活动，包括教材与练习簿的设计、教与学方法的辅导	BIC 集团	2015
Nafham	埃及	为基础教育阶段（K-12）学生提供免费的、众包、具备国民教育的课程视频	“让我们弄懂它”	2015
JUMP Math	加拿大、美国	提高师生对数学的理解能力与兴趣投入	JUMP Math 组织	2016
Geekie：Personalized Learning for All	巴西	通过互动性学习平台，掌握学生学习需要，呈现贴切的课程内容，提供优质教育	Geekie	2016

资料来源：http：//www. wise-qatar. org/。

二、国内社会组织参与教育协同治理

（一）产生背景

我国社会组织参与教育治理是在特定的社会背景下开始的，涉及国家重大政治改革、经济转型和理论升级。以十一届三中全会为节点，我国开始了由计划经济体制向社会主义市场经济体制的全面转型，这在教育领域掀起了一阵教育改革的浪潮。以往在严格的计划经济体制下，公共教育领域也不例外地呈现出泛政治化的特征：政府是学校唯一的管理者、经营者、资助者，学校的教学计划、教学内容、教学形式都整齐划一归属于政府教育行政部门的管辖。学校成了教育部门行政命令的执行机构，对自身的运行效率、盈余亏损并不关注，也无法对外部变化及时做出调整，导致学校管理效率低下的同时又产生了资源的浪费。

在这样的历史环境下，市场因素的进入带来的影响是多方位的：首先，在新公共管理理论等新思潮的影响下学校对自主管理的追求不断增加，对政府—市场—社会的关系认识有了新的变化，政府全能主义不再是教育发展中的主流观点，教育治理成为新的要求，多样化主体的共同参与成为新的共识。其次，随着社会生活水平的提高，人们对教育质量和教育公平的追求更加深入，高质量的教育成效、更合理的资源配置、更丰富的教育供给……已经超出了政府独自包办的能力范畴，而现实中教育行政部门管理不善、教育财政投入不足、教育资源配置不均、学生学业表现成效不佳等问题日渐严峻，新的环境下需要新的力量的加入迫在眉睫。

（二）发展过程

中国社会组织参与教育治理的发展过程不过短短 30 余年，按照时间线划分，其发展轨迹呈现出四个阶段。第一阶段是十一届三中全会后的 10 年间，这一时期是改革开放的初始阶段，针对公共基础教育长期积累的诸多弊病，首先以重新界定政府和学校的关系为突破口进行教育体制改革，陆续出台了多项指导性文件，自上而下地逐步扩大公共教育领域的参与主体。社会组织在这一时期开始成为公共基础教育管理活动中的一分子，进行必要的公私合作。1982 年，全国人大五届五次会议通过了《中华人民共和国宪法》（以下简称《宪法》），《宪法》第十九条第四款中规定：“国家鼓励集体经济组织，国家企业事业和其他社会力量依照法律规定举办各种教育事业。”这一规定是改革开放后首次明确社会力量参与教育的正式条款，意味着社会组织办教育的第三条道路的兴起。1985 年，中共中央发布了《中共中央关于教育体制改革的决定》，报告中指出，在教育行政管理中，政府没有摆正自身的职能定位，缺乏对社会需求的审慎考量，导致“对学校主要是对高等学校统得过死……应该加以管理的事情，又没有很好地管起来”①，从而提出

① 中华人民共和国教育部. 中共中央关于教育体制改革的决定［EB/OL］. 中华人民共和国教育部网站，1985-05-27.

“在加强宏观管理的同时，坚决实行简政放权，扩大学校的办学自主权”①，“地方要鼓励和指导国有企业、社会团体和个人办学，并在自愿的基础上，鼓励单位、集体和个人捐资助学”②。政府包办教育的局面在教育体制改革后迎来历史性的转变，以社会组织为代表的多元主体参与教育的局面开始形成。

第二阶段主要是20世纪末的10年发展时期。进入90年代后，随着邓小平南方谈话、中共十四大召开，社会主义市场经济体制正式在我国确立起来，各类社会组织在这一时期如雨后春笋般竞相出现，教育社会组织也在此期间迅速发展。国家和社会在办学类型上做了更多探索和尝试，除了以往的国有公办学校，出现了一些新型办学模式，如“国有民办学校”“民办公助学校”和“公办民助学校”等。教育治理的主体打破单一结构，由政府和中小学校组成的封闭系统开始有大学、社会组织等新的主体进入，各主体之间的关系和结构体系开始经历打破和重组的新进程。

第三阶段是社会组织介入教育治理的实践阶段，主要是21世纪初的前10年间，各种类型的教育社会组织纷纷开始尝试通过不同的方式参与教育治理，以上海、深圳等改革开放前沿地为代表的地方政府也结合本地社情民意，积极开展试点工作，以教育委托管理为重点探索出了一些成功的试点经验。2005年6月，上海浦东新区社会发展局与上海成功教育管理咨询中心签订合同，委托其对东沟中学——浦东新区的一所薄弱校——进行管理。合同中明确了该机构管理东沟中学的具体条件：首先，要保持东沟中学公有性质不变，其依然属于当地教育局的直接管辖范围，同时保证政府向东沟中学提供的财政拨款和其他资源投入等不变。其次，上海成功教育管理咨询中心拥有自主的东沟中学管理权，可以自主地选择适当的教育理念和管理模式等，在教室管理、学生管理、教学发展、学校建设等方面开展工作。该委托管理项目作为学校治理的创新模式取得了有益的成果。2008年1月，浦东新区社会发展局委托另一家社会评估机构——上海浦发教育评估中心对东沟中学实

① 中华人民共和国教育部．中共中央关于教育体制改革的决定［EB/OL］．中华人民共和国教育部网站，1985-05-27.

② 中华人民共和国教育部．中共中央关于教育体制改革的决定［EB/OL］．中华人民共和国教育部网站，1985-05-27.

施委托管理三年以来的成效进行中期检查和评估，评估结果发现东沟中学在校师生的满意度、学生学业成绩等均有显著提高。同样的实践案例也在湖北省出现，2005 年 8 月，湖北省监利县人民政府委托上海翔宇教育集团对监利一中进行管理，双方签订了 15 年的管理合约。在监利县的这份委托管理合约中，翔宇集团需要在异地新建校区，并保证学校招生和收费要按照公办学校标准进行。新的监利一中集中了社会资金兴建了崭新的校园，并引入了更加科学的绩效工资管理制度，对在校教师起到了良好的激励作用，学校管理效果进一步提升。可以说在这一时期，教育市场的引入、社会参与的增加和学校自主办学水平的提高，使我国现代教育公共治理迈入轨道。

第四个阶段是当下正在经历的蓬勃发展时期，特点是社会组织参与教育治理理论和多样化的实践并举。2010 年 7 月，教育部颁布的《国家中长期教育改革和发展规划纲要（2010—2020 年）》中首次明确指出了教育治理内涵，并要求："培育专业教育服务机构。完善教育中介组织的准入、资助、监管和行业自律制度。积极发挥行业协会、专业学会、基金会等各类社会组织在教育公共治理中的作用。"① 对于政府和学校的关系进一步明确厘清为："推进政校分开、管办分离。适应中国国情和时代要求，建设依法办学、自主管理、民主监督、社会参与的现代学校制度，构建政府、学校、社会之间新型关系。"② 与此同时，一大批学者开始将目光转向公共学校治理中的多方参与，尤其是社会组织的参与问题，这一时期的相关文献数量明显增多。2012 年，财政部和民政部分别印发《中央财政支持社会组织参与社会服务项目公告》《关于政府购买社会工作服务的指导意见》两份文件，对政府向社会组织购买服务的相关规范进行了自上而下的指导。2013 年 9 月，《国务院办公厅关于政府向社会力量购买服务的指导意见》一文中再次强调凡是社会能办好的，要尽量交给社会力量去承担。很多地方政府也随即在政策上明确鼓励了政府购买教育服务：如 2015 年上海市政府购买相关文件中指出的

① 国家中长期教育改革和发展规划纲要（2010—2011 年）[N]. 中国教育报，2010-07-30.

② 国家中长期教育改革和发展规划纲要（2010—2011 年）[N]. 中国教育报，2010-07-30.

“教育、就业、社保……基本公共服务领域要逐步加大政府购买力度”。

在政策和理论指导下，社会组织参与教育治理的实践也不断推陈出新：有鼓励和支持政府购买教育服务的，如湖南省柳州市教育行政部门向柳州市教育基金会购买服务教育系统奖优扶困事项；四川郭县教育局向成都树德联合学校购买学生的入学位置，既缓解了教育学位紧张的矛盾，又为社会教育力量的发展提供了一份助力；上海市浦东新区更是作为试点，对购买第三方机构评估、培训等做出了多样化的尝试。还有的地方政府为民办学校、公私合办学校等开辟了更多的便捷服务，如对民办学校的给予和公办学校相同的项目审批、土地供给、税费减免、教师待遇等方面的待遇等，还有的地方借鉴国外实践，实行“教育券”等新型购买社会组织教育产品的模式，纷纷取得了喜人的进步。

第二节　社会组织参与教育协同治理现状分析

一、参与的方式

社会组织参与教育治理就是通过各种符合规范的方式，承担不同的角色，提供不同的服务，为学校改进贡献更加高效的、合理的、接受度更高的途径选择，实现民主化、自主化、多元化的教育共治，推进教育治理体系建设和教育治理能力现代化。而其中参与方式的选择随着市民社会的发展和教育社会组织的成熟，日益丰富，并且处于不断创新之中。

当前已有的参与方式众多，但总的来说都具有以项目为平台、以学校改进为目标、以教育行政部门为引导、以合同为约束的特点，开展项目都具有一定的周期期限、资金来源多样化、治理主体间相互独立又紧密联系等。具体来说，社会组织参与教育治理往往是在政府法律、法规和规范性文件指导下，与政府就某一学校改进项目提出方案并签订合同，以一定时限为周期开展工作，使用的资金既有财政拨款又有社会筹款，接受政府的宏观领导和其他评估类社会组织的监督等。

表3-2是国际社会中较为典型的部分社会组织参与教育治理的案例汇总。

表3-2 社会组织参与教育治理的方式

参与方式	项目名称	项目内容
私营慈善行动计划	教育慈善行动（美国）	1. 旨在加强学校管理和经营，改善劳资关系，以改进城市K-12公共教育 2. 资助少数民族和市区贫民区的低收入家庭学生
	社团基金计划（菲律宾）	1. 由菲律宾社团基金会联合会协调运作 2. 对学校的建房、设备、教材和教师培训提供资助
公立学校私营行动计划	契约学校（美国）	1. 学区或特许署与私营机构立约经营公立学校 2. 私营机构获得学校运营经费，学校对学生免费 3. 重点针对效益不佳的学校和学区
	特许学校（美国）	1. 特许学校的经营条例少于公立学校，但必须满足更多的绩效要求 2. 学校对学生免费 3. 学校可由社区经营，也可将经营权转让给营利性或非营利性经营机构
	政府学校经营（巴基斯坦）	1. 政府负责公职教师工薪，CARE Pakistan自行聘用教师 2. 经营契约规定，CARE向每所学校基础设施投资60万卢比（约1万美元） 3. CARE不享有对政府职员的行政控制权——他们仍属于政府雇员
私立教育政府购买计划	私立公助计划（科特迪瓦）	1. 政府立约购买私立中学学位 2. 支付金额视教育层次而定：初中生200美元/年，高中生233美元/年 3. 学校须获特许，且须保持适合于招收资助生的学业标准
	私立公助计划（菲律宾）	1. 依据契约，政府为私立学校学生购买学位 2. 学校须获私立教育扶持基金会（FAPE）确认方可加入 3. 学校获得4000比索（约合85美元）/生 4. 该计划面向低收入家庭

续表

参与方式	项目名称	项目内容
学券和仿学券计划	学校资助制度（荷兰）	1. 中小学生均有资格领取学券，重点向低收入群体和少数民族倾斜 2. 学券适用于所有学校（包括公立、私立、宗教和世俗学校） 3. 仅限于非营利性学校，不允许另行收费，学校根据出勤获得补偿
	替代教育项目（新西兰）	1. 学券供低收入家庭子女上学使用，仅适用于注册独立学校 2. 学券面值为公立教育平均费用的 110 % 3. 学券计划由代表独立学校的组织负责管理
	家长择校计划（美国）	1. 1990 年开始在密尔沃基实行，加入的私立学校须经认证 2. 贫困家庭可将子女送私立学校或宗教团体学校就读，学费由政府负担 3. 学券面值 6351 美元/生，代用券数量为密尔沃基学区学生总数的 1/4
学校救助计划	学校救助计划（巴基斯坦）	1. 1997 年开始实行，由信德教育基金会负责运作 2. 私人个体和私人团体救助公立学校
	救助计划（菲律宾）	1. 私营机构有机会成为教育伙伴，为公立学校的发展和现代化提供支持 2. 救助者在税收方面可享受优惠政策
能力建设计划	教师集体培训（巴基斯坦）	1. 由旁遮普教育基金会运作，注重私立小学教师专业发展 2. 对成组学校的收费不得超过 400 卢比/月 3. 每组包括 7~10 所学校和 30~35 名教师
	质量保证资源中心（巴基斯坦）	1. 教育发展项目旨在对公立学校、私立学校、社区学校/非政府组织学校提供质量保证支持 2. 开展教师、校长和经理培训与能力建设，由旁遮普教育基金会运作

续表

参与方式	项目名称	项目内容
学校基础设施计划	私人融资计划（英国）	1. 基础设施的设计、建设、资助和经营均由私营部门立约合作完成，契约期为30年，私营部门的收入与效益挂钩 2. 目前大多数新型教育设施的建设皆采用私人融资模式
	新校私人融资项目（澳大利亚）	1. 依据长期性契约，私营部门负责公立学校的融资、设计和施工 2. 私营部门负责校舍和用具的清洁、维修、安全、使用等服务
	奥、科学校承包项目（德国）	1. 政府将奥芬巴赫县公立学校的资助、更新和经营承包给私营机构，经营期为15年 2. 私营部门负责对科隆市的学校进行翻新和经营，经营期为25年

从表3-2特色各异的社会组织参与教育的实践方式中可以看到，虽然在各国其参与的具体项目有所不同，但参与方式不外乎以下几种：

第一种是公益捐赠。即社会组织将面向社会募集的实物或资金无偿捐赠给学校，通过资助、捐款、设立奖学金等方式支持公立学校的发展和学生就学。在这种参与方式中政府、社会组织与学校之间并未形成严格的契约关系。表3-2中的学校救助计划属于这一类型。

第二种是政府购买。政府通过向社会组织购买教育产品从而引导社会组织参与教育治理，政府购买的一般是公立学校无法提供或者供给不足的教育资源，如农民工子弟学位、优质中小学入学机会等。政府购买的形式较为多样，有的直接向教育社会组织发放补贴，有的直接向社会组织购买学位，还有的是以教育券的形式发给群众，再由相应的学校回收后根据面值予以兑现。政府购买的形式吸引社会组织参与教育有助于教育资源的合理运用，也是政府培育和支持教育社会组织发展的有效举措，能够切实保障多方合作教育治理的实现基础。表3-2中的学券和仿学券计划、能力建设计划等属于这一类型。

第三种是合同外包。即社会组织与政府通过签订合同达成契约关系，独立承包学校管理运营的部分或全部流程，可以划分为教育服务外包和非教育类支持性服务外包两类。① 教育类服务外包是指由社会组织承包学校的课程发展、学校文化建设、教学方案设计等活动；非教育类支持性服务外包则是由社会组织负责学校教育教学之外的服务，如餐饮、保洁、宿舍管理等，表 3-2 中的学校基础设施计划就属于一种非教育类支持性服务的合同外包。合同外包是社会组织参与教育治理最常见的形式之一。

第四种是委托管理。是指政府与社会组织签订合同，将公立学校的运营和管理部分或全部交给对应的社会组织，学校的所有权仍然归属政府，由政府拨付财政款项支持学校运营。但社会组织可以独立地管理学校，并为学校发展负责，在此过程中社会组织可以获得一定的管理费用，该费用同样由政府支付。通常在委托管理中，社会组织需要承担一定的管理绩效承诺，专注于提高管理效率和学生成绩。表 3-2 中的特许学校、契约学校等即属于这一类型。

二、提供的产品和服务

类型各异的社会组织在参与教育治理的过程中，最核心的要素就是他们所能提供的产品，教育产品数量越丰富、质量越可靠、内容越贴近现实教育实践、越能满足当前中小学教育的需要，就越能帮助教育社会组织高效地参与公共教育治理。

经过一系列理论研究和实践的开展，当前社会组织提供的教育产品和服务类型较为多样，涵盖了学校教学、管理、人事、考核等多个方面。国内社会组织提供教育服务的发展比国外发达国家较晚，走的是结合国情模仿借鉴的路子，因而目前国内外教育社会组织所提供的教育产品和服务类型基本上具有相似性，表 3-3 显示了当前社会组织在教育领域所提供的主要的教育产品和服务类型。

---

① Public Private Partnership in Education-A Report by Education International [R/OL]. Education International, 2009: 18-19.

表 3-3 社会组织参与教育治理提供的教育产品和服务①

提供的教育产品类型	内容	案例
学校托管服务	与政府签订合同获得学校的管理权，独立负责学校的经营管理，从政府处获得学校管理经费。在受委托过程中，社会组织往往要提供一整套完备的教育服务，目标是实现学校管理绩效的提高	上海浦东新区将辖区内的薄弱校东沟中学委托给上海成功教育管理咨询中心管理
“学位”	私立学校、公立民办学校等能够提供学生的入学位置，并以与公办学校相同的入学费用等面向学生收费，从政府处获得补贴。提供的学位是有效缓解公共教育资源短缺的手段，尤其在针对农民工子弟入学等问题中能够发挥有效作用	四川省成都市郫都区教育局向成都树德联合学校购买学位以解决当地公办学校无法满足适龄儿童入学需要的空缺
课程设计	社会组织结合自身专业能力与学校校本管理需求，设计和开发创新课程供给学校选择使用，这些课程一般涉及科技、艺术、生活等领域。还有社会组织为学校提供公益讲堂、公益课程等	深圳市委托社会组织与中小学合作，为中小学开发 150 门“好课程”
教育评估	教育评估组织依靠其专业的评估从业人员和指导专家、丰富的评估实践经验、在评估领域的科研实力等，产生了无可比拟的专业优势。同时它又与评估方和被评估方相互独立，保证了评估结果的相对公正。通常教育评估组织还能在分析评估结果的基础上，为政府、学校或家长提供相关的决策信息	西安市开展中小学教育质量评估活动，邀请陕西高级人才事务所有限公司负责评估的实施

① 上海市浦东新区社会发展局. 中国教育改革前沿报告［M］. 上海：上海教育出版社，2009：264-272.

续表

提供的教育产品类型	内容	案例
教师培训	社会组织为学校教师定期开展培训活动，培训内容涉及教学方法、教学观念、教学技术、教师心理辅导等	上海万善正教育工作室受上海市浦东区政府委托，为当地农民工子弟学校的教师开展技能培训
特殊教育服务	有的社会组织义务服务教育中的弱势群体，如残障儿童等作为主要服务对象，通过创新教育供给方式、创新教育内容保障他们受教育权得以实现	政府向某些社会组织购买针对智障儿童的教育服务，让教师上门服务，为智障儿童接受教育提供便利
后勤服务	社会组织将学校里的非教育类服务承包运营，包括餐饮服务、校内交通、宿舍管理服务、园林绿化、物业管理等。由学校定期向其支付服务费用	国外的学校基础设施计划等
决策咨询服务	由学校根据自我需求向社会组织进行咨询，社会组织在调查基础上形成改进方案，为学校提供决策过程中方向上的指导或策略上的建议等	教育决策咨询委员会的成立
科研服务	一方面，具有资质的社会组织可以承接国家相关研究项目和课题，形成的研究成果将被使用于教育治理的实践中；另一方面，在大学与中小学合作的学校建设中，社会组织能够在研究理论和实践转化中发挥积极的作用，促进合作的成功	2017 年山东省社科类社会组织承接国家和省部级课题 156 项； 广州市容桂街道与华东师范大学、容桂总商会共同推进辖区内中小学特色办学建设

三、参与的成效

在国际教育社会组织蓬勃发展的大环境下，由国家政策牵头、理论研究支持、社会力量积极参与三方联动，使得社会组织参与教育治理在30年间由萌芽到成长，尤其是在2010年以来，获得长足的进步。从国家层面上看，许多支持性的政策文件不断出台，关于“如何治理”“怎样参与”“参与什么”等几个社会组织参与教育治理的核心内涵、关键问题的解读日益明确；从地方层面上看，全国各地有条件的地方政府以主动创新的姿态积极参与社会组织参与教育治理的试点工作，稳中求新。

相关的教育社会组织类型更具多样化，发展出各种教育咨询服务机构、教育学会、教育协会、教育评估事务所、教育管理组织、教育慈善机构、教育基金会以及代理机构等。这些社会组织在政府和市场之外，开辟出了一条教育公共服务的新道路，不断追求多方合作共赢的新成果。

以浦东新区的教育治理改革为例，东沟中学委托管理的中期评估中，学生成绩提高，中考成绩在一年内由14位上升到8位，家长和学生对学校有较高的满意度，教师和管理人员反映学校的办学质量和办学水平均有提升，该试点成效较为明显。扩大社会组织在教育治理中的参与，进一步规范了政府管理权力，减少“缺位”“越位”现象，政府得以将精力集中于把握教育治理方向、科学制定政策、优化资源配置等核心职能上来。而教育社会组织在这个过程中得到实践锻炼，提高了其治理能力，并且为教育公平和教育质量的提高做出了有益贡献，公共教育治理结构逐渐完善。

第三节 社会组织在教育协同治理中的角色演变

一、社会组织及其参与教育治理的方式

在教育领域内，传统的社会组织多指处于政府和市场之外的第三方部门，具体包括“非营利组织”和“非政府组织”。本研究所论及的社会组织，

不仅包括传统的第三方部门，还包括在工商部门登记的、以公司形式注册的、独立核算的企业法人组织，这些组织以提供教育类的产品和服务为主，在获得盈利的同时促进教育的发展。这些组织所提供的教育产品和服务被政府、高校和中小学校使用，常见类型包括教育基金会、教育中介组织、教育咨询机构、教育信息技术机构、教育研究院等。

社会组织何以能参与教育共治？是因为它们能敏锐地发现政府的服务供给盲区，通过自身的研发迅速补充相应的产品或服务，它们能够通过灵活的市场运营机制高效地解决现实问题，它们能够在与政府的交往中改进对话协商机制并促进政府更新观念，它们还能凭借其创新潜能协助政府探索发现更加有效的共治路径。有研究表明：一个自由、成熟的公民社会，社会治理的完善和成熟表现为两个关键要素，一是公民参与公共事务的积极性和主动性，二是社会组织的发展。①

近年来，随着社会组织类别的增多和社会功能的细化，越来越多的组织致力于教育领域的产品研发、服务推广和技术支持，这些组织在日益深入地参与教育治理的过程中，既通过其产品服务于教育发展的同时，也通过其参与身份和职能的改变促进了教育治理体系的优化乃至重构。总结起来，社会组织参与教育治理的方式多为以下几种②：

第一种是公益捐赠。即社会组织将面向社会募集的实物或资金无偿捐赠给学校，通过资助、捐款、设立奖学金等方式支持公立学校的发展和学生就学。在这种参与方式中，政府、社会组织与学校之间并未形成严格的共治关系，而只是一种临时性的供给关系。

第二种是政府购买。政府通过向社会组织购买教育资源，以解决当地教育资源供需不平衡的问题。这些资源一般是教育行政部门或公立学校无法提供或者供给不足的，如农民工子弟学位、优质中小学入学机会等，这些资源将政府、社会组织和中小学组成了基于某种资源而相互依存的伙伴关系，但对于这些资源的规划、配置、使用和管理，三方并不形成协同共治的关系。

---

① 张铭，陆道平. 西方行政管理思想史［M］. 天津：南开大学出版社，2008：328.

② Public Private Partnership in Education - A Report by Education International［R/OL］. Education International，2009：18-19.

第三种是委托管理。是指政府与社会组织签订合同，政府将公立学校的运营和管理部分或整体交给社会组织，学校的所有权仍归政府，政府向社会组织提供运营管理费。这种关系有了协同治理的因素，但对于被委托学校的教育教学、改革发展，政府只起到监督管控的作用，社会组织也只对委托学校进行内部管理，双方相对独立，公办学校本身也不是以独立主体的身份参与学校发展。

第四种是合同外包。社会组织与政府通过签订合同达成契约关系，独立承担区县教育发展中的某种业务或学校管理运营的部分业务，这类业务一般分为两类：教育教学类服务外包和非教育教学类服务外包。教育教学类服务外包多为由社会组织承担的学校课程研发、学校文化建设、教学改革项目等；非教育教学类服务外包多为由社会组织负责的学校生活服务类工作，如餐饮、保洁、宿舍管理等。合同外包是社会组织参与教育治理最常见的形式之一，也是探索政府、社会组织、大学、中小学校四方协同共治最集中的领域。

本研究探讨由政府（government，简称 G）、中小学（school，简称 S）、社会组织（organization，简称 O）、大学（university，简称 U）四方共同参与的教育治理模式，即 G-S-O-U 四方协同共治模式。

二、社会组织在区县教育共治中身份及参与方式的演变

在传统的教育行政体制中，区县教育行政部门是中小学校的管理主体，中小学内部所发生的所有教育教学事务，都是在教育行政部门的政策引导和制度约束下进行的。虽然在教师培训、项目研究中也有大学的参与，但大学的选择、合作内容的选择、培训和项目研究的推进，也都是在教育行政部门的组织和管理下进行的。然而，两方（政府与中小学 G-S）、三方（政府、大学与中小学 G-U-S）共同致力于教育发展和教学改革，受地方政府主导权的影响，受项目内容、人员和经费的影响，导致中小学校教育水平难以持续提高、学校同质化严重、学校发展缺乏活力和特色。为此，探索在政府一元主体之外增加新的管理主体，在政府、大学和中小学校之间增加新的产品提供者和技术支持者，增加新的管理思想和体制的鲜活因素，便成了基础教育

治理体系及治理能力现代化所探索的新内容。

近年来，随着社会组织类别和数量的增加，随着它们对基础教育教学参与程度的加深，也随着它们在区县基础教育协同治理中所发挥的作用日益增强，社会组织在教育治理领域所经历的从无到有、从边缘到核心、从独立到协同的发展过程也逐渐分化出来。本文将这个过程分解为：没有社会组织参与的二元子集模式（图 3-1）、社会组织隐约可见的三元单交集模式（图3-2）、社会组织作为黏合剂的四元三交集模式（图 3-3）和社会组织发挥独立作用的四元多交集模式（图 3-4），以此反映我国基础教育治理体系在治理主体和协同关系上所发生的变化。

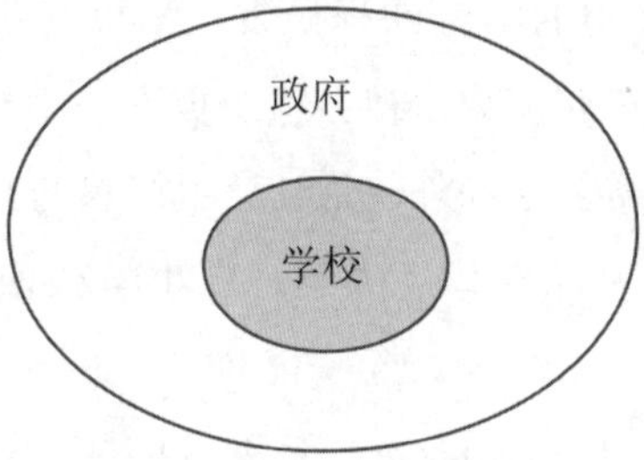

图 3-1　二元子集模式

（一）没有社会组织参与的二元子集模式（G-S 模式）

传统的教育管理体制使教育行政部门和学校之间形成了自上而下的垂直线性管理模式，政府对人员、经费、课程和教学进行全面的管理和控制，学校是教育政策的落实者，是教育教学的实施者，在学校发展、队伍建设、课程教学改革方面没有自主权或自主权非常小。也有学者将这种模式称为“政府控制模式”，它的基本特征是：第一，管理权威是自上而下的，学校是政府一系列教育政策和教育指令的受命者，只管执行政府的相关要求；第二，管理对象是同质性的，政府将教育管理的对象简单地看成是同一个对象，其中没有不同需求、不同层次、不同利益的区分，因而只需要用简单一致的政策进行管理即可；第三，管理的范围是全面的，政府将自己视为全能者，因而也应该全面管控教育教学中的大小事务；第四，管理的方式是直接的，政府通常使用财政拨款、行政命令直接干预公共教育领域的管理事务①。在这种模式中，学校缺少向政府的反向沟通渠道，只是单一执行政府的政策和规定；政府和学校之间尚未形成协同共治的理念，教育治理呈现出“大政府、小学校”的形态。这个模式中没有社会组织，在观念上，社会组织还没有进入政府和中小学的管理视野；在技术上，即使部分社会组织已经以市场化的方式参与学校的教育教学，但它们的参与也仅仅是销售一些物化产品，在产品的使用过程中给予技术指导，如一些教辅设备的配置和技术支持，他们并没有真正参与学校发展的决策和项目全流程中。因此，在这种模式中，由于政府和中小学校都没有共治的概念，社会组织还只是教育管理的“局外人”。

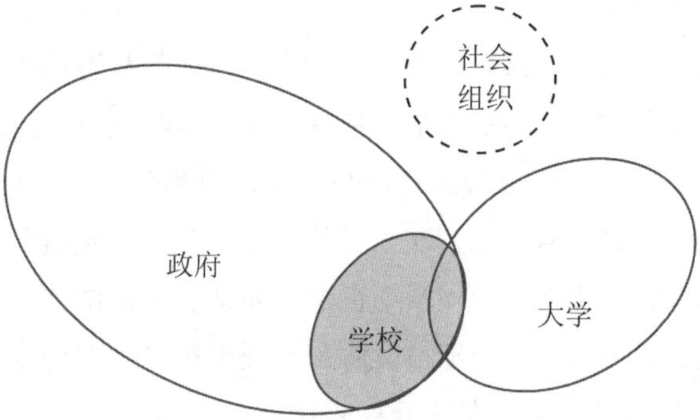

图 3-2 三元单交集模式

（二）社会组织隐约可见的三元单交集模式（G-S-U 模式）

随着我国市场经济的发展，越来越多的大学和社会组织参与教育产品的研发和推广；受新公共管理思想的影响，政府也越来越多地开始通过与大学的合作提高中小学的研究能力和产品转化能力，以此来提高中小学的办学活力和办学质量。由此，在政府、大学和中小学之间就形成了合作关系，政府委托大学对中小学的发展给予指导，中小学校在经费、合作项目上受政府和大学的双向领导。

在这个模式中，对教育教学产生直接影响的三个主体分别是：政府、大

① 杨明. 从政府控制模式到政府监督模式：中国高等教育政府管理模式的现代性转换[J]. 教育科学，2003（5）：1-4.

学和中小学。它们之间的相互关系是：政府和中小学就学校发展的主题产生动议并达成一致，政府寻找有相关研究能力的大学进行洽谈并签订委托项目，政府组织安排大学和中小学的项目运行，大学按照政府的委托和安排与中小学合作落实项目。相比传统的二元线性模式，大学成为中小学的治理主体之一，这使得中小学治理思想和能力得到提升，这不仅仅是来自政府的政策引导、经费支持和人员培训，而且还有在项目的研发过程中，来自非政府的第三方力量从教育思想、教学改革、管理创新的角度给学校提供的新思想和新方法①。当然，在这种单交集的合作关系中，中小学处于大学和政府的双重领导下，它们更多的只是扮演“服从者”“执行者”的角色，它们的主体性还不能得到发挥。

而此时社会组织也还没有以独立的身份参与区县教育治理。多数社会组织仍然停留在将其教育产品提供给政府或学校，同时提供该产品在使用过程中的技术服务；部分社会组织因其产品的使用效果好、售后服务细致持久，技术人员技能水平高，而与学校建立了长期的产品和人员合作，比如，电子类产品的配备及技术支持，社团活动在项目和师资方面的支持等。社会组织在教育产品上的研发和推广逐渐被政府和学校重视，进而稳定了它们与政府和学校的协作关系。然而，在这种模式中，社会组织发挥的作用是很有限的，在政府和大学对中小学的主业进行自上而下的指导中，社会组织仍然处于边缘位置，存在于可有可无的业务领域中，在身份上，还不能与政府和大学平起平坐。

同时，在这一模式中，政府与大学之间虽签订了协议并实施了合作，但双方的往来关系是松散的。合作双方由于工作目的不同，政府是引进大学的科研资源，大学是通过科研项目深化研究并获得项目经费，故双方在合作项目中并没有形成合力；同时，由于这样的合作在协议中缺少明确的职责约束，项目进行中真正由三方参与的工作也不多，多数工作是大学和中小学直接对接，政府作为中间人和项目监督者时常缺位，这就导致大学的相关研究成果在中小学实践中难以落实，或者中小学不满意大学提供的产品或某种技

① 李国栋，杨小晶. U-D-S 伙伴协作：理念、经验与启示［J］. 外国教育研究，2013（10）：30-33.

术支持。有学者甚至将这种合作称为“协同合伙”，即大学与中小学的合作关系仅停留在形式上，合作中的工具价值更明显，体现为中小学在合作中扮演实践基地的角色，为大学提供实验场所，合作对中小学自身的发展没有太多帮助。

大学与中小学的松散耦合关系，对应着社会组织与中小学切实有效的技术服务关系，使得社会组织在中小学的发展中虽若隐若现，但服务品质和产品评价却越来越好，这为政府和中小学调整合作伙伴奠定了基础。

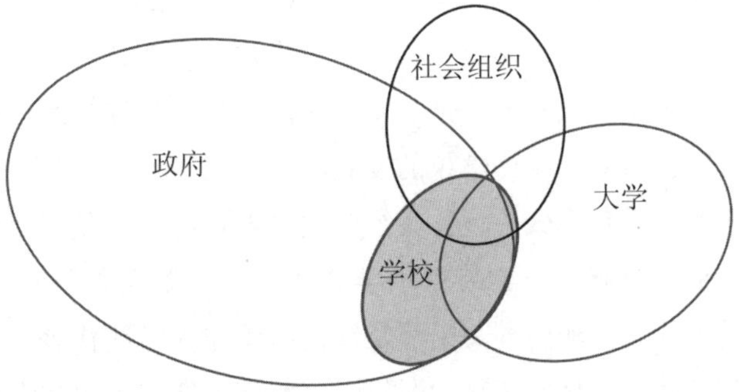

图 3-3　四元三交集模式

（三）社会组织作为黏合剂的四元三交集模式（G-S-U+O 模式）

20 世纪 90 年代以来，社会力量在政府和市场之间逐渐发展壮大，越来越多的社会组织在专业领域集聚了更多的资源，有了更多发挥专业优势的空间，专业服务的成效也备受肯定。

在教育治理中，政府、大学和社会组织三方的凝聚力逐步增强，社会组织越来越多地发挥出融合大学和中小学之间的科研诉求、融合政府行政管控和中小学办学自主之间矛盾的作用。在这种模式中，社会组织跟政府、大学、中小学组成了除三元单交集之外的另外三种交集，即政府—社会组织—中小学（G-O-S）、大学—社会组织—中小学（U-O-S）、社会组织—中小学（O-S）。第一种组合为社会组织以接受政府购买的方式为当地教育提供资源，包括师资资源、教育教学资源、教科研资源和教育产品，同时社会组织还受政府的委托接管当地的中小学校。这样，在政府和中小学之间，就出现了由社会组织所承担的相对独立的工作，而这些工作也融合了政府的直接管控和中小学的自主管理之间的需求矛盾。第二种组合为社会组织以独立第三方机构的身份，独立地购买大学的研究成果，经自主性产品深加工或应用转化，转变为可以直接运用于中小学的教育资源或教学产品，例如，综合实践性课程、某学科课程的拓展性课程、某种教师培训主题和方式、某些教学平台和工具，这样，通过社会组织的产品改造和应用，大学的科研成果就更容易被运用在中小学的办学实践中，它们之间的价值取向差异得以融合。第三种组合为社会组织直接与中小学合作，它们通过将自己的研发产品对接中小学的教育教学，切实有效地解决中小学发展中遇到的问题，例如，区县教育决策咨询、区县教育规划制定、学校特色发展、教育科研、学科教师专项培训、社团活动师资和设备的提供、学校功能室的配备和技术支持等，都能够有效地促进区县教育和中小学校的发展。

在这个四元三交集模式中，社会组织凭借着自身的专业实力和灵活的市场运营方式，成了政府、大学与中小学关系中的“黏合剂”和“转化器”。但是，在这种模式中，前两种交集都是社会组织作为一线代表，分别代表着身后给予授权的政府和科研产品的研发者，政府、社会机构和大学并没有联合起来、以分工协作的方式共同面对同一个教育发展问题或同一所学校的发展问题。中小学在这三种交集中也还是被动的接受者和实践探索者，而不具有独立整合政府、大学和社会机构各自优势的能力，协同的主体还停留在两方或三方的基础上，没有形成真正的四方协同。

（四）社会组织发挥独立作用的四元多交集模式（G-S-O-U 模式）

什么是教育共治呢，褚宏启教授认为，教育共治是不同的组织机构，包括政府、社会组织、利益团体和公民等，对教育公共领域的事务进行协同治理的过程，这一过程的具体表现是多元主体之间就教育改革和发展问题进行对话、协商、妥协、互动的过程①。

共治理论强调，不同主体在共同管理社会事务时要平等对话、协同合作，政府与其他主体之间平等合作是协同共治得以公平、合理、顺畅进行的

---

① 褚宏启. 自治与共治：教育治理背景下的中小学管理改革［J］. 中小学管理，2014（11）：16-18.

重要保证①。因共治涉及多元治理主体，故共治会出现多中心治理、共同治理、自主治理等形式。无论共治有多少种不同主体间的组合，其目的都是善治，即实现教育治理“合法性、透明性、责任性、法治、回应、有效”②③。

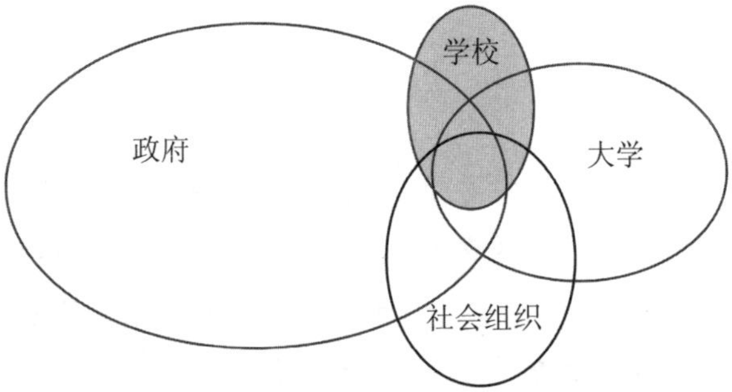

图 3-4　四元多交集模式

在四元多交集模式中，政府负责宏观调控，以政策引导和制度保障的形式把握教育改革方向和教育发展目标；大学负责科学研究及成果产出，以创新性的思想、方法、技术引导和支持教育教学的发展；社会组织负责资源整合及实践运用，以独立研发、项目式资源整合和独立运行的方式协助和支持教育教学的发展；中小学负责落实政策并提高育人质量，以不同的项目组合不同的治理主体来推进教育教学改革，引进并运用创新性思想和方法。它们之间的协同方式呈现出多种交集的组合，包括政府—中小学（G-S）、社会组织—中小学（O-S）、大学—中小学（U-S）、政府—社会组织—中小学（G-O-S）、政府—中小学—社会组织—大学—（G-S-O-U）、政府—大学（G-U）、政府—社会组织（G-O）、大学—社会组织（O-U）等 11 种组合。这种模式可以看作是多元主体参与教育共治的理想状态，其中，政府—社会组织—大学—中小学这种四元主体共同参与的治理形式是最能体现多元共治思想的。在这种状态下，四大主体既相互独立又密不可分，既相互制约又和

① 徐冬青. 公共治理：现代学校制度建设“新探索”［M］. 南京：江苏教育出版社，2011：242-255.

② 褚宏启，贾继娥. 教育治理与教育善治［J］. 中国教育学刊，2014（12）：6-10.

③ 俞可平. 治理和善治：一种新的政治分析框架［J］. 南京社会科学，2001（9）：40-44.

谐共存，既相对稳定又动态调整。各主体之间、教育系统与社会和市场之间打破了原有的封闭界限，转而成为动态的因需组合、信息共享、协同共治的新型体系。几个主体之间的关系由最初的垂直管控、松散耦合、黏合剂发挥中坚力量，逐渐演变成相互之间的平等和依赖，最终以长期稳定、协同合作的方式解决公共教育发展问题，体现出教育共治的本质特征。

在四元多交集模式中，社会组织以独立的身份进入公共教育治理的核心区域，并在维护系统的稳定发展和组合出多种灵活有效的治理共同体方面发挥了不可替代的作用。这意味着政府—市场—公民社会对教育资源进行配置的新状态，新的社会力量——社会组织正在引导教育治理体系中的组合关系和利益分配格局发生着改变，以社会组织为重要力量的多元化教育治理体系不断完善。这是我国社会组织参与教育协同治理的未来趋势。

三、社会组织参与县域 G-S-O-U 四元协同治理的机制分析

（一）克里斯·安塞尔（Chris Ansell）的协同治理模型

克里斯·安塞尔提出协同治理的一般过程模型，集中讨论了治理成果产出所需要的条件和过程。他认为，协同治理的前提是参与合作的多元主体有强烈的合作意愿，而影响合作意愿的因素有两个，一个是参与主体分别在权力、资源和知识方面各有所长，只有将各自的优势整合在一起，才更有利于问题的解决和成果的产出；另一个是它们中的全部或部分在本次合作之前有较好的合作基础，彼此建立了基本的信任。合作前提具备后，适当的制度体系和高效能的领导风格也是协同治理得以进行的另外两种保障。适当的制度体系就是管理制度要兼具开放性与包容性，有清晰的规则和透明规范的流程；高效能的领导风格就是领导体系要有稳定的组织结构，有灵活的纠错机制，领导者负责监督、指导和倾听，鼓励多元决策。

协同治理的过程是一个多元主体知行合一的循环过程：先是多元主体面对面地对话和交流，通过协商达成共识；进而建立多边信任，并将各自的优势投入共治项目中。在这个过程中，多元主体逐步提升彼此间的相互依存性、共享项目所有权、共同遵守合作规则；随着共识的增加，多元主体进一步明确协同共治的使命、明确要解决的问题和要获得的成就；成果是阶段性

产出的，从小成果到战略性成果，再到显著的现实成就。

（二）社会组织参与县域教育共治的机制分析

依据克里斯·安塞尔的协同治理模型，本文从激发动力、完善过程、持续循环三个方面论述社会组织如何参与县域教育共治。

1. 激发协同主体参与动力，整合各方主体的价值诉求

首先，明确四元主体之间的利益关系，明确各主体的权责。在四元多交集的共治模式中，每一方都是以独立身份平等地参与县域教育治理，彼此之间是优势互补、合作共赢、共促地方教育发展的关系。在责权分工上，区县教育行政部门负责对项目进行评审和立项，负责对大学和社会组织进行筛选和组合，负责选择与社会组织之间的协作方式，或委托或购买，负责经费保障和阶段性进展评估；大学负责提供理论工具和研发产品，负责提供科研人员参与协作，负责组织县域间的交流和展示；社会组织负责围绕项目主题整合资源并促进资源的有效使用，包括安排内部研发人员及研发产品，从外部环境中选择和整合与项目相关的研发人员和研发产品，指导县域内的中小学与科研人员的充分合作，指导科研产品在学校的具体使用和附属产品的合作研发；中小学校负责向区县政府提交需求清单，负责安排人员参与协作项目，负责与社会组织的业务沟通和工作落实，负责向政府汇报阶段性产出和成果，负责参加由社会组织或大学举办的学术活动或县域间的交流活动。

其次，区县教育行政部门要引领参与共治的四方主体树立一致的共治愿景和明确的协作目标。经过四方参与的多次面对面沟通，区县教育行政部门就协同治理的目标和内容与各方达成充分共识。各方都要在共治项目开始前期充分介绍和展示自己的资源优势，尤其是社会组织，要通过展示以往的共治案例，让其他三方对其业务领域、核心技术、优势产品、组织方式、人员及运营安排有清晰的认识。

最后，四方主体就共治共赢达成一致，对协同共治过程中各方利益的交集及差异达成共识。四方主体要对区县教育在教学、课程、师资、文化等方面实现的共治目标及各自的利益诉求做出规划和安排。要明确这是一个互利共赢的治理方式，区县教育得到发展是共治的意愿和使命，四方主体各有所获是共治的必然结果。

2. 完善协同制度，加强政府授权

在协同意愿达成一致的基础上，要充分设计好共治的组织结构和制度体系。现有的县域教育共治中，常见的问题是参与共治的四方主体投入力度不一致、合作深度不够、协作流程不顺、阶段性成果不足。分析其主要原因，就是在合作之初没有构建出较为完善的组织结构和制度体系，四方主体各自的职能没有明确，相互之间的合作方式和合作范围没有界定，共治主体磨合时间太长导致效率降低。突出的表现是中小学不知道社会组织的职能和业务优势，不知道大学与社会组织之间的关系，不知道在政府和社会组织及大学之间，该听哪一方的指导，不知道有发展需求时该通过怎样的流程寻求哪一方的帮助。针对这些问题，四方主体在项目之初就要建立专门的机构并配备专门的工作人员，这个机构可以是区县教育局已有的部门和人员，只是明确告知要承担一项新的独立工作，也可以是一个由区县教育局与社会组织联合成立的机构。之后，与四方的决策建议、共治方案、推进策略、组织运行的内容，都由这个机构进行整合，并通过这个机构推进共治项目的落实。

在以制度体系为保障的协作过程中，还要积极探索创新协同路径。政府要给社会组织、大学和中小学更多的授权。俞可平认为治理与统治本质的不同在于治理的权威并不一定是政府①。协同共治就是要充分发挥各方主体分别在权力、资源和知识方面的权威，并使这些权威整合后发挥善治的作用。在协同共治的业务领域中，政府通过授权促使其他三方进行更深入的合作性研发、更大范围的校际合作、更多学校参与的项目联盟、更灵活的共治方式；通过授权促使其他三方有更及时多样的沟通、有更灵活多样的组合。对于通过委托管理和购买服务而形成的社会组织参与的共治，则要更多地给社会组织在整合资源、确立目标、分配职责、协调沟通、经费使用方面授权，促进社会组织以更独立、更有权威的身份投入共治项目和日常工作。加强政府授权的目的就是提高共治组合中其他三方有更大的自主性和更灵活的协作方式。

① 俞可平．治理与善治［M］．北京：社会科学文献出版社，2000.

3. 深化共治意识，推进流程常规化

近年来，随着共治理论研究的深化，也随着共治思想的广泛传播，越来越多的机构接受了多元主体协同共治的思想。但是，在实践中，共治还更多地停留在观念和愿望中，真正的多元主体以平等的身份充分持续地促进公共事业发展的案例还不多。究其原因，主要是各方在共治中的身份感和参与形式还停留在政府主导的传统治理体制中。比如，政府不能放下身段与社会组织平等共议，大学不屑于参与实践中琐碎的改进工作，社会组织受政府领导人对其的信任度不够及政府给予的经费约束，而更多地处于探问、征询、试验的工作状态，中小学则由于历史的等级地位而习惯于听命和服从。故此，即使各方主体都有协同共治的愿望，但实践中还是小心翼翼地尝试和观望着。

怎样解决这个问题呢？那就要多渠道对各方主体进行治理能力提升的培训，通过集体学习的方式快速转变各方的治理思想和观念。首先，政府要转变一权独大的传统治理思想，重视并加大与大学和社会组织的合作，要通过委托管理、购买服务等形式给大学和社会组织更大的授权，同时，也要给中小学校更大的自主权。在四方协同过程中，政府的治理观念能否更新，政府处于一个什么样的治理水平，实际上就决定了四方协同的成功与否，所以提高区县教育行政部门治理能力现代化是培训和实践的主要内容。其次，大学要提高在四方协同中的参与度，不仅仅是将四方协同看作是一项工作任务，而应该树立教育治理成员的身份意识，承担起可持续促进教育共治、善治的社会责任。接受质疑、自我质疑，不断保持理论创新的活力。最后，四方协同治理的最大变化是将兼具市场敏感性和公共服务性的社会组织引入教育治理机制中来，通过社会组织对接政府、大学和中小学，融合不同主体之间的需求、传递不同主体之间的信息、转化不同主体之间的资源优势、减少主体之间的冲突，这个新的共治主体的出现，可以有效地实现协同共治。当然，为了更好地吸引和支持社会组织参与教育共治，也为了更好地推进社会治理思想和方法的转变，政府可以采用多种措施探索四方协同治理的方式，除了普遍运用的委托管理和购买服务，还可以引导集团化学校、片区联盟、一贯制学校以独立的身份与社会组织和大学合作，政府提供政策和经费支持；可以设立专项资金用于支持学校开展协同共治，以促进学校在课程、教学和文化方面的单项或整体发展，所属学校可经过申报合作项目而分阶段、分批次地开展共治；可以通过政府向社会组织打包购买系列服务，包括教师招聘、教师培训等，再由学校与社会组织实践对接完成师资配备。

引入社会组织参与教育治理，强调多元主体协同共治，既是对当下“社会治理体系和治理能力现代化”的响应，也是对治理理论在教育领域应用的进一步丰富，有利于促进教育民主、激发教育活力。正如著名学者萨拉蒙所言，政府和社会组织之间应该建立合作伙伴关系，让社会组织参与公共服务的提供有利于两者关系的发展。而参与的方式，也如奥斯特罗姆在多中心治理理论中所言，参与以政府授权或者共同提供等形式来实现。

第四章

四方协同治理机制分析

T 小学位于河北省石家庄市藁城区，是一所区直属学校。该校建于 1995 年 9 月，至今已有 20 多年办学历史，学校占地 27668 平方米，建筑面积 8128 平方米。现有 24 个教学班，在校生 1533 人，教职工 70 人。

作为区直属学校，2002 年以前，T 小学的学校管理仍属于传统的政府线性管理模式，除了完成基本教学任务，还要完成政府下派的教育行政任务。主要工作以“普九”为目标，迎接过省上的四次“两基”复查验收考核工作，其间还完成了中小学局部调整规划、《中华人民共和国义务教育法》的落实检查等。

2002 年之后，X 调任 T 小学任校长，上级市政府提出建设“教育强市、教育名市”的奋斗目标，区政府积极响应，在全区范围内优化教育资源配置、推进课程改革、规范学校管理，X 校长带领学校管理教师团队开始探索学校发展的最优路径。通过短期外出考察、高校培训、邀请专家指导等方式，初步确立了“让学生享受七彩童年”的办学理念，并提出了“文化引领发展，管理提升质量，特色彰显品质”的办学思路，对学校的发展起到了有益的作用。

2016 年，T 小学与深圳立言教育研究院达成合作意向，以 T 小学和立言教育为核心，融合政府、高校的力量，构建合作伙伴关系，以“学校课程体系建设实施项目”为依托，开展协同治理实践。

至此，T 小学由建校伊始的“1+1”（学校+政府）管理，经历改革初期的“1+2”（学校+政府+大学）暂时性合作，形成了现阶段的“1+3”（学校+政府+大学+社会组织）的合作治理模式。

第一节　协同治理动因分析

一、学校：突破瓶颈

首先，协同治理的提出源自T小学自我变革的内生需要，经过20多年的发展，T小学在新的历史时期遇到了发展瓶颈。T小学一位受访教师在访谈中表示：“应该说学校本身就有进一步发展和深化改革的这样一种需求……学校（管理过程中）就遇到了理论水平不高、对学校的定位不清、对自身发展前景迷茫等问题。”解决现有困难、突破发展瓶颈成为T小学寻求外界帮助、开展协同治理的根本原因。

其次，变革型的领导方式是T小学开展协同治理的直接动力。“通安小学的夏校长是一位有着长期一线教学经验的优秀教师、学校管理者，可以说她通过自己的学习和实践，培养了长远的眼光，因此夏校长认为，通过引入学校外部的力量有利于带动学校的发展，因此她就与我们立言有了一些初步的接触。”（立言教育受访负责人L）

最后，T小学开展协同治理是寻求“战友”的需要。路易斯·斯托尔等认为学校构建伙伴关系的另一个重要原因是学校需要“批评性朋友”，使学校认清楚自身目前的现实，“他们在适当的时机聆听并帮助学校整理思路，做出理性选择”①。“学校发展陷入自我认识的困境时，学校就需要一个战友一样的角色来帮助学校，对国家教育形势的发展有深入研究的一个高配团队来帮助学校，跳出学校原有的圈子来重新审视学校发展。”（T小学受访教师）

二、社会组织：实现组织发展

深圳立言教育研究院是T小学协同治理实践中重要的社会参与主体，它

① 路易丝·斯托尔，迪安·芬克. 未来的学校：变革的目标与路径［M］. 柳国辉，译. 北京：北京大学出版社，2015：153.

以“一个学校一个样”为目标，通过提供教育咨询、教师培训、学校发展指导等服务，致力于实现学校发展的新样态。

与T小学共同组织开展协同治理实践，首先，源于立言教育在学校发展指导领域拥有丰富的实践经验和成功经历，具备相应的资源和能力。其次，顺应了组织发展的需要，一方面，与T小学合作能够为立言教育带来一定的经济收入，由政府拨付一定的指导酬金，这笔收入可以用于组织的继续发展壮大；另一方面，与T小学的合作也是实现立言教育组织目标、使命的途径，彰显组织存在的社会价值和意义。“对我们双方来说，这个合作可以说就是一个实验基地，既是学校自身的成长，也是我们的成长，我们存在的意义就是急学校所急，如果能为整个教育事业贡献哪怕一点点力量都是立言的荣幸。”（立言教育受访负责人L）

三、大学：理论研究和社会服务

大学具有人才培养、科技创新和社会服务的三大功能。一直以来，大学作为理论研究和创新的主要阵地，发挥了科技创新的重要作用，但囿于大学内部的理论研究有可能出现脱离实际的弊端，因而大学理论研究需要有一定的条件与实践相结合，提高理论在实际运用中的适切性。T小学的协同治理实践中，引入大学教育理论研究力量，进入一线的教育场所调研参观，在中小学获得理论指导的同时，大学也在其中进一步调整和完善了理论研究中的不足，这是一个双赢的结果。

与此同时，大学的社会服务功能越来越受重视，大学的发展是基于社会的支持，反过来大学深入社会中心，为社会发展提供支持成了其重要的责任和义务。大学研究团队深入T小学开展指导，一方面是来自T小学与政府以及社会组织邀请的结果，另一方面又是大学自身履行社会服务功能的表现。

四、政府：提高辖区教育质量

藁城区教育局是T小学协同治理中的政府代表，整个协同治理的合作开展是在教育局的批复后开展的，在教育局给T小学的批复中提道：“请你们抓住契机，借用外力，提升办学品位。”这反映出作为政府一方的教育局同意开展并参与协同治理的主要动因在于提高辖区教育质量的需要。

T 小学作为当地一所“龙头学校”，其教育质量的高低对辖区内整体教育规模、水平都有比较大的影响。经历前期的迅速发展阶段后，T 小学后续的发展中缺少更深的理论内涵，学校文化等也没有与学校课程、学生活动很好地结合，缺乏整体规划和后续发展的动力，使其在面对不断增加的学生和家长对优质教育的需求时出现发展乏力的情况。

对教育局而言，一方面，提升当地学校办学水平、满足人民日益增长的对优质教育的需求是其必须履行的政府职能；另一方面，提高辖区内的教育质量、提高教育行政效能客观上又是与其他辖区教育局的竞争需要。在履行职能和提高效能的双重因素作用下，教育局倾向于支持和参与 T 小学的协同治理实践。

第二节　协同治理过程分析

一、协同过程

克里斯·安塞尔提出协同治理的一般过程模型（图 4-1），集中讨论了治理成果产出所需要的条件和过程准备。

如图 4-1 所示，协同治理的开展首先需要一定的启动条件，即主体在权力、资源和知识方面具有不一致性，并且希望参与协同治理的各主体之间建立起初始的信任。其次，适当的制度设计和领导风格有利于推动协同治理的开展，在制度设计方面，强调协同系统的开放性与包容性，具有清晰的规则和透明规范的流程；在领导风格方面，要有允许试错的机制，领导者负责监督、指导和倾听，鼓励多元决策。

在具体协同开展的过程中，首先需要进行面对面对话，真诚地谈判，从而建立多边信任。在协同过程中必须做到：承认彼此之间的相互依存性、共享所有权、开放互利。在此基础上确立共识，进一步明确协同的使命，树立起共同的问题意识和共同的价值认同。在产生阶段性成果的时候，注重战略规划、效果的评估，实现最终结果的产出。

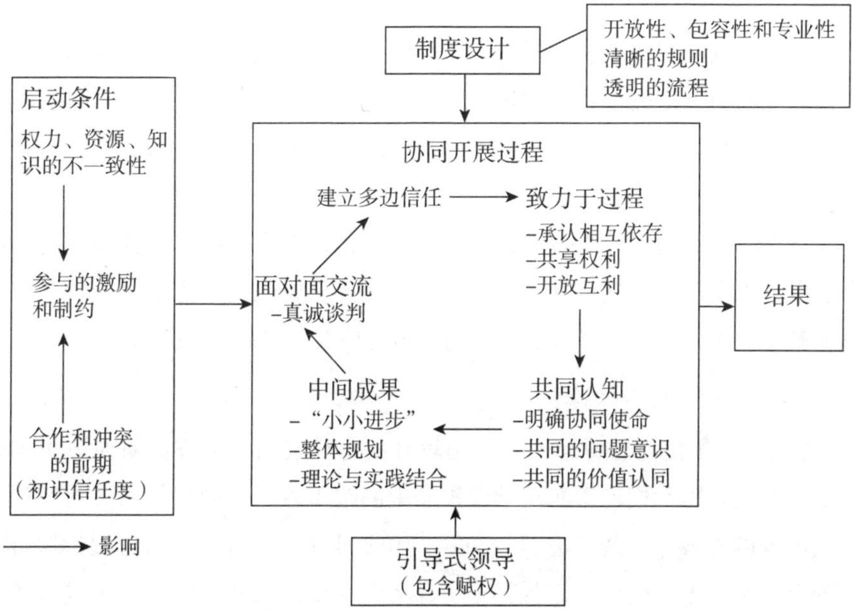

图 4-1　协同治理的一般过程①

（一）需求生成阶段

T 小学于 1995 年成立，长期以来保持着优秀的办学成绩，学校先后获得河北省素质教育示范学校、3A 级劳动关系和谐单位、石家庄市现代化学校、管理质量示范学校、5A 级心理站点等荣誉称号。经过 20 多年的发展，学校办学经验逐渐丰富、学校文化有所积淀，但在面临教育领域的种种新需求和新变化时，学校依然感到了压力。在校长及其管理团队的研究下，推动学校发展变革的新想法开始酝酿，T 小学开始向社会寻求新的发展路径。

（二）初期接触阶段

T 小学于立言教育研究院最初的接触契机来自立言教育的传统优势项目——语文学科主题阅读课程设计。2016 年，在政府协调下，学校与立言就

① ANSELL C，GASH A. Collaborative Governance in Theory and Practice［J］. Journal of Public Administration Research & Theory，2007，18（4）：550.

语文主题阅读的教学方法推广展开了初步合作，这也是四方协同治理的前期基础。

主题阅读项目的顺利开展使得T小学和立言初步构筑起双边信任，并且得以在该项目开展的过程中发现对方更多的需求。当立言教育敏锐地探知T小学对于学校发展更深层次的需求后，便以主题阅读的合作为契机，与T小学开始了对整体教学改革的设计。

这一阶段，协同的着力点也开始发生变化，由原先的单一的项目变为由顶层设计推动学校发展。具体表现为主题阅读从原先的单个项目，转变成了整体教学改革中的一个环节，将着力点放在学校的整体性课程发展上。

（三）合作确立阶段

“当学校和我们之间有了一个比较好的合作之后，双方都对对方更加信任了，学校觉得我们能够实现学校预期中的改革效果，而我们由衷地期望能够为学校的发展做一些实事。”（立言受访负责人L）在前期主题阅读项目的良好合作基础上，政府、T小学与立言就进一步深入开展协同治理进行了三次前期研讨会。在研讨会中，“大家说需求、说想法、说资源、说队伍，通过这样一种方式，就把合作的意向确立下来了”（立言受访L老师）。

经过缜密地研讨、科学地论证，T小学与立言初步确立了合作意向，2017年3月，T小学正式向区教育局提交请示，提出：“对接学校课程新样态实验，与深圳立言教育研究院开展项目合作，借助专家团队力量，梳理反思办学积淀，提炼升华‘七彩’文化内涵，探索实施策略、路径和方法，从课程体系、人本管理、环境布置、师生言行、特色彰显、成果发展等方面开展行动研究，提升办学品位，锻造学校品牌，提高学校核心竞争力。”

当月，区教育局做出对该请示的批复，同意支持T小学与立言教育研究院、专家团队开展合作。

（四）开展合作阶段

2017年7月，经区教育局审批，T小学与立言教育研究院正式签订“学校课程体系建设与实施”项目合同，以大学专家团队的诊脉和指导为核心轴，正式步入了四方协同治理的发展阶段。

在立言的对接下，首先由第一批大学专家团队为T小学进行“诊脉”，对学校的整体情况进行了深入的了解，找到T小学的问题与资源、阻碍与优势。T小学针对自身的办学历史、学校文化、课程开设情况、师资生源等背景进行了系统的自我梳理，向专家团队进行深入、集中的汇报。“这一份汇报材料可以说是T小学近年来做过的最集中、最全面的和翔实的报告，这个过程对他们自己来讲，也是一个重新梳理，同时也让学校更加明确了：我有这个需求，我能实现未来的愿景，我还有这么多的资源可以挖掘，足以支撑我往前走。”（立言受访负责人L）

在对T小学的基本情况有了整体性的把握之后，第二批专家团队的指导正式开始。第二批指导分成了线上和线下指导两个部分：线上指导主要是由大学专家通过电话指导、网络指导等形式，引导学校深入挖掘自身需求和自身资源；线下指导主要是由专家团队亲自深入学校实地调研，观察学校风物、考察办学现状，利用大学专家自身的理论背景和优势，发掘学校发展的立足点，为学校提供正确的方向指导和理论支撑。

（五）评估反馈阶段

T小学的协同治理以签订合同的形式开展，以三年为一个周期，其间和周期末都会有对应的评估反馈。

在三年周期期间，政府、T小学和立言每年会对项目开展的成效进行一次评估，若评估合格，则向政府申请划拨第二年的经费；若协同效果未能达到政府和T小学的预期要求，则可以终止合作。

三年周期结束后，根据政府和T小学对前一周期的合作效果评估，决定是否需要继续开展新一轮的周期合作。

二、协同模式

2017年7月，在T小学与立言教育研究院初步确立合作意向后，经藁城区教育局审批正式与立言签订合同，开展四方协同治理。

在上文中笔者构建的学校四方协同的理想模式叫作同心圆模式，在同心圆模式中，社会组织和学校是协同的核心，政府与大学也紧密围绕在核心的周围，四大主体既相互独立又密不可分，既相互制约又和谐共存，既相对稳定又有动态互动。各主体之间、系统与外部环境之间打破了封闭的界限，动态地进行信息交换和共享。政府发挥宏观调控功能，放管结合，把握整体的教育改革方向和教育发展目标；大学为教育治理不断注入最新研究成果；中小学积极主动地融入教育治理中来；社会组织将几大主体紧密结合在一起。四大主体各司其职，维护治理体系的稳定。

在笔者的调研中发现，在T小学的四方协同治理实践当中，并未完全遵循同心圆模式的规律，而是呈现出一些不一样的特点，笔者将之归纳为不完全的同心圆模式（图4-2）。

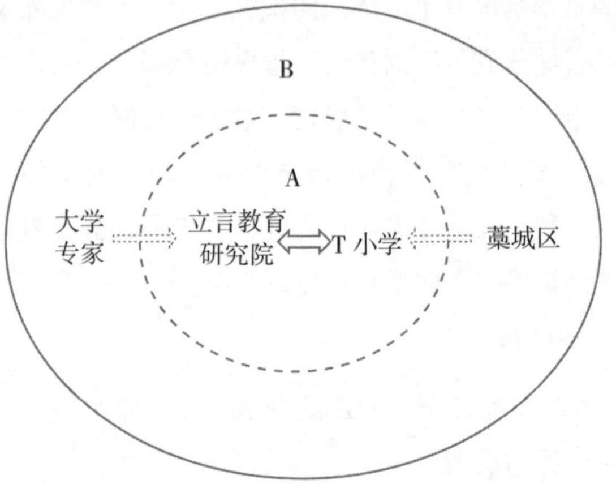

图4-2　T小学的不完全同心圆模式①

在T小学四方协同的不完全同心圆模式中，T小学和立言教育研究院处于核心位置，是整个合作的实际执行者和直接受益者，它们之间以合同作为契约联系在一起，双方有紧密的直接的互动和畅通的沟通渠道，二者共同活动构成内圆A，A是T小学和社会组织活动的主要空间。

向外延伸后出现另外两个主体——大学里的专家及其项目组、藁城区教育局，大学与教育局虽然同处于外层活动空间B，但其距离较远，少有直接接触，而是分别于临近的两个核心主体联系，以开展合作。大学直接与立言教育研究院联系，其对接形式是由立言根据T小学的发展需求，有针对性地选择邀请相关研究方向的大学专家及其项目组参与合作，为两个核心主体提

① 资料来源：笔者自制。

供最新的理论指导和技术培训；而区教育局则是与T小学直接联系，其对接形式一般是对T小学开展行政管理和服务，对T小学与立言的合作内容、形式进行审批，为T小学拨付资金等。

之所以称之为不完全的同心圆模式，是因为B区域的两个主体相对而言并没有完全以A区域的两个主体为核心，而是仅仅与各自常往来接触的主体保持互动，对另一方则较为空缺。虽然A区域与B区域之间并不是封闭的，但B区域与外界却还处在一个相对独立的状态，与外部环境之间的物质和信息交换较少。

三、协同策略

四方协同治理的开展离不开四大主体之间的沟通，具体采用什么样的沟通策略受到主体间关系的影响，在T小学四方协同的实践中，主要产生了协商、咨询、指导和汇报四种沟通策略。

（一）协商

协商是指两个或两个以上的主体通过对话，了解需求，达到彼此满意的状态。T小学与立言教育研究院之间就学校自身的需求、立言提供的方案多次举行研讨会议，双方通过不断确认需求、交流理念、互换想法，最终形成学校发展的改革方案。“我们经过了三次前期的研讨，大家说需求、说想法、说资源、说队伍，通过这样一种方式，就把合作的意向确立下来了。”（立言受访L老师）

（二）咨询

咨询主要存在于社会组织和大学之间，通过协商，了解T小学的需求和想法之后，立言会从专家库中找到合适的大学专家和项目组，向其咨询相关的建议或有效的改进措施等，并向其支付一定的咨询费用，必要时会以聘请的方式邀请大学专家参与对T小学的考察，并在拟定T小学改进方案的过程中进行咨询。

（三）指导

大学专家组经过立言的协调，进入T小学内部参观考察其实际教学活动的开展，并总结形成项目方案，再派有专人和团队对T小学的校长管理团队和教师团队等展开指导，大学一方主要占有理论优势，而立言则负责将这种理论优势转化为可操作的方案，向T小学传授。

（四）汇报

汇报主要发生在T小学与区教育局之间，作为上级主管部门，教育局掌握着与T小学相关的合作项目的重要决策权，在与其他主体开展项目合作时，T小学必须要向教育局汇报项目具体内容、流程、进度等，重要协议的签署也需要经由教育局审批同意。

四、协同成效

经过第一期的合作，以T小学原有的“七彩校园”文化传统为基础，G-S-O-U四方协同治理以课程体系建设为核心，各主体发挥各自的理论优势、政策优势、组织优势和实践优势，打造出了以“七彩课程体系”为核心的学校特色发展成果，课程体系明显完善、校风教风学风更加和谐、校园环境更加怡人、教师发展更加成熟。

表4-1直观地展示了T小学的七彩课程体系建设情况，在学校原有的“七彩童年、七彩校园”的文化基础上，将课程进行更新、分类、整合，形成融合了基础课程、校本课程、选择课程和综合课程的七彩课程体系。

表4-1　T小学“七彩课程”体系表①

<table>
<tr><td colspan="2">办学理念</td><td colspan="5">自然成七彩童年</td></tr>
<tr><td colspan="2">培养目标</td><td colspan="5">和谐成长、多元发展的七彩少年</td></tr>
<tr><td colspan="2">核心素养</td><td>课程领域</td><td>基础课程</td><td>拓展课程</td><td>选择课程</td><td>综合课程</td></tr>
<tr><td>文采
风采</td><td>会表达
能善为</td><td>人文
与
品德</td><td>语文
英语
法治</td><td>主题阅读
语言与文化</td><td>彩虹书社
广播站
文学社</td><td>主题探究
读书节
英语节</td></tr>
</table>

① 资料来源：笔者根据T小学调研、访谈资料整理所得。

续表

办学理念		自然成七彩童年				
培养目标		和谐成长、多元发展的七彩少年				
核心素养		课程领域	基础课程	拓展课程	选择课程	综合课程
精彩异彩	会探究能创新	数学与科技	数学 信息技术 科学	趣味数学 超脑麦斯	3D 打印 创客实验室 机器人	主题实践活动科技节
色彩光彩	会才艺能审美	艺术与审美	美术 音乐 书法		兰芽书社、红黄蓝和七星瓢虫美术社团、小天鹅舞蹈团、风韵国乐社团、舞的精彩教师团	艺术节
神采	会运动能养心	体育与健康	体育 心理健康 安全教育	沙盘游戏	田径 乒乓球 足球	体育节 心理健康节

“七彩”是T小学希望能够赋予学生的核心素养，即“有文采，会表达；有风采，能善为；有精彩，会探究；有异彩，能创新；有色彩，会才艺；有光彩，能审美；有神采，会运动、能养心”。并以“七彩”所代表的不同的核心素养为依据，划分出四大课程类别，并分别设计对应的基础课程、拓展课程、选择课程和综合课程。

基础课程，即国家与地方课程，包括语文、数学、英语等14门课程，目的在于培养学生成长过程中所必需的知识和能力。

拓展课程是基于校本资源的特色课程，要求每一位学生都要体验，是对基础课程的补充和完善。

选择课程主要以社团的形式开展，是国家课程进一步情境化、校本化的过程，把学科知识和实践活动有机结合，增强学生对知识的感知和体验。尽量丰富各类有益社团，根据学生的个性爱好自由选择，极大地发展了学生的特长。社团的辅导员既有本校老师，也有高校和社会人员的参与。

综合课程，是培养学生综合能力的体现，集中展示了T小学素质教育的理念。以“六节”作为学生“七彩”学习成果的展示舞台，每年确立不同的主题，定期开展，内容覆盖七彩主题课程的各方面；以主题探究课程和主题实践活动为契机，不断拓展学科知识的深度和广度。

正如立言教育的工作人员提及的：“（T小学最初的七彩文化）原来只是觉得孩子们像彩虹一样缤纷多彩，后来为其赋予了更多的意涵，比如，自然主义的教育观等，让七彩文化、七彩课程相互协调，更有根、更有魂，原来想法是想法、课程是课程，它是分离的，通过合作让它们联系在了一起。”

课程体系与学校文化相辅相成，共成体系，成为学校发展的有力支撑。首先，形成了七彩教育教学理念，让教师们认识到每个孩子都是个性化的个体，因材施教才能保障学生受到充分关注；其次，健康、高效课堂的创建，让每个孩子都能享受七彩童年，孩子在学校快乐地学习、健康地成长；再次，让教师能够享受自己的七彩教育生活，对教师身心健康投入更多关注，在专业发展的同时获得工作价值，让教师对工作有了真正认同和喜爱。

第三节　协同治理角色分析

在四方协同治理过程中，不同的主体分别承担着不同的角色，它们发挥各自的功能，相互配合，以保障协同机制顺利运转。在这里，主要从学校、社会组织、大学和政府四方的功能和职责分析各主体在协同机制中的作用。

一、T小学：贯彻执行

在四方合作系统中，T小学的角色更接近于一个“执行者”。

（一）负责前期学校自查，提供学校发展背景材料

在整个合作过程中，首先要由学校进行自我审视，在其他主体的帮助下看清自己的短板，找到自己的需求。在初期对接中，需要由T小学梳理学校原有的发展基础、教学理念、地域因素、办学水平，形成一份调研报告提供

给立言教育研究院，这是立言初步了解学校基本情况的重要资料。“这一份汇报材料可以说是T小学近年来做过的最集中、最全面的和翔实的报告，这个过程对我们自己来讲，也是一个重新梳理，也让学校更加明确了：我有这个需求，我能实现未来的愿景，我还有这么多的资源可以挖掘，也足以支撑我往前走。”（T小学受访教师）

（二）协同治理中的执行主体

经过合作协商，形成具体的项目方案的时候，T小学就作为一个项目的执行者，负责具体的实践开展，包括教学计划的制订、新的教学方法的试行等。但是，T小学拥有的自主决策权却并不多，“T小学与它的上级机构（藁城区教育局）有比较密切的联系，我们的整个合作流程，T小学都会向教育局进行汇报，如我们对接了什么、立言提供了什么、签订合同的内容、经费的安排等，所有的流程都要与教育部门对接、报批。”（立言受访人员）除了忠实地执行，T小学还要承担定期向上级部门汇报、请示的责任。

二、立言教育研究院：对接、指导、评估、推广

立言教育研究院在四方协同治理中的作用涉及规划方案、对接需求、指导实践、评估效果等，转化主体之间的需求、转换主体之间的冲突，实现合作的顺利开展。

（一）对接协同各方主体

当被访问到立言教育研究院在四方合作中的角色时，立言的项目负责人是这么回答的：“我觉得立言最大的作用，一手是一线的学校，另一手就是专家团队。立言拥有专家团队的资源，并且它对专家团队的背景、研究方向、能力等有着准确的定位和评估，专家的研究方向、研究深度等都是不一样的，并且一线的学校它需求的专家也是不一样的，如何来调配这些专家就是关键。”（立言受访人员）T小学与大学之间、教育局与大学之间都依靠其中社会组织的对接协调得以顺畅地展开合作。

（二）指导课程体系实施

大学依据理论研究设计的学校发展指导规划，依靠立言转化成具体可行

的操作方案，这种方案是专门针对T小学的、符合T小学发展需要的，立言在其中“定位专家、定位学校、匹配、中间细致的流程设计，每一所学校的流程不一样。”（立言受访人员）指导课程体系的建设需要有效落地。

（三）评估合作阶段性效果

“每个阶段怎么分配，什么时候该进入第二阶段、怎样进入第二阶段，都是需要立言来考察评估的。”（立言受访人员）为了保障学校发展的质量，需要由立言在各个分解阶段考察评估，反思创新，做到有问题及时调整。

（四）推广学校发展成果

当T小学的学校发展协同治理取得一定成效后，需要由立言将成果进行推广，具体来说，包括在该区内开展至少一次成果展示活动、面向全国展示课程体系建设成果等。

三、大学：研究、挖掘、规划

大学掌握理论资源，在四方协同治理中扮演“研究者”的角色。

（一）提供理论指导

大学在四方协同治理中最大的优势是理论研究能力，大学充分发挥自身的理论优势，充当了研究者的角色。“大学专家团队拥有的最大优势就是对国家教育形势的深刻把握和对理论的深入研究。T小学办学这么长时间，必然在办学理念、办学实践上也有它的独到之处，它在实践之中其实暗含了一些比较科学的教育理论，但是这种理论掌握并不系统，也没有被明确地强调出来，单凭学校自身很难找到实践和理论的对接点。”（B大受访专家）可以说作为研究者，专家团队利用理论上的背景和优势，就能够为学校提供一个比较好的方向和理论支撑。

（二）挖掘学校文化内涵

在大学专家团队的考察指导过程中，第一阶段是通过电话、网络来指导学校自己去寻找和挖掘自身的潜在资源，第二阶段就是深入T小学实地考察，帮助发现T小学发展的立足点和学校的校长班子、核心教师，在一起面对面地交流时，看校园风貌、看历史、看资料、看教师队伍、看课堂，找到

T 小学发展的脉络，找到 T 小学传承的文化，找到 T 小学立足的根基。

（三）规划学校发展主题

在立言的协调下，大学专家团队与 T 小学就确立学校培养目标、学校发展主题、建设学校发展理念系统进行了研究规划。在学校课程体系建设规划中，包括对课程名称、课程理念进行设计，对课程设置、课程管理、课程实施、课程开发、课程教学等操作体系进行构建，确立了 T 小学“七彩课程”文化体系。

四、教育局：筛选、洽谈、督导、评估

如果说四方协同治理是一艘大船，那么毫无疑问“掌舵者”这个角色是由教育局承担的。一方面，它需要保证学校发展和改革在法律法规的许可范围内运行；另一方面，它又要对学校发展和改革的方向做出判断、进行选择。政府是国家教育政策的制定者，它对教育大政方针的把握是深刻的，并要督促这种政策在学校的教学实践中落实。

（一）筛选社会组织

教育局首先要对参与四方协同的社会组织进行筛选，教育协同治理中的社会组织应该是多大规模、具备什么资质、拥有多少经验、能够提供哪些产品和服务……都是教育局在筛选社会组织的过程中需要考虑的内容。

（二）洽谈合作方式

在四方协同治理中，教育局要与社会组织协调合作的具体方式，一般来说，政府与社会组织之间存在公益捐赠、政府购买、合同外包、委托管理等形式，其中，政府购买是最广泛的一种，政府通过向社会组织购买教育产品从而引导社会组织参与教育治理，T 小学的四方协同实践，教育局就是采用政府购买的形式引导立言教育研究院参与协同治理。

（三）实施协同督导

教育局的督导在整个四方协同治理过程中无处不在，无论是 T 小学与立言教育的合同签订，还是大学专家团队指导制定学校的发展方向，抑或是具体的课程体系顶层设计的实施过程，都需要 T 小学做相应的汇报，获得教育

局审批，教育局有关人员也会定期对项目开展、资金使用等情况进行检查。

（四）开展成效评估

除了立言教育的评估，教育局也承担着四方协同治理的评估功能，它主要以合作项目合同为基础，采用入校检查、听取学校汇报等方式，针对项目开展现状的成效进行评估，每次评估的结果影响着整个协同工作的后续开展。

第四节　四方协同治理的问题分析

一、协同参与动力不足

（一）利益格局的调整导致主体缺乏参与动力

在社会组织参与下形成的四方协同治理系统打破了以往两方、三方协同的组织结构，是对协同治理体系中利益相关者的重新组合，必然涉及治理权力的再分配，在这个过程中主体的利益受到影响，产生对协同治理的抵触和懈怠。

对于政府而言，一方面，协同治理对政府的公共服务水平要求不断提高，协同中政府承担的责任增加了，需要对社会组织进行筛选，又要对协同的开展进行督导、评估和协调；另一方面，政府的部分行政审批权力减少，协同治理要求政府不断转型，支持学校自治、减少政府直接管控。这样“一加一减”，给政府带来的是更大的工作压力和难度。

对于大学而言，在新的四方协同治理机制下，大学获得的经济利益减少了。过去以政府、大学和中小学为主体的三方合作模式中，大学掌握了研究资源的绝对优势，政府直接邀请大学参与，负责指导学校发展，大学可以获得指导的全部酬金。在新的四方协同治理中，社会组织的加入直接影响了大学的指导地位，政府购买转而面向社会组织，大学原先的经济利益被社会组织稀释了。

对于社会组织而言，作为协同治理中的“新人”，其他主体，尤其是政府和大学等对它的认可度、接受度都是有限的，因此，导致它缺乏足够的活动空间，合作形式也往往受限。

（二）合作愿景的模糊导致主体间难以形成合力

明确的组织愿景是组织生存发展的必要条件，共同的愿景为组织成员描绘未来的发展图景，指明组织发展的方向和道路，引导组织成员形成合力，“劲往一处使”。

四方协同应该对目标有清晰的认识，就当前四方协同的现状看来，四方主体均认同学校发展是合作主要的目标，但这一目标更多地表现为一种任务，各个主体之间还未对合作的愿景形成统一的、深入的认识：学校追求的是在协同治理中能够实现学校的管理升级、文化改造；社会组织希望按约定完成合同、获取学校的满意评价；政府希望提升教育质量的同时能够更加便利地管理学校；大学一方则希望以此促进科研工作，各个目标之间缺少核心的凝聚力。而且很少有主体将合作的目标上升到整个教育治理、教育善治的高度，反映出四方主体对协同共治在理论上的重要性的认识还不够，也没有一幅清晰的合作愿景来凝聚、引导各主体的行动。

二、协同过程要素缺失

（一）缺乏正式的制度化安排

在实践中，二者的合作往往并不是以“组织对组织”的官方形式开展的，而是以“组织对个人”“组织对项目组”等相对私人化的方式，由社会组织将大学研究力量整合进协同系统中来。

以T小学实践为例，在T小学的合作中对接的高校有北大、人大、北师大等知名高校，“但是这种对接应该说是并不是很官方的，我们不是跟大学对接，而是跟大学里的专家和项目组团队对接。但我们也正在推进当中，争取能和大学的官方机构合作”（立言受访负责人L）。因而可以看出，在当前的四方协同治理模式中，大学事实上是半官方化的参与，这在某种程度上会影响大学主体的权威性和大学资源的利用率。当前高校作为四方合作中的重要一环，其参与度却似乎显得弱化了，一方面是政策支持和鼓励不够，另一方面则是作为“体制内组织”的高校对教育需求的反映还不够灵敏。

（二）缺乏平等的沟通平台

四方主体之间由于地位的不平等，造成沟通呈现出单向度的特点。这一问题主要体现在政府和学校、政府和社会组织之间。

在政府作为学校主管上级部门的现实背景下，政府给予学校的自主权限有限，更多的行政审批依然要通过政府进行，政府主要扮演的是指导者、指挥官的角色。在四方协同治理的开展过程中，比起参与更多的是指挥和监督，学校与政府的沟通一般以汇报、请示为主；政府与社会组织之间的沟通交流也仅限于政府购买的合同拟定、资金拨付等阶段。这在一定程度上反映出四方合作的系统中，四大主体之间相对分离，距离融合共生的理想治理状态还有一定的距离。

协同主体间话语权的不平等，势必会影响四方合作的深度和广度，让学校和社会组织在面对新的需求和新的思路时“心有余而力不足”，从而限制四方协同共治的效果。让各方主体在同一平台上开展对话，是建立合作伙伴关系的基础，也能有效避免政府独大、大学分离、学校缺乏话语权等主体间的不平等现象。

（三）缺乏充足的资金支持

学校经费主要来自学生学费和政府的财政拨款，与社会组织的合作经费也由政府购买来承担，一方面，受地区经济总量、义务教育经费预算和教育资源分配等多重限制和考量，区教育行政部门难以保证学校用于创新发展的充足的经费供给。另一方面，四方协同治理虽然初具成效，但总体运行时间较短，其发展的长期质量、效果有待进一步确认，在教育财政分配仍比较紧张的当下，地方政府对其投入往往还持较为谨慎的态度，除去基础性的必要投入以外，更高效的成果才能带来更多的投入，政府对该发展方案的信心有待进一步提高。

三、协同主体角色失范

四方协同系统中的各方主体在各自实际拥有的资源、地位、知识背景、权力等方面不同，导致它们应该承担的角色和它们的实际状况也存在偏差、不符，即角色失范。

（一）学校偏离自治主体地位

在学校发展的四方协同治理中，社会组织与学校会涉及课程设计、教学改革、校园文化建设等“软”合作，也有校园景观设计和建设等“硬”合作，无论是软性发展还是硬性建设，这些改变都需要经由学校上级主管部门——政府教育行政部门审核，有的项目还要上报至教育局的上一级政府审核，在得到正式的许可后项目才可以继续开展，学校的自主权受到限制。同时，在长期的政府管理路径依赖下，学校也缺少足够的自治能力，表现出不想担责、不敢担责的顾虑，学校逐渐偏离自治主体的位置。

（二）政府

尽管简政放权越来越多地被视为建设服务型政府的重要举措，但简政放权之路却并不顺畅，利用政府购买，引入社会组织参与教育协同治理，是政府打开思路的第一步。在这个过程中，政府“越位”“错位”的问题仍然存在，一方面，政府对学校管得太紧，事事要求汇报，使得学校在具体的发展实践中放不开手脚，操作缺乏灵活性；另一方面，政府与社会组织和大学还未建立起充分交融的伙伴关系，政府作为“上级”的形象使得它们之间的关系难以进一步深入。

（三）大学缺少理论创新突破

大学在协同治理中是理论资源的主要掌握者，它参与协同治理一方面是出于社会服务的要求，另一方面是自我理论研究提升的需要。但在协同实践中，大学往往倾向于摆出一副权威式的指导姿态，虽然它主观上并不排斥其他主体提出的意见建议，但客观上，由于其他主体在理论研究方面缺乏相关的背景，也往往难以对大学提出的指导方案给出改进建议。大学以理论权威的角色，在协同治理中缺少自身的理论研究工作的创新突破，协同治理成了“一场对大学无意义的学术游戏”。

第五节 四方协同治理的对策建议

针对四方协同治理中存在的问题，本文分别从激发动力、完善过程、矫正角色三个方面提出了相应的对策建议。

一、激发协同主体参与动力

（一）理顺利益关系，消解畏难情绪

社会组织加入形成的四方协同新模式下，主体间的利益关系也应该重新界定和梳理。首先，理顺大学和社会组织的关系，在四方协同治理当中，大学和社会组织都发挥着理论建构、实践指导的核心作用，要进一步界定双方在协同治理中的责任和义务，厘清行动边界、衡量价值投入、保证双方都能得到合理的回报。其次，平衡政府的权责，在坚持简政放权、削减不必要管控的同时，对政府应该履职的部分，如督导、评估等业务，要加强人才和资源的投入，把它做精做实。

（二）描绘合作愿景，强化思想认同

树立明确的组织目标和清晰的合作愿景，是保障四方协同共治稳定、长期、顺利开展的关键，有目标、有愿景，才能有发展的动力。

描绘合作愿景，强化思想认同，即让组织成员、各方主体对合作的目的、任务、方向、要求有具体的认识，形成并加强各主体对协同治理的意义及相互关系和各自职责的共识。首先，加强各主体对社会治理的内涵、作用、地位的认识，以及认识到教育治理是社会治理中的重要一环，形成意义上的共识；其次，寻找合作中的利益共同点，并意识到各主体的利益是紧密联系在一起的，个体利益的获得必须以整体利益的完整为基础，形成利益共识；再次，明确各方的责任和义务，厘清权责，形成权责共识。

二、完善协同过程制度设计

（一）完善组织架构，规范合作形式

四方协同治理实践中各主体的合作深度不够主要是因为在合作中缺乏完善的组织架构和规范的合作形式，各主体间尤其是政府与学校、社会组织，大学与学校、社会组织之间的合作较为松散。

针对这一问题，首先，应该建立专门的协同治理委员会作为四方合作的领导机构，委员会由政府、大学、社会组织和学校的合作负责人员组成，负责四方之间的动员、协调、沟通。统一的领导机构有利于合作的沟通，厘清各主体的权利和义务，并督促合作的开展和质量的监督。

其次，要逐步规范主体间合作的形式，积极探索合作的新路径。政府应该加强与社会组织和大学的联系，如通过促进政府购买常规化，增加与社会组织的接触，建立相互的信任，通过引进专家、人才，或签订高校—地方合作协议加强与大学的沟通；而大学一方面可以通过理论授课、实地指导的方式与中小学增进了解，另一方面在和社会组织对接时，不断探索新的合作渠道，增加“组织对组织”的官方合作，做到多种合作方式并举。

（二）提高政府重视，加强财政投入

百年大计，教育为本。资金的支持是四方协同治理开展的必要条件之一，只有保障充足的资金才能确保足够的人才、技术、物资的投入和使用。在学校发展中，经费的来源主要来自学生学费和政府财政拨款，要想有额外的资金用于多方合作中的学校发展，就意味着要获得更多的政府财政投入。因此，提高当地政府对四方合作的重视程度，认识到基于学校发展的四方协同治理是公共教育治理的重要一环，也是社会治理的重要一环，要积极响应国家“促进治理体系和治理能力现代化”的号召，将多元主体共同参与学校发展改革的实践摆到重要的发展战略位置上来。

采用多种措施加强政府对四方协同治理的财政投入，有利于促进合作进一步的开展。首先，政府可以设立专项资金用于支持学校开展协同共治以促

进学校发展，对于经过审核的合作项目分阶段、分批次的拨付经费予以支持，并定期展开对资金使用的考核。其次，对于社会组织在与学校合作开展项目过程中所产生的税费予以适当减免，用以抵扣学校需要支付的服务费用等。最后，还可以借鉴上海浦东新区的做法，采用政府打包购买的方式，直接由政府向社会组织购买本区内的学校发展服务，学校自身仅涉及与社会组织在具体方案设计和操作方面的合作。

三、矫正协同主体角色

（一）学校要增强自治能力

要促进四方协同治理进一步完善，要摆正学校在四方协同治理系统中的主体地位，不断增强学校自治能力，开展校本管理实践。除了优秀的领导，学校自身的管理层、教师队伍，甚至是学生等也是学校发展的一分子，他们的自治意识和能力得到发展，才能保证学校真正具备校本管理和发展的潜力、能力。

（二）政府和大学深化共治意识

对于其他参与主体而言需要转化旧观念、自我革新。首先，政府要带头简政放权、减少对学校不必要的审批事项。在四方协同治理过程中，政府的力量影响深远，政府的治理观念能否更新，政府处于一个什么样的治理水平，实际上就决定了四方合作的成功与否。可见当前政府依然是四方协同治理体系中最重要的力量，从资金、人事、管理等各方面深深影响着学校发展的进程。政府要放管结合，逐步将学校管理权限下放给学校自身，将工作重点转移到宏观上把握教育治理的方向、为教育治理的发展服务上来。其次，大学要提高在四方合作中的参与度，不仅仅是将四方合作的参与看作一项工作任务，而应该树立教育治理一员的身份意识，承担起促进教育共治、善治的社会责任。接受质疑、自我质疑，不断保持理论创新的活力。

四方协同治理的最大意义就是将兼具市场敏感性和公共服务性的教育社会组织引入义务教育治理机制中来，对接主体之间的需求、转换主体之间的冲突，有效地避免了主体间的文化冲突，有利于合作的顺利开展。尽管由于四方协同治理处于初期发展阶段，当前仍存在许多阻碍和问题，但从长远来看，只要政府和大学进一步解放思想，打开思路，找到更多四方主体之间的利益基点，就一定能够促进合作向更深层次发展，推动教育治理的创新和进步。

第五章

社会组织如何参与学校课程体系建设

第一节　社会组织参与教育治理的背景

一、国际背景

产生于19世纪末的官僚科层制，意味着一个严格的上下级秩序体系，其中的每个下级机构都受到一个上级的监督。这种公共行政权力自上而下运行的方式曾经在很长一段时间占据各国社会运行中的主导地位。然而，发展到20世纪80年代，西方社会乃至整个世界都开始意识到传统的以集权为基础的科层制已不再适应社会发展的需要，这样单向度以政府政治权威向下级发号施令的管理方式无法回答和解决政府所面临的财政危机 、管理危机和信任危机等困境。新公共管理理论的浪潮开始向世界蔓延，支持者主张以多元协作的方式管理社会公共事务，积极推行政府改革运动，其核心的理念是要将传统的官僚制行政管理模式过渡到以市场为基础的灵活公共管理模式中来。“政府的任务是明确问题的范围和性质，然后把各种资源手段结合起来让其他人去解决 ……政府的职责是掌舵而不是划桨 。”① 这一过程中更加强调政府与社会各主体之间的良性互动过程。

在这样的背景之下，学校作为一个不断调节适应周边政治社会环境的

① 戴维·奥斯本，特德·盖布勒. 改革政府：企业家精神如何改革着公共部门［M］. 周敦仁，等译. 上海：上海译文出版社，2006.

“自组织”也开始做出反思。西方国家二战后建立起来的公共教育体制具有强烈的国家垄断色彩，政府举办并向社会提供教育服务，其他组织和个人对公立学校提供的教育没有发言权，英国前教育大臣贝克（Kenneth Baker）把当时的这种公共教育体制称为“生产者主导（producer-dominated）的制度”①。在1983年，美国中小学教育质量调查委员会发布了《国家在危机中：教育改革势在必行》（*A Nation at Risk: Educational Reform Imperative*）的报告，直指美国公立学校面临政府单一管理下缺乏竞争、效率低下、教育资源的浪费和学生学业成绩下降等问题的严峻形势。由此，英美等国家开始试图在教育部门引入新公共管理理念，发起教育民营化改革运动，强调市场机制，关注市场竞争，尝试解决科层制管理模式下教育服务由政府垄断，效率和质量堪忧的问题，寻求通过市场竞争开放教育领域自由选择的机会，保障个体教育选择自由权，通过竞争实现教育服务质量的提升。

但是，教育过度市场化却引发了教育的公共性危机，“以自由、正义和公平等术语为代表的一些更广泛的人类价值问题正在失去它们作为评判的标准的重要性，取而代之的是一种‘成本收益计算’和‘手段和目的的计算’。当效率的衡量成为唯一的讨论议题的时候，协商的、沟通的以及参与的功能都将失去它们的重要性”②，市场的竞争性和趋利性必然与教育发展的规律相违背，人们对教育公平与教育质量有了新的担忧。因此，如何既打破政府垄断，又能够避免市场趋利性的新模式，也就是从市场这只“看不见的手”与政府这只“看得见的手”之外建立和发展出“第三只手”，成为研究者们关注的重点。于是，“公民社会”开始被当作一种能同时引进市场竞争和保持教育公共性的管理途径，纳入教育服务的供给方式当中来。主张者认为，作为教育成果的享用对象，通过公民社会来提供教育服务，不仅能打破政府对教育服务的垄断供给局面，还能有效避免市场在提供教育服务中的“趋利性”③。这与社会管理中协同治理理论的内涵与追求不谋而合。

---

① 姜美玲. 教育公共治理：内涵、特征与模式［J］. 全球教育展望，2009，38（5）：39-46.

② 罗伯特·B. 登哈特. 公共组织管理［M］. 扶松茂，丁力，译. 北京：中国人民大学出版社，2003.

③ 毛明明. 当代中国政府购买教育服务研究［D］. 昆明：云南大学，2016.

可以说，教育协同治理是基于“政府失灵”和“市场失灵”而寻求的第三条道路，力图突破政府全局控制与市场趋利性的局限，实现教育公共事业的可持续发展。在治理理论的影响下，西方国家的教育行政管理出现了明显的结构变化，服务主体更加多元，第三部门蓬勃发展，家长和学生也在这一过程中有了广泛的参与。1997 年以来，西方发达国家的公共教育支出占 GDP 的比重一直在 5%以上，而且还在逐年增加。治理理论延续了凯恩斯“道德人”的假设，对公民道德和政府治理都抱有坚强的信心，认为政府虽然存在着自身的合理利益，但政府是迄今为止最有效最通行地提供公共利益的机构。政府本身的合法性就在于它是保护公共利益、调解社会纠纷的社会仲裁人。① 在这种理念的支持下，20 世纪 90 年代主要发达国家展开了一系列教育协同治理的实践，在中小学创新管理、学校改进和促进教育资源合理配置方面发挥了重要的作用。

一方面，基础教育领域的公私合作不断深入发展，如美国的特许学校的广泛建立，美国教育委员会将其描述为“由教师、家长、社区团体或私人组织建立的，根据与州、学区或其他实体签订的合同运营的半自治的公立学校”②，相比于传统的公立学校，特许学校在管理运营、人事制度、课程设置及财政规划方面享有相当多的自主权，政府允许特许学校摆脱一些教育行政法令法规的束缚，尝试新型管理以提高教育质量。另一方面，教育社会组织开始走向台前，产生了多种具有代表性的教育协同治理形式，如联合国儿童基金会自 1990 年以来，开始试图与各国政府开展广泛的教育合作，通过创新性的资金援助、提供项目方案与技术支持 、后期监测进展方式等帮助受援国发展教育事业，如加强幼儿入学准备以推进适龄儿童接受学前教育，支持教师培训以帮助贫困弱势地区改善教学质量，提供数字化学习资源以提高学习成绩等。

进入 21 世纪，教育协同治理在西方发达国家已经有了较为成熟的经验，转而开始面向国际社会，尤其是向发展中国家推广这种模式。比如，成立于

① 刘孙渊，马超. 治理理论视野下的教育公共治理［J］. 外国教育研究，2008（6）：15-19.

② 韩晴. 国外基础教育公私合作研究及启示［D］. 南京：南京师范大学，2011.

2002年的全球教育伙伴关系组织（Global Partnership for Education，简称GPE）便是其中的重要新兴力量。GPE在世界银行的支持下汇集了教育领域内多方利益相关者，包括受援国（发展中国家）、施援国（发达国家）、国际组织、公民社会、教师组织、私营部门和基金会等①，起到了整合聚集教育资源的重要作用，持续性地统整各方力量，在全球的教育治理当中发挥了独特的作用。此外，2009年，由卡塔尔基金会（Quatar Foundation）② 发起的世界教育创新峰会（World Innovation Summit for Education，简称WISE峰会）正式开幕。WISE峰会是一个国际范围内的跨领域开放平台，一直以来都致力于发掘民间优秀的教育创新模式并积极推广，实现全球教育面向未来的跨越式发展。峰会中设有世界教育创新峰会教育项目奖（WISE Awards），广泛面向五大洲与教育事业相关的非政府组织、慈善团体、文化机构、私营企业征集入围项目，展示全球教育界最优秀的案例，汇集民间智慧，为应对当今全球教育领域面临的一系列棘手难题，提出切实可行的解决方案，切实贯彻了教育协同治理的理念。

二、国内背景

中华人民共和国成立以来，长期处于计划经济体制之下，也因此形成了政府主导、自上而下控制为特征的公共教育行政体系，在一元化的发展框架下，国家权力垄断了社会生活中绝大部分资源，政府既是管理主体，也是供给和权力主体，负责提供全部的教育产品，在当时社会结构分化程度较低的

---

① 王建梁，单丽敏. 全球教育治理中的“全球教育伙伴关系组织”：治理方式及成效[J]. 外国教育研究，2017（8）：65-77.

② 卡塔尔基金会是一个私人的、非营利性的慈善组织。全称是“卡塔尔教育科学与社会发展基金会”。1995在卡塔尔酋长谢赫·哈马德·本·哈里发·阿勒·塞尼，卡塔尔埃米尔的组织下成立，着重于促进教育、科研和社区方面的发展。现在，在卡塔尔基金会的“树荫”下已有大学、学术研究院和多种培训计划，并且卡塔尔基金会下设的工业技术园区也已拥有了超过21家科技公司的参与。在穆扎·宾特·纳赛尔·阿勒·米斯耐德女士的主持下，卡塔尔基金会着重于发出提高生活品质的倡议，包括在社区、半岛电视台少儿频道以及亚洲多家媒体举办著名的多哈辩论等。他们与合资公司密切配合，进行政策方面的探讨、科学领域的研究，以促进通信技术等方面的发展。所有这一切都是卡塔尔基金会为实现他们的目标所做出的努力。

背景之下有较强的适应性。然而，自20世纪90年代以来，随着我国社会主义市场经济的蓬勃发展，社会结构也开始发生深刻变化，教育领域也开始面临全新的境遇境况。以往教育行政体系的弱点也是不言而喻的，这就是不承认社会的不同利益群体及其不同的利益追求，或者抹杀不同的利益追求，或者用阶级斗争的观点加以解释。这就使我们长期以来一直较多地从社会需要去考虑教育的需求问题，而较少考虑不同利益群体对教育的不同需求。① 由于在市场经济下诞生了追求各种利益的群体，教育领域的利益冲突也日益集中，现实中教育资源配置不均、学校教学质量不佳、教育财政经费投入不足等问题日渐严峻，出现了一系列新问题、新现象。新的环境下现有教育管理体制的有效性受到挑战，新力量的加入迫在眉睫，亟待全新的教育改革。

面对当时的问题与挑战，我国的改革重心开始由农村转向城市，关注转变政府职能的重要性，加之治理理论的蓬勃发展，政府对于政府—市场—社会三者的关系有了全新的认识，多元化的主体参与成了新趋势。在教育领域，政府职能部门开始寻求政府角色的重新定位，将起决定性作用的重要事务决策权与控制权把握在手中，尝试将权力合理下放给社会与学校，使政府从以往单边管理向社会共同参与式的多边管理转向，向教育协同治理的方向发展。

1982年审议通过的《中华人民共和国宪法》第十九条第四款中规定，“国家鼓励集体经济组织，国家企业事业和其他社会力量依照法律规定举办各种教育事业”，这一规定是我国首次明确社会力量参与教育的正式条款，意味着我国的教育治理主体开始向多元化迈进。在此阶段，社会力量更多以辅助的方式参与政府和教育行政部门开展的教育救助，也在一定程度上动员社会大众开始关注教育事业。譬如1989年成立的希望工程就是在这一背景下建立的，工作主要针对偏远贫困地区学龄期儿童的救助活动，通过建设希望小学、改善农村办学条件来帮助各地失学儿童重返校园接受教育，发展教育福利事业。此后，社会力量更多地以独立主体的身份参与教育事业的发展，学校自主办学的意识也不断增强。2005年，上海市浦东区开展“管办评”联

① 劳凯声. 社会转型与教育的重新定位［J］. 教育研究，2002（2）：3-7.

动机制背景下的委托管理实践是较为典型的成功案例，在政府牵头下，浦东新区社会发展局委托上海成功教育管理咨询中心对浦东新区一所薄弱校——东沟中学进行管理，管理过程中学校公有性质不变，属于当地教育局的直接管辖范围，该项目试行三年后，受浦东新区社会发展局的委托，上海浦发教育评估中心对东沟中学实施中期评估，评估结果表明师生满意度较之前明显提高、学生成绩显著提高、托管后办学成绩显著。①

2010 年 7 月，《国家中长期教育改革和发展规划纲要（2010—2020 年）》的颁布与实施无疑是一次质的飞跃，政府将“健全充满活力的教育体制”作为重要战略目标之一，主张建立“政事分开、权责明确、统筹协调、规范有序的教育管理体制”，其中明确教育协同治理的目标，指出：“培育专业教育服务机构。完善教育中介组织的准入、资助、监管和行业自律制度。积极发挥行业协会、专业学会、基金会等各类社会组织在教育公共治理中的作用。”2014 年 1 月，全国教育工作会议把今后我国教育工作的目标确定为“深化教育领域综合改革，加快推进教育治理体系和治理能力现代化”②。此时，我国的社会组织借助良好的社会机遇迎来了“爆发式增长”，截至 2015 年年底，全国共有社会组织 66.2 万个③，社会组织无论在规模上还是深度上都得到了迅速发展，并日益融入社会进程，开始在各项社会治理事业中崭露头角，各种类型的教育社会组织也开始尝试通过不同的方式参与教育治理，在政策的支持和理论的指导下，社会组织开始同教育行政部门和学校开展密切合作，通过政府购买教育服务、学校—大学—社会机构多方合作等方式参与教学评估、学生管理、学校建设当中来，进一步促进了学校自主办学水平的提高，引导我国现代教育公共治理迈入蓬勃发展的轨道。

---

① 刘青峰. 当代中国教育服务公私合作中的地方政府管理研究［D］. 昆明：云南大学，2015.

② 袁贵仁. 深化教育领域综合改革 加快推进教育治理体系和治理能力现代化——在 2014 年全国教育工作会议上的讲话［J］. 人民教育，2014（5）：2-10.

③ 杜明峰，范国睿. 社会组织参与教育：机制与策略［J］. 教育研究，2017（2）：62-66.

第二节　社会组织参与教育治理现状

一、社会组织的参与形式

在教育市场进一步发展，教育需求愈加多元化的今天，人们越来越意识到即使是全能型的学校也无法解决学校管理中的个性化问题，仅仅依靠单一的政府力量对学校教育资源进行补充与资助也是捉襟见肘，教育治理的过程中有大量问题需要各方协同参与解决，这也就进一步为教育社会组织的培育和成长提供了广阔的空间。社会组织参与教育协同治理的方式多种多样，各个国家根据各自国情和自身特点又衍生出了不同的模式，总体说来具有普适性的有以下三种（表5-1）。

（一）补偿性参与

此类教育社会组织主要以基金会或公益组织为主，主要针对弱势群体开展教育救助活动，目的是为了改善这一部分群体的教育处境，使其有机会获得更好的教育机会，进而维护教育公平。这种“补偿性”参与一般采取招募志愿者义务支教或教育援建等方式，将面向社会募集的实物或资金无偿捐赠，用于学校发展和学生就学，与政府部门、社会公众配合，共同改善少数群体的教育状况。

（二）市场性参与

此类社会组织一般是具有教育融资功能的企业或从事教育咨询与委托管理的专业机构，主要依靠政府通过购买第三方社会服务或学校通过合同外包的方式来建立合作关系，他们依靠提供自己的教育产品或专业服务来获取一定的经济利益，也进一步提供高质量的教育服务来参与教育协同治理当中，提高教育质量，弥补教育资源的不足。

（三）专业性参与

参与主体是一系列教育类行业协会和专业性教育研究机构，主要通过社会调研、学术交流和行业座谈等方式，集教育界人士的专业知识和广泛的社会呼声，针对性地形成调查报告、白皮书等研究成果向社会公布，进而面向政府提出有说服力的政策建议，为某些领域教育问题的解决提供科学性参考，推动教育改革的落地与发展。

表 5-1 社会组织参与教育治理的形式

形式	项目实例	项目内容
补偿性参与	国内案例：美丽中国（Teach for China）项目	北京立德未来助学公益基金会下设的“美丽中国”教育公益项目，以“让所有中国孩子无论出身都能获得同等的优质教育”为目标，成立 10 年间向云南省、甘肃省、广东省、广西壮族自治区的农村学校累计输送了超过 1900 名项目老师，使得 434154 学生人次从中获益
	国际案例：全球教育伙伴关系组织（GPE）资助项目	全球教育伙伴关系组织（GPE）根据贫困程度、教育脆弱性和国家脆弱性三个维度来确定受援国并提供资金援助，截至 2017 年已累计向符合标准的受援国捐助达 49 亿美元，其中包括津巴布韦、乍得、阿富汗、南苏丹等儿童辍学率高且饱受脆弱环境和边境冲突影响的发展中国家
市场性参与	国内案例：浙江省嘉兴市特许办学尝试	2001 年，在嘉兴市政府支持下，嘉兴市南湖国际教育投资有限公司与秀城区、秀洲区人民政府签订了《特许办学协议》，采用为建设—经营—移交（BUILD—OPERATE—TRANSFER，BOT）的方式建设了三所小学。特许期内，南湖国际教育投资有限公司享有运营管理学校的自主权
	国际案例：澳大利亚新学校工程	澳大利亚新南威尔士新学校工程采用基础设施公私合作的方式公开招标，将项目承包给埃克西姆教育（Axiom Education）财团，所签合同的总价值达 1.37 亿美元。财团负责投资、设计和建设新的公立学校，并负责提供诸如清洁、维护、安保等非教学服务

续表

形式	项目实例	项目内容
专业性参与	国内案例：浦东新区构建公共教育管理服务体系尝试	2005年，浦东新区教育行政部门借助国务院批准新区建设综合配套改革试点的机会进行改革，委托浦东新区成人教育协会对新区百余个民办非学历教育机构进行学校管理、教育教学业务指导；委托浦东新区学前教育学会对各类学前教育机构开展资质审查、办学视导协调等管理协调工作，与各机构协同构建更为完善的公共教育管理服务体系
	国际案例：变革方程（Change the Equation）公益咨询机构	美国变革方程（Change the Equation）是一家由一百多位企业CEO合作创建的公益机构，近年来致力于在美国中小学推广STEM教育，积极与美国国会、各州教育行政部门开展合作，参与STEM战略的制定和实施，并广泛动员美国商界投入资金与资源支持青少年STEM教育，积极扩大STEM教育项目在学校教育和社区教育中的使用范围

二、社会组织教育服务类型

（一）补充教育资源类

随着社会的进步与经济的发展，仅仅依靠政府利用财政兴建学校已然不能满足公众对基础教育的需求，这就为社会组织参与教育提供了广阔的空间，补充政府教育资源不足带来的缺位。补充教育资源的方式以兴建学校为主，一种是“锦上添花”型，即政府与教育企业联合办学或采取学校托管方式，兴建优质学校、特色学校，针对经济发展水平较好的地区补充个性化、优质教育资源，满足家长和学生多元的教育需求。另一种是“雪中送炭”型，即政府通过向教育集团购买“学位”或提供教育补贴等方式，支持打工子弟学校或提供优质学校入学机会，缓解公共教育资源短缺现状，保障弱势群体受教育权利。此外，一些教育社会组织在补充教师资源、实体教育资源、特殊教育资源各领域也发挥了重要作用，弥补了偏远地区弱势群体在学校教育当中教师、图书、电子资源匮乏的现实困境。

（二）促进学校发展类

学校发展既包括数量纬度即学校规模的扩大，也包括质量纬度即办学成果和效益的提高。近年来，由于教育社会组织的服务能力不断提升，专业性不断增强，越来越多的学校开始在学校发展方面寻求社会组织的支持，通过合同外包的方式将学校管理和运营的部分服务交由社会组织承办，既包括教育教学类活动，如学校课程发展、校园文化建设、综合实践活动设计等；也包括非教育后勤服务类活动，如学校基础设施维护，食堂、宿舍运营等。

（三）协助政府治理类

具有专业知识、掌握教育资源的教育社会组织，一方面，可以接受政府部门委托，对其所关注的教育问题进行广泛的调查、分析和研究，描述全局现状并揭示问题根源，提供战略咨询报告，作为政府研究决策的有效参考；另一方面，这些专业组织也会主动根据自身擅长的专业领域和当前热点教育问题，有针对性地选取研究方向，组建科研团队开展项目调研，形成学术研究成果充实相关理论，或汇总出版、上交提案，呼吁社会的广泛关注，主动向教育部门建言献策。

社会组织提供的教育服务类型如表 5-2 所示。

表 5-2 社会组织提供的教育服务类型

服务分类	服务内容	典型案例
补充教育资源类	补充“学位”	广东省珠三角地区面对基础教育资源不足的压力，积极引入民间资本发展基础教育，每年教育费附加收入约 15% 用于扶持民办教育发展。一方面投资支持低收费、平民化的外来务工人员子女学校，另一方面鼓励特色发展的民办学校，如广东碧桂园学校、广州思源学校等。既提升了政府为非户籍人口提供免费义务教育的能力，也满足了社会对教育的差异性需求
	补充实体资源	自 2016 年开始，“计划印度”（Plan India）公益组织与印度爱立信公司合作，在印度各地开设 12 个数字化学习中心，为贫困女童提供数字化教育。每年有约 470 名女童通过线上教学和现场辅导享受到数字化教育教学资源的福利，并通过学习课程考取相应的资格证书，帮助贫困女童攻读高级学位或在未来获取就业机会

续表

服务分类	服务内容	典型案例
补充教育资源类	补充教师	美国“为美国而教（Teach for America，TFA）”公益组织力图通过培养教师领袖来为美国农村地区补充教师资源，他们广泛从非教师教育专业毕业的人士中招募人才，经过短期培训之后使他们获得教学资格，进入教学领域，帮助处境不利的学生提高学业成绩
促进学校发展类	基础设施建设	英国政府于1992年开展私人主动融资行动计划（Private Finance Initiative，PFI），旨在进一步提高政府供给公共服务的效率与质量，在教育领域，一般由财团与公共部门签订合同，由财团负责设计、建设并长期运营符合地方教育当局规定的学校基础设施；行政部门会视财团履行合同的具体情况决定是否支付服务费用或支付费用的具体数目
	课程体系建设	国际救助儿童会（Save the Child）联合上海市M区教育局及华东师范大学基础教育改革与发展研究所共同实施“进城务工人员随迁子女民办小学基础教育”项目。在16所农民工子弟学校通过校领导座谈、教师工作坊、课堂教学听评课等方式为每所学校设计了“春雨学校”发展规划，针对性帮助各校整合课程，开发生活技能校本课程，有效提升学校教学质量
	教师培训	中国教师教育网（www. teacheredu. cn）通过与各大师范学院、教育出版机构、教育研究机构战略合作的方式，在线上搭建自上而下的一体化网络培训及研修平台，整合全国范围内的优秀专家资源为全国教师提供本地化的培训服务，陆续承担了国家、省、市、县、校各级培训项目总计1200余个，覆盖各级各类中小学、幼儿园以及中职学校
	教学质量评估	在英国，独立学校督导团（Independent Schools Inspectorate）作为一个独立的非营利性机构，对英国的1200所独立学校①进行督导评估，并发布《学校督导手册：督导框架》对督导原则、类型，督导的主要指标、程序做出详细的规定。为确保督导的质量和每所学校达到政府的要求，督导团对每所学校评估后要向教育部提交督导报告，并在独立学校督导团和教育部的官方网站上公布

① 指的是英国相对于公立学校而言的另一部分学校，性质类似于我国的私立学校。

续表

服务分类	服务内容	典型案例
协助政府治理类	专业项目	为解决非洲基础教育中“数据空白”问题，非洲教育发展协会（Association for the Development of Education in Africa，ADEA）积极开展教育管理信息系统项目（Education Management Information System，EMIS）的研究工作，旨在帮助非洲国家开发教育信息系统技术，促进教育信息的可持续发展。ADEA 采取诊断调查—地方试点—国家实施—区域拓展的流程逐步进行项目推进，到 2013 年实现了非盟所有成员国 2006—2012 年 137 个数据变量的在线上传，并在区域内开展经验推广和数据分享
	政策咨询	21 世纪教育研究院是一所以教育公共政策和教育创新研究为主的民办非营利性组织。成立以来开展了高考改革、新课改十年、农村撤点并校等多项教育研究项目，并举办高峰论坛、学术研讨会、教育沙龙等对我国教育政策的改善发挥了积极的作用。2018 年，21 世纪教育研究院与深圳市罗湖区教育局签订战略合作协议，深入参与深圳市罗湖区教育综合改革项目研究，为罗湖区教育改革政策的出台提供人才、智力和相关成果支持

第三节　社会组织参与教育协同治理的意义

一、民主性：健全教育治理的协商机制

我国正处于社会转型的关键时期，在教育领域如何推进决策的科学化和民主化成为关注热点，大力推进教育治理体系和治理能力现代化，重新构建政府、学校和社会间的关系已经得到了社会各界的广泛认同。社会组织参与下的教育治理要求政府让渡一部分公共教育权利，给予社会组织参与教育治理的权力和空间，这是对传统公共教育管理体系的突破，也是现代公共教育治理范式下由万能型政府向有限型政府转变的要求。

首先，教育服务的专业特性、控制方式匹配性和服务目标三个方面决定

了科层制不适应教育发展的需要①，因此在协同治理的模式下，社会组织与政府成为参与公共教育事务中的平等主体，政府更多地扮演服务者的角色，提供制度保障和资金支持，社会组织则利用专业优势开展具体工作，各司其职，提高教育事业发展的效率与质量。其次，社会组织贴近一线教育工作者和教育现场，可以反映基层最真实、最迫切的教育诉求，进而间接地参与教育决策与法律的制定，推动教育治理模式从行政干预向协商民主的方向发展，提高决策的科学性。最后，教育社会组织作为独立于学校和政府的第三方力量，也有资格担任民主监督者的角色。他们可从专业性的角度评估和监督政府教育政策的执行情况，评价公共教育管理的有效性，关注并保护受教育者的合法权益，使得政府的治理手段与教育规律和目标相契合。

二、补偿性：进一步促进教育公平

作为教育的主体，政府、市场和社会是相互联系的，市场催生效率，政府兼顾公平，而社会可以看作是调节教育公平与效率的第三种力量。② 教育资源有限性的现实一时难以改变，加之部分地区重点中小学对优质教育资源的垄断，进一步压抑了其他学校的发展，导致许多弱势群体的教育质量降低，受教育机会被剥夺。而社会组织可以整合组织内部与外部所共同拥有的教育资源，并加以综合利用，从而有效节约成本，提供更多的教育资源，提高资源利用效率，以平衡优质教育资源配置的不均衡状态。

这种补偿性体现在以下几个方面：第一，教育企业提供的优质教育资源可以通过政府购买的方式引入学校，可以实现社会优质教育资源的聚拢和增值；第二，教育公益组织通过社会动员募集资金，号召社会捐助为特定人群提供有针对性的服务，提供资金和物资为弱势群体提供教育保障；第三，公益组织通过支教、援建等方式深入偏远落后地区的农村学校，直接提供教师资源和教学资源，优化农村中小学的课程和教学，提升教育质量。教育社会

① 孟繁华. 从效率优先到公平发展：教育公共治理的运行机制［J］. 北京教育（普教版），2014（11）：20-21.

② 黄忠敬，方小娟. 社会组织在促进教育公平中的作用［J］. 外国中小学教育，2016（10）：7-14.

组织通过公益性筹资、捐赠、独立办学、支教等多种手段参与协同治理当中，弥补了教育资源的不足，有利于进一步促进教育公平，推进基础教育均衡化发展。

三、聚集性：多方发力提升教育质量

一方面，教育社会组织可以广泛地组织教育界学者和政府教育部门管理者，通过研究会、座谈会、评奖会等方式聚集教育行业开展教育学术交流，构建良好的行业关系，搭建沟通平台，深化对教育治理问题的研究与探讨，促进公共教育治理理论与企业的发展，也能够进一步积累社会资本，扩大社会影响，提升教育议题影响力和号召力。另外，一些教育社会组织也积极地开展国际合作，接轨国际组织开展合作研究项目，能够及时沟通研究前沿信息，降低研究的重复性，使有限的人力资源发挥更大的作用，促进中国教育理论的国际化推广，提升我国教育治理水平。

另一方面，越来越多的社会组织涉足教育领域，也给教育事业的发展带来了难得的机遇，进一步吸引更多社会资本投入教育领域，引导更多社会力量参与教育建设。这其中，包括“地产+教育”模式在我国打造的一系列社区教育综合体，也包括一系列大型企业基金会涉足教育慈善领域，如阿里巴巴脱贫基金会通过“企业—基金会—教育系统”的三方合作模式，开展“马云乡村教师计划”和“马云乡村寄宿制学校计划”，在不同地区的试点学校打造乡村寄宿制学校生活空间样板，并开展快乐创新的课余活动、家庭式宿舍生活管理，探索建立教师培训管理激励体系。这些有益的探索都有利于推进教育服务的多元化，进一步推进教育协同治理的发展。

第四节 社会组织参与教育协同治理的实例分析

山西省运城市盐湖区是运城市政府所在地，也是著名的“关公故里”，位于山西省西南部，地处黄河中游秦、晋、豫三省的交界地带。在2017年

初，盐湖区教科局与深圳市立言研究院签署了为期三年的协议，加入了立言教育研究院与中国教育科学研究院联合建设的“新样态学校联盟”，成为首批新样态学校实验区，并在近两年与研究院的合作当中取得了喜人的进展。本章通过对盐湖区新样态项目的调查，从合作契机、协同过程、社会组织角色、项目成效四个方面具体呈现社会组织参与教育协同治理的实际作用。

一、为什么走向教育协同治理

（一）区政府：治理观念转变

盐湖区作为运城市的中心城区，近年来化工、制造、旅游等产业发展迅速，经济水平不断提高，区政府对教育事业的重视程度也不断加强。经过多年的发展，盐湖区的教育事业在新时期取得了良好成果，同时也遇到了进一步的发展瓶颈，亟待变革，并在近年提出了建设“教育强市”的奋斗目标。“建设教育强市是提高运城对外开放吸引力所主打的七张牌之一。在新一轮改革发展的关键时期，市委、市政府对提升全市教育教学水平寄予了很高的期望，全市人民群众也充满期待。”（运城市教育局局长新年致辞）

可以说，盐湖区教育协同治理的开展源自区域教育自我发展的内生需要。作为公共物品的基础教育，政府有义务提供，但却需要相关利益群体来参与分配。为此，区政府积极寻求转型，在加强和优化教育公共服务，提高公共服务能力的同时，最大限度减少政府对微观事务的管理，积极放权给学校，并且尝试引进全新社会力量参与其中，释放基础教育的活力，激发基层的教育改革智慧。为此，盐湖区教育部门开始积极寻求外界帮助，走上了协同治理的发展道路。盐湖区在探索基础教育区域化改革、特色化发展的过程当中几经尝试，最终与深圳立言教育研究院达成了良好的合作关系。双方的伙伴关系并非短时间内促成和建立的，而是历经了三年多由点到面的渐进式发展。在这个过程当中，几位关键人物起到了重要的推动作用。

盐湖区教科局教研室的 Z 主任曾经有多年学校工作经历，语文教学经验丰富。2013 年，她还是盐湖区一所学校的教师，在市教育研究院朋友的介绍下，接触到了立言教育研究院推广的“主题阅读”系列项目，深受启发，当时就在学校中申请了市级课题开展研究，并取得了一系列不错的成绩。“2013

年到2016年都是我自己在学校做……后来就知道运城民间有一个主题阅读的研究团体，然后我们开始召集有共同爱好的人一起做，一直以来D局长（区教科局局长）也很支持这件事情，给了我们一些经费上的倾斜支持。后来我到教研室以后，逐渐带动原来的两三所学校大规模地在做。”（盐湖区教科局教研室主任Z）

在Z主任、D局长和盐湖区中小学教师的积极参与下，“主题阅读”这一单学科的研究项目在盐湖区取得了良好的示范效应与聚集效应，团结了各学校一大批致力于课程开发和提升教学质量的教师。有了“主题阅读”项目开展的成果，立言研究院在盐湖区各校当中也已经拥有了一定的信誉度和知名度，为双方开展进一步的合作奠定了良好的基础。“后来，2017年春季的时候，我记得是在广州参加了一次研究院的会议，偶然的机会知道了新样态学校联盟，然后就向我们局长推荐。D局长就非常认可这件事情，果断地和我说，让我去联系一下我们区能不能加入。”（盐湖区教科局教研室主任Z）由此，研究院与盐湖区中小学课程顶层设计的合作项目水到渠成，顺利展开。

（二）中小学：自身主动寻求变革

A小学是一所新校，是2013年运城市、盐湖区两级政府为优化城区教育资源，解决周边适龄儿童的上学问题，投资近5000万元在东部城区建设的一所高标准的公办小学。虽然学校建校历史不长，但是各方面的实力不俗。“在地方上，我们的基础是挺好的。硬件设施、师资力量，包括校长队伍的遴选，在我们运城当地，可以说是2015年当时最好的。”（A小学校长L）有良好的外界资源支持，加之理念先进的领导班子和年轻的师资队伍，可以说A小学在建校之初发展是非常顺利的。但是在这一过程中，学校管理层也逐渐意识到了学校顶层设计的难度以及打造学校特色的重要性。“学校虽然说是天时地利人和，当时我在和我们团队做顶层设计的时候，我们是打的小点，我们也提出了我们的校训，提出我们的办学理念，但相对来说是比较分散的。”（A小学校长L）

B小学是一所历史悠久的公办小学，早在1921年建校，最早是由瑞典传教士所建的一所宗教小学，其间虽几经更名，但办学历史未曾间断。到20世纪80年代，B小学在运城已经有相当高的社会声誉，教学质量得到各界的肯定。发展到新的时期，为响应国家基础教育课程改革要求，积极融合国家课程、地方课程和学校课程，打造学校特色，B 小学也开始尝试各种探索。在这一探索过程中，学校管理层也感受到了一系列压力，发现在宏观层面引领学校课程有相当的困难。“前几年咱们这个课程都是比较碎片化的，就是在老师们的思想当中，它是不成体系的。老师都是自己管自己的一亩三分地。比如，语文老师就负责语文这块，数学老师就负责数学这一块。”（B 小学教导主任 W）

面对办学当中的困惑和瓶颈，A 小学和 B 小学开始主动尝试“走出去”寻求外界帮助。2017 年，盐湖区申报了新样态学校联盟实验区，两校果断地抓住了这个机遇，积极与盐湖区教科局联络。“2016 年年底咱们学校外派教师去深圳学习的时候就听说了这个新样态，然后到那边一个学校进行了参观，回来之后反馈给学校，大家都觉得这个特别好，所以正好在 2017 年有这个机会，我们就积极地去洽谈申请了。”（B 小学教导主任 W）

盐湖区新样态学校实验区是本着教科局鼓励、学校自愿申请的原则加入的。最主要的还是看学校自身的发展动力和积极性。“咱们是第一批就加入了，加入的话是教育局会做一个筛选，最主要是还看学校领导的意愿，学校整体的意愿。一方面你学校有意愿承担，同时教育局也有一些硬件、软件指标的筛选。”（A 小学校长 L）

（三）社会组织：转型发展需要

深圳立言教育研究院正式成立于 2015 年，但早在十年前就开始从事主题阅读等中小学教学项目的研发工作，目前是一家民办非企业单位，主要服务方向涵盖教育行业师资培训、举办教育相关公益活动以及为区域政府和学校提供整体性咨询指导服务。“我们最早出名的是主题阅读项目，它是我们最早的一个核心品牌、核心产品，差不多有十多年的时间。除此之外，我们还有一些像会议的组织工作，比如，每一年研究院会举办很多次大型的教育会议；另外像新样态课程实验区这样一些特色项目的打造，现在也做得很好；还有很多像深圳一些地区的中小学，他们考试的试卷也是我们这边来组织出的。”（研究院负责人 H）正如负责人所说，主题阅读项目是研究院的王牌产品，近年来已经形成了较大的影响力，在相关的实践中探索出了先进的概念和理论，开发了一系列教材、课程和教学法，形成了良好的辐射效应。在主题阅读项目的带动下，研究院不断地扩大规模，在社会上享有良好的社会声誉，很多中小学慕名前来与研究院开展语文教学方面的合作。

同时，面对当下学科整合和知识多元交叉的趋势，研究院也开始意识到转型发展的重要性。“从学校反馈的信息来看，就是我们提供的服务还是有些太单一，他们希望从其他学科上都能得到支持，所以，我们后期也在努力往这个方向去靠，进行更多元化的研究。”（研究院负责人 H）由此，研究院进一步开展了课程顶层设计研究，探索大单元教学模式，开展学科整合探讨，致力于建设“新样态学校”。这一理念得到了广大中小学校长和教育研究学者的广泛支持，正如中国教育科学研究院基础教育研究中心主任陈如平所言，所谓“新样态学校”，是基于学校内在的文化基因，结合学校自身的优势条件，在力所能及的范围之内，整体突出学校的优点，打造属于自己独特样态的学校。①

在这一理念的支持下，立言教育研究院联合中国教育科学研究院建设了“新样态学校联盟”。这是一个辐射全国的教育公益性组织，旨在联合各方力量，探索学校内生式发展之路；同时建设中国新样态学校实验区，广泛征集各地区和各学校的加盟，与运城市盐湖区的合作就是在此背景下展开的。可以说，立言教育研究院参与教育协同治理的实践，一方面是基于已有丰富成功经验支撑下的全新探索，另一方面是基于组织自身转型发展的需要，同时也进一步彰显了教育社会组织的意义与价值，完成自身的社会使命。

（四）大学：理论研究与社会服务

大学一直是进行教育理论研究和方式创新的重要阵地，作为“研究高深学问的场所”，大学教师的研究内容相比于中小学往往更为宏观、抽象，是从具体教育现象和教育情境当中概括性总结出的理论问题。但理论研究必然不能脱离实际，专家学者也需要教育现场的实际调研来检验规律、提升经验，进一步充实理论的适切性与针对性。“比如说我做中小学管理工作的研究，教育管理它本身就是一门应用性学科。如果我天天坐在书斋里，不了解

---

① 陈如平. 打造新样态学校［J］. 教育科学论坛，2016（24）：7-10.

学校的实际情况，那么就是在闭门造车了。所以我自己会有一些合作的学校，我要到那些学校里面去做调研，去帮助他们做事情，找一些合作的项目来增强我对现实的了解，也有助于我自己的研究。”（研究院特聘专家 Y）

在以往的实践中，高校教育专家进入一线教育场所，与中小学或地方政府建立伙伴关系的渠道往往是通过专家个人申报项目课题、所在院系与地方达成战略合作、地方主动邀约进行授课或演讲等方式来进行。这一过程中不可避免地会出现一些“盲区”，导致高校教师无法在众多的中小学和地方中精准定位，找到适合自己专业领域的研究田野，又能使自身研究满足对方需求。社会组织的出现很好地起到了对接和纽带的作用。“其实每个大学老师自己的研究方向相对来说还是很明确、很窄的，就使得全国那么多中小学校并不都知道你是做这方面研究工作的。当他们想找一些人寻求帮助的时候，又找不到明确的方向。而社会组织本身就是做市场工作的，所以它既了解学校的需求，也要想方设法地参加各种各样的学术会议，以此来了解大学学者的研究和水平，把一些能跟他们合作的教授联系到一起，这样大家就能够合作出更大的项目，或者能够更有效地帮助到中小学。”（研究院特聘专家 Y）

同时，作为一个集教学、科学研究、社会服务三大功能为一身的机构，高校参与社会组织的合作，也是基于自身发挥社会服务力量的需要。在指导学校发展的过程当中，高校能够充分发挥优势，将大学所具有的广阔资源平台、专家教授所具备的专业素养与丰富经验与中小学直接对接，帮助一线教育工作者更快找准办学方向，提升发展效率与发展质量。

教育协同治理达成的前期背景如图 5-1 所示。

二、教育协同治理如何开展

（一）合作确立：教研室推动下的区域整体项目构建

由于教科局局长和教研室主任的积极推动，加之研究院的主动配合，盐湖区的合作项目确立是比较顺利的。对于研究院来说，区域整体性的合作一直以来也是研究院比较倾向的选择。“区域整体性的合作有其独特的优势，因为区域打包，我们这边专家服务的次数会多一些，而且安排的专家都是最顶尖的，所有的优质资源都会优先考虑。”（研究院负责人 H）

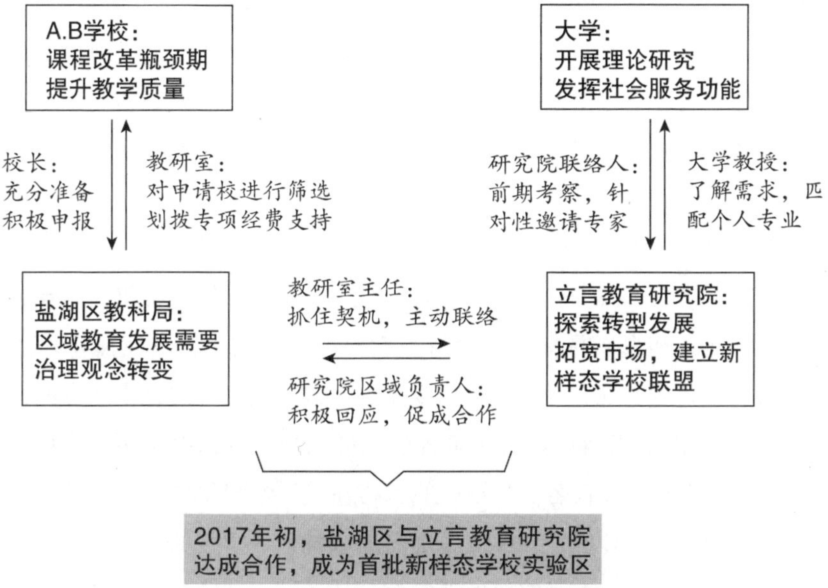

图 5-1 教育协同治理达成的前期背景

2017 年，盐湖区正式申请加入了中国教育科学院和立言教育研究院引领的全国“新样态学校联盟”，并申报成为实验区，成为新样态学校实验区的第一批参与者，共有八所学校加入其中。区政府的经费支持成为合作顺利进行的重要推动力，整个合作项目的出资方主要是盐湖区政府，通过政府购买的方式打包购入了立言教育研究院的课程顶层设计系列服务。“教科局划拨的专项经费，学校不出钱，在教科局的其他方面能省就省一点，然后在这方面给予大力的支持。”（盐湖区教科局教研室主任 Z）

合作开始之初，盐湖区教科局就在与研究院的一次次沟通中逐渐明确了项目的工作方向，旨在聚焦学生的核心素养，从以往比较成功的主题阅读课题实验为切入点，扩大影响，进行学科内课程整合、跨学科课程整合。在达成一致后，区政府出台《盐湖区中小学实验区推进方案》，该方案指出：“课程再造、魅力课堂是新样态学校建设的主要项目……要在逐步推进的过程中引领促进学校课程重构及教学方式变革，追求高效的课堂教学。”

（二）具体落实：社会组织引领下的专业团队指导

创建一所新样态学校并非易事，一般来说，针对一所学校或一个地区的顶层设计工作需要三年才能基本完成。这个过程一般可以划分为三个时期，每一个时期有不同的方向和重点。“比如说像第一年，主要是梳理他们学校的一个典型架构。第二年就是在这些架构梳理完之后，需要去实施，那么就要落实到课堂，就是落实到各个学科。第三年主要是以成果展示分享为主。”（研究院负责人 H）

1. 为学校“画像”，抓住文化内生点

研究院工作的第一步是帮助学校给自己“画像”，找到文化内生点，进而明确办学理念和育人目标。在参与“学校课程顶层设计与实施阶段推进会”的过程中笔者发现，与会的各位专家都非常强调发现文化内生点的重要性：“文化内生点的来源可以有很多种，既可以是学校的办学历史，也可以是学校的办学现状，如校名、学校里的风格建筑、学校里的地理位置等，还可以来自学校的周边环境，如学校局部的地域特色、学校的人文资源、社区文化，或者是学校整体推崇的教育理念等。”（运城市“学校课程顶层设计与实施阶段推进会”上 L 专家的发言记录）

在文化内生点的开发上，研究院一方面通过工作人员和相关专家深入学校调研和考察，与学校领导和教师开座谈会等形式，了解学校的历史与现状；另一方面，结合学校自身已有的发展定位，充分考量客观现实条件，对学校进行客观、真实的评判。文化内生点要与对学校文化的系统思考联系在一起，在此基础上，构建出新样态学校的思想基础，帮助学校规划未来发展道路，明确发展路径。在这个过程当中，研究院非常重视对学校历史和故事的全方位挖掘，利用学校自身的资源“做文章”，力图从一开始就保证学校顶层设计的特色化，“每所学校一个样，校校都要有自己的样”。

以盐湖区 B 小学为例（表 5-3），B 小学始建于 1921 年，原名“崇真小学”，是一所历史悠久、全市闻名的百年老校。在研究院进驻 B 小学之初，校长就表示希望能利用最初校名中的“崇真”二字为文化内生点，进一步做提升和开发。因此，研究院在对学校开展调研，了解学校办学方向和理念追求的基础之上，结合古代典籍《中庸》中的思想精髓，确定“崇真尚美，至善笃行”为办学理念。同时，进一步抓住“真”字做文章，围绕培养“全面发展的人”的目标，将核心素养解构为“真知启慧，真情博爱，真彩有为”。

改造后的办学定位更加具体明晰，基于“真”字进一步规划的培养目标与核心素养，便于学校做更加深入的挖掘与解读；同时，研究院的指导也让学校在追本溯源，整体审视的过程中，对于自身有了更为明晰的认识与把握。“在顶层设计方面，咱们的办学理念就有变化了，原来都是大家没有特别考虑就自定的，但是加入了新样态学校项目之后，才明白这个办学就是一个艺术，理念是学校的灵魂，所以我们根据学校的建校史，重新开始真正地考虑我们的顶层设计，让学校真的开始有灵魂了。”（B 小学教导主任 W）

表 5-3 B 小学顶层设计前后变化

	办学理念	培养目标	核心素养
改造前	崇真	培养有真知，有真情，有真彩的真为少年	八大品质：博敏诚仁，雅美健行
改造后	崇真尚美，至善笃行	培养有真知，有真情，有担当的少年	三大品质：真知启慧，真情博爱，真彩有为
具体解读	·崇真尚美：实事求是，追求真理，崇尚真诚；同时拥有对心灵、语言、行为、环境之美的崇尚与追求。 ·至善笃行：坚定理想和信念，奋发有为，扎实实践，一直做到最好，达到最理想的境界	·有真知：在老师们真心真意的陪伴里，获得成长的真才实学。 ·有真情：让学生在天真烂漫的童年里，抱诚守真、返璞归真。 ·有担当：引导学生有追求知识的本真，坚持做人的本色	·真知启慧：用真知开启学生的智慧。 ·真情博爱：让真诚仁爱根植于学生的心田。 ·真彩有为：通过艺术的熏陶、健康的运动使学生灵动、乐观、坚强、自信

2. 明确方向，搭建课程“骨架”

“进行新样态学校建设，一定要在自身生发的基础上进行框架设计，也就是找根子—定调子—搭架子—探路子—亮牌子的过程。”（运城市“学校课程顶层设计与实施阶段推进会”上 Y 专家的发言记录）在明确了学校的育人目标和育人模式之后，研究院第二步的工作就是在明确方向指引下，协助学校具体构建课程体系。课程是学校教育当中的核心要素、关键一环，在课程体系构建工作中，一般由学校根据自身的实际情况和已有的办学思路做出学校课程体系的初稿，交由研究院专家教授共同商讨审阅，研究院主要起到的是进一步归纳、拔高的作用，在确定课程内容结构和课程的设置、实施的同时，也要考虑课程评价与课程管理等要素的合理安排。

课程建设不是几门课程内容的简单叠加，而是要打破课程之间的壁垒，实现课程结构和功能的优化。在确定B小学的顶层办学方向后，研究院专家基于核心素养三大品质“真知启慧，真情博爱，真彩有为”的考虑，寻找不同课程之间的内在联系，将学校的全部课程划分为三大领域，与三大品质一一对应，分为“数学与科技”“品德与人文”“艺术与健康”，各领域内设立基础课程、拓展课程、自选课程和综合课程，将办学理念进一步具象化落实到教学实践中，很好地整合了原本零散的课程，让学校拥有了一条将不同课程联系在一起的主线。

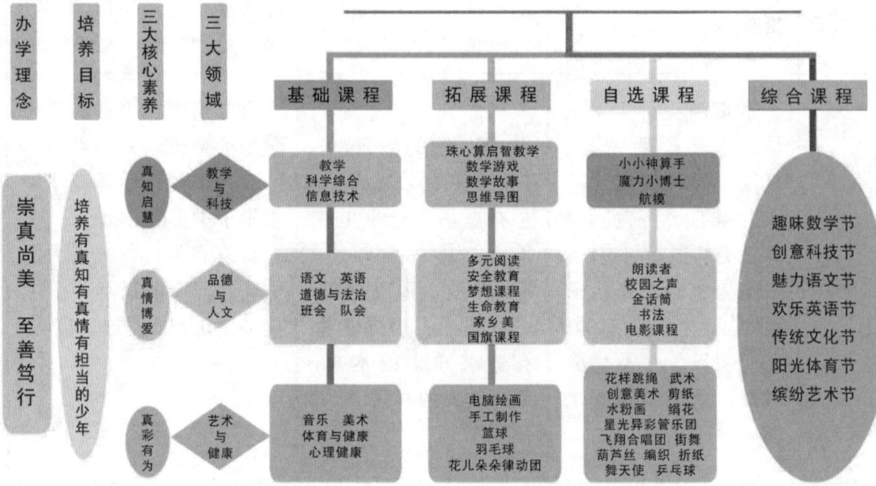

图5-2 B小学“崇真”课程体系

图5-2展示了B小学整体的课程框架，其中，基础课程即国家课程，是延伸出系列课程的前提保证；拓展课程基于校本特色资源与办学理念设计，是对国家课程的进一步补充，也属于学生必修课，部分是跨学科课程，需要各科教师积极配合完成；选择课程一般以社团或综合性学习活动的形式开展，由学生根据个人爱好和意愿自由选择，将各学科知识和实践活动有机结

合，拓宽学生知识面，提升学生对知识的感知与理解；而最后的综合课程则与学校的大型活动结合在一起，动员全校师生参与，在这一过程中提升学生的综合能力，展示学校风采，也是建设校园文化的重要部分。

这个过程非常考验研究院和学校的充分耐心与深入合作，“慢工出细活”，在渐进当中不断帮助学校挖掘课程潜力，使得课程体系更为精细化。“我们帮他们构建完办学理念之后，只是在思想上明白了，然后在体系上整体搭建出来了，但是要把这个体系真正变成他们自己的教育教学行为，这个中间还是有难度的……这个项目本身要持续三年，不是说做完体系，我们搭建完这个框架就完事了，而是每过半年我们都会再到学校里面去帮他们现场诊断，那个时候我们会现场指导，观察他们有哪些做得好的，哪些还做得不好，我们再给他们提供一些建议。”（研究院特聘专家 Y）一般来说，在合作期间内，研究院每年要深入各学校做至少三次实地指导，线上和校外的交流更是不计其数，“我们的目的是服务到他们满意为止，也有一些地方去了五六次”（研究院负责人 H）。

3. 填充“血肉”，协助具体实施

新样态学校构建的第三步就是帮助学校积极践行，讲好自己的故事。“有故事”关乎学校的内涵式发展，研究院在项目进行的过程中通过持续不断地跟踪和帮助，确保学校的顶层设计工作能够切实落地生根，有所成效。

为了育人目标的达成，B 小学也尝试建立了一套与育人目标相匹配的“崇真评价体系”：设计了“真知卡”“真情卡”和“真彩卡”。学生在对应领域的课程学习当中取得了成绩，即可收获一枚卡片，每学期集齐五套即可获得一枚“崇真卡”，成为“崇真少年”。通过灵活的发展性评价体系去发现和发展学生的潜能，帮助学生认识自我、建立自信，促进学生在原有水平上的不断发展，最终实现全面发展。

在这个过程当中，研究院为学校搭建了获取帮助的便捷平台，除了实地考察调研之外，也通过各类新样态学校交流研讨会、培训课堂等方式进一步提升学校管理队伍的观念与能力。此外，研究院也鼓励学校和专家教授开展长效的持续性互动。“除了面对面的这种交流和碰撞之外，我们会和专家有线上的交流，线上交流也是非常高效的一种，我们这边就会采取定期交作业的方式，不管专家有没有给我布置，我都会把这段时间我们完成什么了以作业单的形式发给专家，或者以问题的形式寄给专家，让他帮我去把脉，让他帮我去往下思考。”（A 小学校长 L）

（三）评估改进：过程性监督与持续性反馈

作为上级主管部门，盐湖区教科局掌握着最主要的监督和评价工作，也拥有开展新样态合作项目的重要决策权，因此，在与研究院开展合作时，实验校必须要及时向教科局汇报项目的具体流程、进度等。在这个过程中也需要研究院与教科局的积极联络，确保各学校的及时反馈，通过各学校的问题反馈，帮助学校做“再诊断”，寻求教学质量的进一步提升。

研究院也与区教科局积极配合，加强对于学校新样态课程质量的检测考核，做好新样态学校构建进度的督促工作。目前已经实施的具体措施包括：督促各实验校组建“新样态学校实验领导组”，校长认真履行第一责任人职责，重心下移，关口前移，聚焦课程、聚焦课堂、聚焦教材；制定《“主题阅读”课题实验考核细则》，随机入校检查，一季度一总结，学期末组织考评检测，发现问题及时反馈并通报，对课题实验工作没有达到要求的学校责令退出实验；打破校际壁垒，组建六个“主题阅读沙龙”，形成小区域联合体，帮扶结对，共生共长等。

社会组织参与教育协同治理的过程如表 5-4 所示。

表 5-4　社会组织参与教育协同治理的过程

阶段	政府	研究院	学校
合作确立	·制定经费预算，打包购买立言教育研究院课程顶层设计系列服务。 ·协调调动全区学校参与，考核申报学校	·前期调研，了解盐湖区整体情况。 ·召开座谈会，协商政府、学校具体诉求。 ·制定项目整体方案，安排内容进度，邀请相关专家	·动员校内领导、教师做前期思想准备，积极配合项目工作。 ·整理学校概况、课程体系设想等相应资料，供研究院参考
	出台《盐湖区中小学实验区推进方案》 制定《盐湖区课题实验考核标准》		

续表

阶段	政府	研究院	学校
具体落实	·督促项目进展，协调学校与研究院关系。 ·调动资源，配合研究院开展实验区教师、校长培训工作	·实地调研，帮助学校给自己“画像”，明确办学理念和育人目标。 ·与学校沟通，具体规划学校整体课程体系架构。 ·协助学校积极践行，确保学校顶层设计工作切实落地生根	·通过线上线下多渠道与研究院及时沟通项目进度，协商问题。 ·接受教研室的监督检查，实时反馈。 ·学校校长、教师通过参与新样态学校交流研讨会、培训课堂等方式进一步提升思想和意识
	开展“主题阅读实验与研究”送培研讨会 组织“学校课程顶层设计与实施”阶段推进暨培训会 在实验区内以学校为单位组建六个“主题阅读沙龙”		
评估改进	·根据《“主题阅读”课题实验考核细则》及时跟进各学校项目，开展阶段性总结、期末考评检测。 ·评选模范学校、优秀教师积极推广，形成长效机制，扩大合作效果与影响	·协助区教科局进行考核评估工作。 ·通过走访调研对项目学校进行“再诊断”，与学校保持联系，及时回应问题。 ·邀请优秀学校和教师做示范课、交流会等，推广盐湖区项目中的优秀成果	·结合课程评价体系，评估教师发展水平和学生学习效果。 ·开展自纠自查，分析课程顶层设计落实工作的得与失。 ·总结优秀经验，进一步细化工作，积极参与研究院各项活动，展开交流互动
	举办新样态学校建设经验汇报交流会 举办“全国学校课程顶层设计暨课程整合高峰论坛”		

三、社会组织在教育协同治理中扮演何种角色

（一）协调者：沟通联结各方的关键纽带

纵观整个的合作过程，研究院持续性地在政府、中小学、大学研究人员之间起到了重要的纽带和沟通作用。一方面，作为第三方的社会组织，研究

院对自身的业务范围有着准确的谋划和定位，经过多年在教育领域的实践与钻研，他们已经非常了解现阶段中小学及教育行政部门的迫切需求，开发的服务产品十分具有针对性；另一方面，大学具有社会服务的功能，高校学者也希望能够有机会实地参与教育实践，进一步应用理论、检验理论，帮助学术研究的深化发展。

此外，研究院在成立之初就十分重视在教育领域的人脉积累，逐渐与各地方教育部门管理者、中小学校长、基层一线教师、大学专家团队建立了广泛的关系网络。相比以往教授专家与学校开展的直接合作，或大学教师申报的项目课题来说，研究院在参与协同治理的过程中有更大的灵活空间，能够聚集多方力量帮助学校进行顶层设计。“我们有自己内部的这样的一个核心专家团，他们当中有退休的一线老师，或者一些大学教授，现在是全职到我们研究院来工作。也有在职的高校教授，还有一些其他领域的学者，包括各个地方教研室当地的专家、行业协会专家等。外聘的会更多一些，因为外聘的话，资源会更丰富。”（研究院负责人 H）

现阶段，由于研究院规模的不断扩大，在其内部已经形成了较为成熟的管理体系，有专人负责大学专家的邀请与接洽工作，并设立相对健全的沟通机制，安排项目负责人，专门分管省域内部与各下级政府和各学校的对接工作，提升服务的针对性与效率。此外，在教育界拥有的广泛资源也使得研究院有机会开展更大规模的活动，通过举办峰会、研讨会、培训班等方式为各地方教育管理部门、各中小学搭建联络平台，互相交流经验，共同促进。

（二）指导者：以学校特色为起点的专业引领

理念和技术上的指导者是研究院参与教育协同治理的重要身份。学校的办学理念和价值取向是课程体系建设的思想引领与逻辑起点，具体进行课程的整合与建设也是复杂的技术性工作。相比身处一线的校长与教师，研究院一方面可以通过“局外人”的身份进入教育现场，从宏观上把握学校的发展脉络，进行顶层设计；另一方面，可以利用专家教授所掌握的课程理论对学校的课程进行整体构建，从专业的角度进一步帮助学校提升教学质量。正如研究院特聘专家 Y 所言：“我的第一个作用就相当于是启蒙。对校长们进行‘启蒙教育’也好，思想更新教育也好，这样的一个专业引领，这是我发挥的第一个作用。第二个作用就是在实践上，确实能够帮助学校去构建他们的课程体系，因为校长虽然在理论上理解了，但是他还是不能够跳出学校原有体系来对他的学校进行一个全面的构建。我们属于第三方，第三方就能够更科学、更专业，也更客观地去构建学校的体系。”

在调研过程中，研究院的专业指导备受好评，从政府官员、中小学校长，到一线教师，都对专家的指导赞不绝口。究其原因，首先，研究院的指导非常具有针对性，精准挖掘学校特色，并加以提炼和彰显。“这个过程中最大的感觉就是研究院找准了每一个学校的文化底蕴，所以自己的东西就是自己的，DNA 谁都不可以复制，我到哪都知道是我的元素。”（A 小学校长 L）

其次，研究院的指导具有系统性。学校发展中的各个要素并不是孤立存在的，学校整体功能的提升有赖于全局结构的优化和各部分的功能发挥，因此，研究院的指导也力求保证兼顾学校的各个方面，不遗漏影响学校发展的每一个问题。“所以从办学理念到一训三风，到育人目标，办学理念，到课程体系，到具体的架构和实施，我们感觉它是上下贯通，有严密逻辑体系的。这是带给我们一线校长最大的震撼，我真的感觉特别有意义。”（A 小学校长 L）

这样的专业引领有如源头活水，为学校注入了活力。研究院的指导兼具质量与效率，尽可能缩短了学校发展所需要的时间，为学校找到了加速发展的最优路径。

“如果靠你一个人去摸索，你得要三年五年，有的十年都找不到方向。但是接触了新样态的理念之后，在深入研读每一所学校一路走来的提炼历程之后，你就能够对自己的学校有一个反思和对照。之后你就可以照这样来解读你自己的东西。”（B 小学教导主任 W）同时，“授人以鱼，不如授人以渔”，研究院指导学校并非单箭头的传授与接收关系，通过一系列专家研讨会、校长培训会和实地的探访指导过程，启迪了学校管理者的思维，激活了学校内生发展的动力，提升了学校自身的专业发展水平：“这样像魏风（A 小学校总校区）这边，我们仅用了一个月的时间，就贯通了。后稷（A 小学校分校区）这边我们有了魏风的基础，基本上就是照葫芦画瓢，更顺利了，我们自己就梳理出了60%。后来一些教授专家过来之后，帮我们往高处走，再精准化、高端化，我感觉到特别顺畅。”（A小学校长L）

（三）推广者：区域经验与教师成果的广泛传播

研究院在教育协同治理当中所做的推广工作，一方面，是对所指导地区成功经验的分享与传播。在2017—2018年，研究院在一对一指导学校、参与区政府新样态课程推进会议之外，在盐湖区协助举办了包括运城市小学语文“主题阅读实验与研究”送培研讨会、“学校课程顶层设计与实施”阶段推进暨培训会、新样态学校建设经验汇报交流会等一系列大型活动，既能够让各实验校的经验在交流互动中得到进一步的碰撞与升华，也激发了盐湖区乃至运城市中小学教师改革和研究的热情。

另一方面，研究院还广开言路，致力于推广一线教师的优秀研究成果，为已经成熟系统的研究专著提供出版的平台，分享来自基层的经验与声音。盐湖区教研室Z主任就是一个典型的例子。起初，她在学校中进行自己的课题研究，经过几年的苦心钻研，逐渐形成了自成一派的教育理念和语文课程体系。“在深圳立言研究院的支持下，我自己出了两本书，为我提供了一个成长的平台，让自己能在盐湖区内也发挥一点作用……其中一本是《武圣关公》，是主题探究式的课程。因为我的家乡是关公故里，所以我这本书出版以后就受到了政府部门的高度关注，然后这本书已经在去年9月份的时候全部下放到区里5—7年级两万多名学生的手上，作为地方教材。”（盐湖区教科局教研室主任Z）另外，研究院还积极尝试让实践经验丰富的一线教师有成为导师的机会，分享切实可操作性的经验，在这个过程中塑造了一大批优秀的专家型教师。“像主题阅读课题，我们区域已经有很多这样的‘小专家’了，我们经常会被立言邀请到全国各地去，老师们能去给别的地方做培训做讲课了。像这个学期他们的需求量就更大，我也给领导请示了，让我们的老师也借助他们的平台去给别人做培训，老师很有成就感，每个老师出去都很荣耀。”（盐湖区教科局教研室主任Z）

四、教育协同治理取得了怎样的成果

（一）提升地方教育治理水平

实现区域教育的整体变革并非易事，需要多主体的参与配合，涉及观念和行为上的持续改进，是一项长期且艰巨的任务。立言教育研究院在推进盐湖区教育改革的过程中起到了重要的推动作用。在立言教育研究院的引领下，盐湖区的新样态实验区建立起了学校之间、团队之间、区域之间的学习共同体，提升了实验校的发展水平，激活了学校组织变革的内生力量，提升了盐湖区乃至运城市的教育治理水平，进一步由“共治”向“善治”的方向发展。

2018 年年初，盐湖区委将新样态学校建设纳入乡村振兴战略行动计划，区政府把新样态学校建设写入了政府工作报告。不断涌现的成功案例已成为研究院的“活招牌”，起到了良好的宣传作用，在不远的未来，运城市与立言教育研究院的合作规模必然会进一步扩大。“现在，学校方面都是特别积极地想加入咱们队伍，包括这几天还有一些农村的学校，都是主动找我加入，局长也说了目前（实验区）不能再往外蔓延了，经费已经承受不了了，只能覆盖那个范围。但是这些农村学校说，我们自己想办法，哪怕从学校经费里面划拨都行，我们在农村的不能被遗忘！真的，这种积极进步的氛围挺好的。”（盐湖区教科局教研室主任 Z）

同时，在新样态实验区之外，盐湖区也通过这些龙头学校积极带动其他学校，形成交感互动的“蝴蝶效应”，让拥有不同发展规模、处在不同发展阶段的学校，充分开展“点对点”“片对片”的交流，校长与教师通过实地探访与经验展示，在真实情景中，接触大量“临床”经验和案例，推动实践和理论的反思与超越，打破学校间的壁垒，促进了城乡学校之间、跨学段学校之间的资源共享与实践研讨。2018 年 5 月，盐湖区教科局与深圳立言教育研究院联合举办了“全国学校课程顶层设计暨课程整合高峰论坛”，吸引了来自全国各地的 500 余名教育同仁参会，进一步提升了盐湖区教育的影响力，新样态学校建设工程也因此得到了大幅度的推进。

（二）促进全区教师专业成长

教师的专业发展并非孤立，一定需要处在动态的环境当中，接受同伴互助和专业引领，避免闭门造车、孤军奋战。立言教育研究院参与下的新样态课程项目为实验区各学校教师创设了一个良好的专业成长平台，从封闭走向开放，从被动接受走向主动分享，充分体验课程变革当中的成就感与获得感。

在课程的顶层设计支撑下，教师们首先有了教学观念上的变革和理念上的指南。通过对办学理念和育人目标的解读，学校教师能够进一步产生对学校的认同感与归属感，充分发挥自身的主动性，在备课与教学的过程中有意识地追溯学校文化，向学校的办学理念看齐。“原来就是老师们就各自上自己的课，可以说没有一个魂，没有一个根。自从有了顶层设计，学校的办学理念、培养目标以及核心素养出来之后，老师们就知道围绕着什么去做了，在思想方面，还有课程理解方面都有很大的进步。”（B 小学教导主任 W）

其次，由于研究院的新样态课程设计重视课程之间的融合、各学段之间的衔接，这就为教师自发地形成专业共同体创造了良好的契机。“有了新的课程体系之后，各科老师之间就会尝试上一些合作的课，因为咱们整合课程也需要他们这样去做，他们之间联系配合的也比较多了，相互了解和学习的机会多了，这也是一个进步。”（B 小学教导主任 W）此时，教师不再仅仅是有理论的接受者，而成了共同体中教学经验的分享者和贡献者，教育知识内容生产与再生产的推动者。

最后，立言教育研究院也积极地争取和联络各方资源，帮助教师获得专业技能上的进步与发展。“因为要带动更多的老师，肯定要先要培养种子，教师先抓骨干，然后以点带面，我会以教研室的层面来和研究院组织各种研讨活动，比如，讲课、赛课这样的活动，就是给他们搭建平台。”（盐湖区教科局教研室主任 Z）走出盐湖区，各校的骨干教师也在研究院的对接下接触了更为宽广的平台，先后赴北京、广州、上海、西昌、乌鲁木齐、杭州等地参加相关新样态课程建设、主题阅读项目的培训班。通过这一系列的行动，盐湖区内部逐渐拥有了大批的专家教师，使得更多的学校拥有了具有先进教育理念的高素质教师队伍，优秀成果得到了进一步共享与推广。

（三）系统打造学校鲜明特色

在谈及新样态学校的发展结果时，陈如平教授曾经指出要彰显“四色”，即“打造本色、夯实底色、形成彩色、彰显特色”①。只有基于学校的历史与现实生发特色，才能为学校打造核心竞争力。这也是立言教育研究院在针对盐湖区学校开展项目工作的过程中最为关注的。“我觉得最大的一个变化是研究院抓准了我们学校的特色，这样才整体提升了学校办学的内涵、品味、层次。它和我们以前的那种办学，定位上是完全不一样的。”（B 小学教导主任 W）

一个典型事例是研究院针对 A 小学的课程顶层设计。A 小学有两个校区，一个校区校名源自《诗经·魏风》，于是专家在帮助其构建整体办学理念时就重点关注依托于《诗经》的底色，讲好自己的风格故事；另一个校区的校名源自我国历史上的农耕始祖，五谷之神后稷，因此，在该校区的学校发展理念中，就暗合了农耕文化的色彩，致力于“形成种子文化”“让每一粒种子长成自己的样子”，新颖别致，且贴合学校实际（表 5-5）。

表 5-5　基于 A 小学两校区不同情况进行的顶层设计对比

	A 小学总校区	A 小学分校区
办学理念	古魏新风	让每一粒种子长成自己的样子
办学特色	翰墨修身 诗韵树魂	勤智、勤美、勤勇、勤创
育人目标	培养具有魏风精神的龙的传人	培养勤劳勇敢、自由向上的小种子
课程体系	魏风“小神龙课程”	后稷“种子课程”

表 5-5 展示了 A 小学种子课程的整体设计情况。学校建校时就希望以后稷所代表的农耕文明为出发点，来打造学校的特色理念，经过与研究院相关专家的多次探讨与磋商，决定以农耕的重要因素“种子”来象征学校中蕴含朝气与希望的学生，围绕“种子”来做学校的特色文化。播种种子后，必要辛勤耕耘，因此，就推出了以“勤”为核心的四大品质，并将育人目标定位

① 陈如平. 打造新样态学校［J］. 教育科学论坛，2016（24）：7-10.

为“培养勤劳勇敢、自由向上的小种子”。有了整体大方向的指引，接下来的课程整合就更加顺利。借鉴“春生夏长，秋收冬藏”的民间古语，基本形成融合了基础课程、拓展课程、选择课程和综合课程于一体的“种子课程”体系（表 5-6）。

表 5-6　A 小学“种子课程”整体设计框架

<table>
<tr><th rowspan="2">四大品质</th><th rowspan="2">八大素养</th><th colspan="4">四大课程</th></tr>
<tr><th>春种课程
（基础）</th><th>夏长课程
（拓展）</th><th>秋收课程
（选择）</th><th>冬藏课程
（综合）</th></tr>
<tr><td>勤智</td><td>爱学习
会思考</td><td>语文
数学
英语</td><td>农耕学堂
小小书法社
数创绘本
英语剧场</td><td>小小播音员
空间魔方站
魔法七巧板
英语社团</td><td>元旦读书会</td></tr>
<tr><td>勤美</td><td>明礼仪
重审美</td><td>道德法治
音乐
美术</td><td>家长好课堂
唱春种
舞秋收
画冬藏</td><td>合唱
民舞、街舞
沙画、扎染
面塑、毛麻绣</td><td>六月艺术节</td></tr>
<tr><td>勤勇</td><td>强体魄
会生活</td><td>体育
综合实践</td><td>传统体育游戏
小种子研学
梦想课程</td><td>足球、篮球
武术、跆拳道</td><td>九月开学季</td></tr>
<tr><td>勤创</td><td>善动手
会创造</td><td>科学
信息技术</td><td>“农民伯伯”
进校园
“一分田”
种植园</td><td>木工坊
烘焙馆
种植小分队
气象研究社
创客 DIY</td><td>三月勤耕节</td></tr>
</table>

在研究院的大力帮助下，A 小学的课程体系由最初的头绪纷繁复杂，到逐步清晰化、具象化。既贴合了学校发展实际，体现自身的独有特色，也进一步实现了国家课程校本化、校本课程特色化、拓展课程品质化、选择课程多元化、综合课程主题化的目标。“和新样态接触之后，最大的改变是它在

做顶层设计的时候，是一个整套的体系，这让我们感觉到一下子把顶层设计和课程之间的这种逻辑关系和育人目标联系在一起了，有一种整体融合和一气呵成的那种感觉。以前是小点，现在是上下贯通，一体化的。”（A 小学校长 L）

新样态项目不仅在 A 小学和 B 小学取得了成功，在立言教育研究院的参与下，盐湖区各实验校深入挖掘文化内生点，站在整体育人的高度，总结出独属于自己学校的办学理念、育人目标，构建了属于自己的课程体系。实验小学在“让儿童像鲜花般绽放”教育理念基础上，构建了“七色花”课程体系；向阳学校提出“培养有特长的阳光优能少年”，构建了“向阳花”课程体系；解放路示范校提出“培养有中国灵魂世界眼光的典范少年”，构建了“典范”课程体系；北街小学以“培养灿烂明亮的儿童”为出发点，构建了“灿烂童年”课程体系；等等，都取得了不错的成效。“我们做新样态学校，最终还是为育人服务，希望能够帮助学校在追求教育本质目标、拥有普适性育人价值取向的同时，凸显自身的办学特色。”（运城市“学校课程顶层设计与实施阶段推进会”上 Y 专家的发言记录）

第五节 社会组织参与教育协同治理的问题与对策

尽管盐湖区目前已经在新样态学校建设过程中取得了重要的成果，但是正如同所有的变革一样，其过程不可能是一帆风顺的。参与协同治理的各方如政府、中小学、社会组织都是独立的社会主体，各自有其不同的利益诉求、制度文化、行为方式，必然会存在一定的隔阂。而如果在教育协同治理过程中缺乏有效的互动机制进行调适，很容易产生结构性障碍，导致彼此难以深度融合。同时，各社会系统存在着很强的惰性，当新的力量要对其进行改变时，必然导致“变革恐惧”，进一步影响协同的开展。

一、实践层面：社会组织与主要协同主体的沟通障碍

（一）政府与社会组织

一方面，虽然教育协同治理的理念在不断深入和普及，但是由传统的官

僚化行政管理体制过渡到教育协同治理仍需时日。在目前的公共教育服务体系中，主要的治理权力仍然集中在政府部门，教育行政机关没有下放足够的服务权和委托管理的权限，往往对公共教育中具体的微观事务干预较多。这是当前教育治理过程中面临的普遍问题，对教育社会组织的发展也同样如此，政府的“越位管理”使得社会组织在发展过程中存在顾虑，无法开展相应的尝试与创新。在调研中笔者也发现，虽然研究院是盐湖区课程顶层设计的重要参与者，但是整个项目最终的主导权，包括决定重大事务、推进项目进度和开展监督检查等工作还是主要由区政府把持，学校在面对问题时也更倾向先听取区政府管理部门的意见，研究院相比政府来说是处于主动配合与补充的一方。

另一方面，教育行政部门在引入社会组织参与教育治理的过程中目标有所偏差，从政府角度更关注的是在短时间内采用行政手段牵头学校与社会组织开展合作，通过资源的联结、资金的输入直接提高当地的教育质量和水平，而忽略了教育事业是具有长期性和渐进性的工程，相对来说成效较慢，需要全程的政策保障和资金支持。当政府以一种短视的目光看待社会组织参与的协同合作，缺乏长远的发展规划时，就不愿意为社会组织的参与投入太多支持与关注，也会对合作的效果和质量带来阻碍。“我们（研究院新样态学校项目）类似于一个项目打包负责的形式，特别是在费用经费上，会有一些阻碍。因为我们所有的途径都要正规化，走正规的政府招标流程，虽然本身我们在这方面口碑做得比较好，但是，在这个知名度上还差一些，所以在费用支持这方面还是有一些困难，一些政府不愿意也不敢投入太多经费。所以除了政府购买服务的，也有学校自己省下来的经费来做专项经费与我们合作的。”（研究院负责人 H）

（二）学校与社会组织

身处多方协同合作的场域内，作为合作中的重要主体学校也面临着权力分配的不均衡问题，需要与社会组织建立有效的沟通机制。地方教育行政部门领导、研究院负责人和研究院专家相对来说是支配者，而中小学负责人和教师相对来说是被支配者，在合作过程中容易产生依赖心理，认为研究院和政府机构负责制定和领导决策，而自身仅仅开展执行工作即可，难以调动积极性和主动性。

在盐湖区的案例中，学校是通过主动向教科局申请的方式进入项目的，因此，有良好的行动力，愿意与研究院开展合作。但在一些地方，政府购买研究院服务时并没有切实了解所管辖学校方面的合作精力与合作意愿，学校态度消极，难以达成合作，也导致了双方的一些矛盾。“有的校长把这件事情当作是教委给他们硬派下去的任务，他自己不愿意做。所以即使是专家和研究团队到了他的学校，他仍然是一副比较应付的态度。虽然我们帮他们构建出了体系，校方在现场也表现得比较积极，但是后续的工作仍然不落实，完全当作当地教委给他们硬派了这样一项工作。”（研究院特聘专家 Y）

同时，由于研究院和大学专家的工作常常以学术性和研究性为主要特征，倾向于从理论层面看待问题和解决问题，而中小学则更关注实践性与日常性。所以说，社会组织给出的指导意见较为宏观，没有具体的针对性，欠缺对学校和基础教育实际的细致考察。如果在协同过程中难以有效沟通调和，就会引发矛盾，阻碍合作进程。这一定程度上影响了社会组织参与教育协同治理的有效性，导致协同合作效果不佳。正如 A 小学校长在访谈中谈及的：“在实施层面上会出现许多的矛盾，有大矛盾、小矛盾。如在研究院这一方，他们的工作推进和学校的工作推进状态不同，因为他们毕竟是站在上层，站在领导层，他们不接触学生实际，所以他们在布置工作的时候，相对来说考虑得不是很全面。他是从他们工作推进的角度来做工作的，我们就不一样了。我们第一是考虑推进，第二我们还考虑老师和学生的基础，家长的这种观念的转变，最主要是要考虑学生最后测评要落到什么程度。还有我们师资的配置，我们课时量的这种矛盾。因为进行了这种大的课程改革之后，课时量需要重新分布，国家课程和校本课程之间的课时矛盾，孩子的时间精力分配等，这些都是问题，他们不会考虑这么细，我们在操作层面上遇到了这些问题。所以在这个过程中产生矛盾是不可避免的。”

二、政策层面：“双重管理”与管理缺位

自 20 世纪 90 年代以来，教育社会组织的培育和发展已经在国家政策层面得到了肯定，但是纵观国家出台的一系列重要政策文件，包括《中国教育

改革和发展纲要》(1994)、《民办教育促进法》(2003)、《关于深入推进教育管办评分离促进政府职能转变的若干意见》(2015)、《国务院关于鼓励社会力量兴办教育促进民办教育健康发展的若干意见》(2016)可以看到，相关社会组织管理内容主要以方向性的鼓励和指导为主，而具体的操作性意见很少涉及，对于教育中介组织、行业组织、社会组织等的分类标准尚不明确、准入门槛比较模糊，没有对其相应的权利与义务做出明确规定。

尤其是民间教育类组织很难通过制度性渠道获取一个合法的身份，2016年中共中央办公厅、国务院办公厅印发的《关于改革社会组织管理制度促进社会组织健康有序发展的意见》中，虽然提出要“稳妥推进直接登记”，但同时也强调“完善业务主管单位前置审查”，现实中大部分社会组织依然要向政府下属的单位或机构注册，并接受业务主管单位的管理。实际上，很少有政府相关单位愿意成为这个业务主管部门，无法给予有效的身份认证支持，让社会组织的登记注册时间拖延很久。于是，虽然有少部分教育社会组织在开展活动但仍未有合法的身份，还有的社会组织则选择在工商部门登记注册。在访谈当中，笔者了解到目前立言教育研究院是一个民办非企业单位，虽然取得了一个合法身份，但是非营利的性质也使得其生存发展面临困境。“我们虽然现在是一个非营利性的单位，但是我们除了研究院以外，还开设了其他的一些以营利为目的的公司。现在咱们成立研究院的话，在民政局申请备案的都是属于非营利组织，但是如果你想要存活和运转的话，你必须有其他的一些公司或者产业来维持。”(研究院负责人 H)

此外，教育部办公厅下设的社团管理办公室是目前教育类社会组织的对口领导机构，但其行政级别较低，并不具备在全国范围内跨部门、跨地域统筹社会组织参与教育改革的领导权，只能转发民政部民间组织管理局的相关政策文件，很难涉及社会组织参与教育改革的具体行为及政策鼓励。① 政府针对社会组织的“双重管理”与管理缺位现状，首先，会加大管理难度，出现政出多门和权责不明确的现象，不能有效地引导社会组织发展，提升其服务质量。其次，这样尴尬的法律地位对于社会组织的发展也产生了巨大的阻

① 何珊云. 社会组织参与教育改革的政策鼓励体系及其创新［J］. 教育发展研究，2014，34（17）：51-55，64.

碍，“先天独立性不足”的特征使其在筹集资金方面的合法性受到质疑，举办活动难以取得相关机构的信任与许可，导致教育社会组织的发展活力不足，社会影响力不大。最后，模糊的指导性条文也使得社会组织在参与教育治理的过程中责任与义务难以划定，边界不清，进而引发与其他治理主体的冲突与矛盾，导致治理力量过度分散，出现重复性治理等问题。

三、发展层面：内生式和外部性动力不足

（一）社会组织内生式发展动力不足

一方面，组织管理中存在问题。我国非政府组织的发展经历了国际非政府组织的进入、官方非政府组织的兴起以及各类草根非政府组织的兴起与发展的不同历史过程。① 在教育治理领域也是如此，1958 年联合国儿童基金会在中国贫困地区开展的社会发展项目是最早的实践。我国行政管理体制的历史，加之严格的审核登记门槛决定了教育社会组织很难从下而上自发地“发育”出来，政府背景的教育社团、学会、基金会等机构在当今社会组织参与教育治理的领域当中占有巨大比例。但是由于与政府部门的特殊关系，此类社会组织在资金来源、参与方式和管理体制上都严重地依赖政府，直接导致社会组织的管理人员处于边缘状态，缺乏足够的管理控制权，丧失了自身的独立特性。

还有一部分发端于民间的草根社会组织，相较于国际运营成熟的教育社会组织来说，发展时间较短，内部组织和运营机制不够完善，尤其是财务管理、人事管理制度都存在着一定的缺陷，这在很大程度上影响了社会组织在教育治理当中的运作效率。在立言研究院的调研中，负责人也直言目前在管理上面临的困境，尤其是资金方面存在的困难：“像我们这个组织，它是国家没有拨款的，就是所有的发展经费全都都是靠自己……就是完全是靠自筹。我们旗下还有一个销售型的公司，主要是负责教育产品的一个打包销售，包括一些亲子活动、研学活动等，都是对研究院的一个支撑和补充。”

---

① 杨轶华. 非政府组织参与农村教育贫困治理研究［J］. 社会科学辑刊，2017（1）：72-78.

另一方面，人力资本匮乏。目前，我国教育类社会组织的高层管理人员大部分都是挂名兼职，只有少部分中层管理人员和项目工作人员以专职为主，具体开展行动时比较依赖志愿者的义务奉献。尤其是管理层人员一般缺乏相关的社会工作背景或教育理论背景，具有较大的流动性，直接导致社会组织在长远规划、项目的实施、组织章程建立等一系列问题中受到影响。同时，由于社会组织自身的资金有限，与所提供工作岗位的薪资相比无竞争优势，加之缺乏相应的激励机制和福利待遇，导致高素质人才难以进入教育类非政府组织长期稳定的工作，陷入人力资源困境，不利于教育社会组织的持续性发展。

（二）社会组织外部缺少有效的外力支持

首先，在很长一段时间内，我国缺少发展公民社会的良好土壤，在公共服务过程中公众已经习惯被动地接受，而不是主动积极地参与，在公共领域里“长期的沉默”导致真正意义上的“开口说话”还需要一个长期的过程，而这个过程需要政府“给予其机会发言”“让其学会发言”“让其敢于发言”“让其习惯发言”。对于教育社会组织的发展同样如此，社会大众对教育社会组织的存在缺乏认识，很多人认为教育就是学校和政府的事情，对于协同治理的理念更难以理解，加之近年来教育公益事业当中的腐败事件屡屡见诸报端，进一步加剧了社会对教育社会组织发展的不信任感，挫伤了社会组织参与教育治理的积极性。

其次，政府对公共教育问题的“大包大揽”依旧存在，受传统政治管理惯性的影响，同样存在着对社会组织的“不信任感”，导致社会组织参与公共教育治理的行为也只是游离在政府与市场边缘，特别是一些草根组织，只能为政府承担一些拾遗补阙的工作，缺乏公共教育事务中不同治理主体间的交流与互动。同时，政府也很少为社会组织开辟合法的建言献策渠道，具有政府背景的社团、学会、研究会等自主性不足，“向上”负责比“对下”服务的动力强得多，而民间的机构只能更加依赖大众传媒、出版等方式表达自己的不同观点，通过社会舆论间接地参与教育决策过程，也使得社会组织的参与积极性受到影响，进一步难以让协同治理当中的教育社会组织的效用真正得到发挥。

四、对策和建议

（一）完善政策标准

首先，虽然《国务院机构改革和职能转变方案》中已经提出“对优先发展、重点培育的慈善公益类、社区服务类、经济协会类以及科技类的社会组织无须业务主管部门审查统一，而直接可以在民政部门进行申请登记”，自顶层设计和思想观念上有所突破，但具体操作中仍然是“双重管理与直接登记并行”的情况，大部分社会组织难以获得直接登记的资格，仍需挂靠政府机构，并未有实质上的改变。因此，在针对社会组织的准入门槛方面，政府需要更为详尽的操作细则，在划定清晰的准入标准之后，为符合条件、有意愿参与教育事业的社会组织提供相对独立的合法身份。

其次，针对社会治理协同的法治建设要针对开展社会治理协同所必需的一系列外部条件和环境，如对基础设施建设等硬件环境和有关制度建设的软环境进行立法，从而为社会治理协同的健康发展打下法治基础。① 目前，许多国家关于教育社会组织的立法，基本上是采取分散立法的模式，教育社会组织的立法散见于各种相关行业的专门立法之中，我国也不例外。政府部门，尤其是教育主管部门应进一步细化教育社会组织在性质属性、工作评估、行为规范、奖惩措施等方面的细则和标准，为社会组织提供可操作性的改进依据；同时要尽可能地为优质教育社会组织从制度、资源及项目上给予优惠待遇，提高教育协同治理的质量，节约社会治理的成本。

最后，国家需要建立较为合理、科学的教育协同治理制度，要为社会组织搭建自上而下制度化的参政议政渠道，使其能够按照法定程序参与教育政策和法规制定当中来，监督政策实施过程，评价政策实施效果。

（二）打造协同治理平台

首先，政府的观念转变是关键。约翰·克莱顿·托马斯（John Clayton Thomas）在《公共决策中的公民参与》一书中指出：“在任何公民参与的过程中，公共管理者的首要任务就是决定公民参与的程度，即究竟需要不需要

① 邵静野. 中国社会治理协同机制建设研究［D］. 长春：吉林大学，2014.

公民参与？如果需要，应该如何确定公民参与的广泛程度？应该与公众分享多少决策权力？”① 在教育协同治理方面，也需要政府厘清以上问题，重新对社会组织进行定位，二者应是长期的合作伙伴关系，而不应简单地认为社会组织只是政府教育部门的助手。应当将非政府组织作为政府教育职能的分解对象之一，有计划、有步骤地把一些工作转移给社会组织，政府的职责是做好在这个过程中的服务与监督工作。为实现这样的目标，社会组织和政府之间应该确立一些基本准则，以协议或实施方案的形式固定下来，既保障非政府组织的相对独立性，又能保证政府部门全程监控工作的质量和效果。

其次，在转变观念的同时创造协同机会。虽然社会组织已为国家治理教育改革“志愿”分担了许多责任，但非政府组织成为成熟稳定的民间进步力量参与治理，自身仍需要发展②，这个过程当中需要政府有所作为，在充分调研的基础上，尝试向社会组织转移更多教育改革的任务，从而形成有利于动员社会组织全面参与教育改革的协同治理机制，积极牵头教育社会组织与企业、学校开展良好的合作，依托社会力量的专业优势和服务优势提升教育资源的有效配置，激活教育市场。研究院特聘教授 Y 在访谈时也提道：“我希望今后的教育协同治理当中，地方教研室可以发挥更大的作用。因为现在看来在整个这种新产品的引进，新思想的植入，新方法的传播上，研究院等中介机构发挥了很大的作用，一般来说都是研究院跟当地的教育局谈，教育局的领导如果认可，就会让教研室协助中介机构去落实。其实本来应该是教研室更为了解当地中小学需求，主动寻找教育研究机构去跟他们合作，然后由他作为中间的联络人，把这样的合作方和当地的教育局、中小学牵在一起，政府教育部门、教研室应该成为发动机，发挥更大的作用。”

（三）加强社会组织内在修炼

在政府及相关部门积极帮助社会组织“外在培育”的同时，社会组织自身加强“内在修炼”才是最重要的工作。只有社会组织有能力参与解决一些

---

① 约翰·克莱顿·托马斯. 公共决策中的公民参与［M］. 孙柏瑛，等译. 北京：中国人民大学出版社，2014.

② 何珊云. 非政府组织与教育改革政策治理机制创新——以 21 世纪教育研究院为例［J］. 教育发展研究，2011，31（21）：18-21.

长期性、重难点教育问题，满足政府教育部门未能或不能满足的需要，才能够获得政府行政部门和社会舆论的认同，进而争取生存和发展的空间。

一是要提升内部管理能力。社会组织要在明确组织定位的基础上，完善内部管理体系，健全运营机制，不断提升资金筹措和项目运作的能力，同时，将社会组织的使命与教育理想、教育发展规律及发展趋势做到有机结合，形成自身鲜明的组织特色和发展目标。如我国著名的教育公益事业希望工程，在 20 世纪 90 年代为促进我国农村贫困地区基础教育事业发展方面做出了重大贡献，面对时代的变化，它的发起者和组织实施者中国青少年发展基金会“提出在 2000 年以后对希望工程的工作重点进行战略转移”，这种战略转移既是对我国教育发展趋势——从“有学上”到“上好学”——的及时反应，同时也以行动表达着组织对教育公平理想的不断追求 。①

二是要提升专业水平。要提升组织成员参与协同治理的能力和素质。在加强对已有内部成员的继续教育与再培训的同时，也要通过解决社会组织工作人员就业和相关社会保障等问题，建立社会组织自身的人力资源管理体系和相关的制度规范，吸引具有专业知识的高素质人才加入管理队伍，充实组织的专业结构，进一步提高公共教育的治理水平。

三是要将运营过程公开透明。在教育协同治理当中，社会组织既是监督者，又是被监督者，要重视公众的知情权和监督权，开展信息公开工作，一方面，向社会公众公开财务运营、项目管理等方面的信息，主动接受监督；另一方面，社会组织也要完善评价和监督机制，在提供教育服务后建立反馈渠道，通过评估检验项目开展的质量与成效，并建立和发展自我监督和自我评价机制，提升工作质量。

四是要积极开展跨界互动。社会组织存在于教育治理关系网络中，又参与着整体治理关系网络结构的形成，互动力是在这种多重责任治理网络与多元治理需要中形成的一种力的架构。② 社会组织在具备相应的治理主体能力

① 于海峰，曹海军，孙艳. 中国语境下非政府性教育中介组织研究［J］. 清华大学教育研究，2011，32（4）：73-78，91.

② 龙永红，汪霞. 社会组织参与教育治理的主体性及其建构［J］. 现代教育管理，2018（8）：25-30.

之外，还要具备整体性治理的视野，开展跨界互动，形成合力，进一步推动和完善教育协同治理的机制。调研中，研究院负责人也坦承目前面临着转型压力，探索出的一条重要出路就是积极走出去，与各方开展互动。目前，研究院已经与中国教育科学研究院、南充市蓬安县、聊城东昌府区、荆门市掇刀区等政府教育部门建立了良好的合作关系，举办了包括新样态学校论坛、主题阅读实验年会暨学校课程顶层设计高峰论坛、核心素养论坛暨“主题阅读课题实验研究”成果展等一系列大型活动，力图联结各界力量，携手激发教育活力，实现教育协同治理的最佳效果。

第六章

社会组织如何促进农村学校特色发展

第一节 研究背景与意义

一、研究背景

（一）农村义务教育学校布局调整政策的变化

2001 年 5 月，国务院发布《关于基础教育改革与发展的决定》，文件指出："因地制宜调整农村义务教育学校布局。按照小学就近入学，初中相对集中、优化教育资源配置的原则，合理规划和调整学校布局。农村小学和教学点要在方便学生就近入学的前提下适当合并，在交通不便的地区仍需保留必要的教学点，防止因布局调整造成学生辍学。学校布局调整要与危房改造、规范学制、城镇化发展、移民搬迁等统筹规划。调整后的校舍资产要保证用于发展教育事业。在有需要又有条件的地方，可举办寄宿制学校。"

但是在具体执行的过程中，地方政府出于政绩工程、缩减支出等方面的考虑，无视"方便学生就近入学"的前提，撤并了大量农村小规模学校，由此校车安全、大班额等问题引起社会广泛关注。

2012 年 9 月，国务院办公厅发布文件《关于规范农村义务教育学校布局调整的意见》。该文件的发布标志着持续 10 余年之久的"撤点并校"运动的结束，我国的农村教育从此进入了"后撤点并校时代"。《关于规范农村义务教育学校布局调整的意见》指出："已经撤并的学校或教学点，确有必要的由当地人民政府进行规划、按程序予以恢复；对保留和恢复的村小学和教学点，要采取多种措施改善办学条件，着力提升教学质量；解决学校撤并带来的突出问题。”至此，农村小规模学校的恢复与发展建设成为学术界探讨的重要议题。

（二）新时代教育发展的要求

党的十九大报告指出，中国特色社会主义进入新时代，我国社会的主要矛盾转变为人民日益增长的美好生活需要和不平衡不充分的发展之间的矛盾，具体到教育领域就是人民日益增长的优质教育需求与教育事业发展不平衡不充分之间的矛盾。教育公平和教育质量问题相互交织，构成了我国未来教育发展的基本格局。

习近平总书记指出：“教育公平是社会公平的重要基础，要不断促进教育发展成果更多更公平惠及全体人民，以教育公平促进社会公平正义。”①我国基础教育的基本目标是发展公平而有质量的教育，而农村学校的发展与建设无疑是保证偏远农村地区的学龄儿童受教育权的最后防线，基于此，对农村小规模学校建设与发展的研究是适应我国新时代教育发展要求的积极探索。

（三）农村小规模学校自身发展的需要

农村地区的小规模学校一直是“小而弱”的代名词。从地理位置上看，学校一般地处偏远且经济落后的地区，因此教学设施较为落后；从学校规模上看，学校的学生和教师人数很少，因此会出现开不齐课、开不足课等情况。小规模学校要想获得发展，无非两条途径：外来帮扶和内生发展。外来帮扶是指学校依靠政府财政支持、社会爱心救助等传统意义上的帮助；内生发展是指农村小规模学校凭借自身的改变，实现学校的特色转型，进而吸引学生回流、社会关注。而这种内生式的发展离不开文化建设的作用，更与学校的文化价值取向息息相关，例如，“撤点并校”政策秉持的是经济效益取向，农村小规模学校内生性发展遵循的则是教育学、社会学等文化价值意义

---

① 习近平. 全面贯彻落实党的教育方针　努力把我国基础教育越办越好［N］. 人民日报，2016-09-10.

上的人文取向。“学生人数少”这种传统意义的劣势从另一个角度来看，就为因材施教、个性化教学提供了便利。教师可以进行启发式教学，如此一来也可以更多地关注每个学生的综合发展情况。

因此，针对农村小规模学校这种现实需要，我们尝试从学校文化建设的角度切入，探究农村小规模学校是如何通过与大学开展合作实施文化治校策略，从而获得自身特色发展的。

二、研究意义

（一）理论意义

2008年，随着“城乡一体化”作为国家发展战略被提出，“城乡教育一体化”也成为学术界研究的热点①，很多学者开始了对农村学校发展的研究。在针对农村学校所开展的研究中，对农村学校发展面临的困境及改进办法、农村教师的流动制度及发展制度、农村寄宿制学校的发展状况讨论较多；对农村学校的文化建设虽有涉及，但多为农村学校面临的文化困境以及解决措施或者是针对某一所学校的特色文化进行的个案研究；对农村学校与大学合作探索学校文化体系建设的研究较少。本研究从农村学校与大学协同治理的角度出发，探究农村学校是如何通过与大学合作，建设学校文化体系，重构与落实特色课程体系的，从而为农村学校的研究提供一些积极借鉴。

农村小规模学校作为农村地区学校的重要组成部分，一直是学术界的热点话题。本研究以北京市昌平区农村地区的A小规模学校为案例，探讨学校文化建设与课程体系构建对农村学校发展的积极意义。

首先，小规模学校积极进行文化建设方面的探索，发展自身特色，从而实现学校的内涵式发展，是对教育现代化的有益探索与尝试。小班教学更有利于因材施教、个性化培养，随着中国社会的不断发展，小班教学在未来必定会成为基础教育的主要形式。因此，农村小规模学校先行探索如何通过学

① 褚宏启. 城乡教育一体化：体系重构与制度创新——中国教育二元结构及其破解[J]. 教育研究，2009（11）：112-115.

校的文化建设使学校获得更好的发展，可以为基础教育的整体发展提供理论借鉴，有利于更好更快地推进我国的教育现代化。

其次，虽然关于小规模学校的研究硕果累累，但是对农村小规模学校文化体系构建、课程体系的构建与实施方面的研究不够深入。在关于小规模学校的研究中，针对学校发展面临的困境以及相应解决措施的研究较多，关于学校文化体系构建与实施方面的研究则非常少。本文通过对农村小规模学校的实地调查研究，旨在深入挖掘通过学校文化体系的构建与实施，农村小规模学校如何进行内涵式的发展，从而形成自身特色，实现“逆转”的过程，为小规模学校的研究提供新的思路。

最后，以往对农村小规模学校的研究多是针对贫困偏远地区的学校，本文选择位于北京地区的 A 小学为案例研究对象，一方面，是想说明在教育和经济都非常发达的地区仍然存在农村小规模学校，从而可以证明现在对农村小规模学校的研究是非常有意义的；另一方面，本文也试图为发达地区农村小规模学校的研究提供一些积极借鉴与有益尝试。

（二）实践意义

2018—2022 年是我国实施乡村振兴战略的第一个五年，乡村学校的发展无疑可以为乡村振兴战略提供抓手。此外，2019 年印发的《中国现代教育规划 2035》提出的八大教育理念中就包括“因材施教”和“知行合一”理念，文件提出，到 2035 年，我国要总体实现教育现代化，迈入教育强国行列，成为学习大国、人力资源强国和人才强国，为到 21 世纪中叶建成富强民主文明和谐美丽的社会主义现代化强国奠定坚实基础。因此，研究农村学校的文化建设，探究农村学校更好的发展模式，可以为乡村振兴战略助力，有利于加快中国整体的教育现代化进程。

农村小规模学校作为农村学校的重要组成部分，是研究农村教育必不可少的一环。一方面，研究农村小规模学校文化建设，能够进一步推动小规模学校的发展，提高教育质量，促进教育公平；另一方面，研究农村小规模学校的特色建设，有助于促进国家课程、地方课程和校本课程之间的相互融合，有利于学校课程建设的完善与发展，促进学校的特色化发展，为探索小规模学校的特色发展提供有益尝试。

第二节 核心概念

一、农村小规模学校

2016年11月，国务院颁布《进一步完善城乡义务教育经费保障机制的通知》，文件中明确指出："加快探索建立乡村小规模学校办学机制和管理办法，建设并办好寄宿制学校，慎重稳妥撤并乡村学校，努力消除城镇学校'大班额'，保障当地适龄儿童就近入学。"这是中央的政策文件中第一次出现"小规模学校"这个概念。学者一般把人数不足100人的学校称为小规模学校。雷万鹏认为"小规模学校主要分布在农村地区，包括不完全小学和部分完全小学"①。杨兰认为小规模学校是100人及以内，教学班额不足30人的村校。② 在《关于规范农村义务教育学校布局调整的意见》中，国务院办公厅指出："对学生规模不足100人的村级小学按100人核定公用经费。"由此可见，官方文件也将小规模学校的人数限定为100人以下。因此，本节将农村小规模学校界定为在农村地区设立的人数不足100人的学校。

二、学校文化

H. 舍恩（1985）认为组织文化是看待、思考组织内外存在问题的一种方法，领导者可以用其指导组织中的新成员。同时，组织成员的价值观等也会受到组织文化决定性的影响。③ 除此之外，组织文化常被视为所有组织成员共有的信仰和期望。组织成员为人处世的准则与处世哲学、同世界交往的

---

① 雷万鹏，张雪艳. 论农村小规模学校的分类发展政策［J］. 教育研究与实验，2011（6）：7-11.

② 杨兰，张业强. "后撤点并校"时代小规模学校的复兴［J］. 教育发展研究，2014（6）：68-72.

③ 罗伯特·G. 欧文斯. 教育组织行为学［M］. 窦卫霖，等译. 上海：华东师范大学出版社，2001：194.

方式方法等都包含在内。①

学校属于教育组织，所以学校必然有其独特的组织文化。学校全体师生共同创造和经营的文明、和谐、美好的教育生活方式即为学校的组织文化，包括教师文化、课程文化、学生文化、课堂文化、管理文化和环境文化。鉴于此，我们可以认为学校文化就是学校生活的全部和本身。② 谢翌、丁福军认为学校文化建设主要包括三大任务：寻根、聚魂、布道。首先，通过局内人的讲述找到学校的"文脉"所在；其次，找到共享的意义，聚合成学校的"核心价值观和信念"，以此作为学校发展的精气神；最后，基于学校文化的"魂"进行相应的课程规划，让学校文化彰显、扎根于学校的教育实践之中，使课程成为学校文化的核心路径和主要通道。③ 顾明远认为学校文化是一种从属于整个社会大的文化背景下的亚文化，是全体师生所进行的教育活动及其成果的总和，包括物质、制度、精神、行为等方面。④

虽然对学校文化尚未形成统一定义，但是已有的研究普遍认为学校文化主要包括以下三个方面：办学理念、课程体系建设、制度建设。所以在本研究中对学校文化做出如下定义：学校教师（包括校长和其他教育工作人员）以国家的教育政策为基础，结合全体学生的成长规律和学习规律，积极主动地创造，经过全校师生共同长时间的教育实践积累沉淀所成的，以办学理念为核心、以课程体系构建和制度建设为框架的一整套行为模式。

三、U-S 合作

合作是基于双方同时发生的、共同的利益，需要双方付出努力和投入的平等互惠的过程。合作双方基于合作目标和远景达成的共识、关于不同的价

---

① D. 赫尔雷格尔，等. 组织行为学［M］. 俞文钊，等译. 上海：华东师范大学出版社，2001：822.

② 张东娇. 学校文化建设成就美好教育生活［J］. 中国教育学刊，2019，312（4）：54-58.

③ 谢翌，丁福军. 寻根、聚魂与布道：基于"听见"的学校文化建设［J］. 教育发展研究，2018（4）：71-78.

④ 顾明远. 论学校文化建设［J］. 西南大学学报（社会科学版），2006，32（5）：67-70.

值观的相互沟通和磨合、双方权力和关系的重构都是合作得以成功开展的关键。① 大学和中小学以中小学作为合作的基地，进行合作建设。通过双方的合作交流，教师获得专业技能的提升，中小学和大学获得更好的发展。②

那么U-S合作何以成为可能呢？张翔和张学敏认为协商性的交易是U-S合作的本质，双方必须有共同利益才能够共同生存。大学可以帮助中小学进行学校组织的更新，通过培训指导带来教师的改变和学生学习成绩的提升；中小学对于大学教师教育一体化的革新与教师教育的转变有着重要意义。双方各自的优势使彼此合作成为可能。③

因此，本研究将U-S合作解释为：以中小学为实践基地，双方依据一定的规范和原则，大学（主要是教育系以及教育学院）发挥自身的专业优势和学科优势，中小学提供现实的实践场域，双方人员进行不断的沟通交流与协商，进而使中小学在学校办学水平、文化体系构建和升级、课程与教学变革中取得明显的提高和发展的过程。

第三节　研究基础及相关理论

一、有关学校效能和学校改进的研究

学校改进是学校组织的系统变革，包括办学目标、战略规划、组织架构、课程体系等方面。④ 哈格里夫斯和芬克认为有效的教育变革应符合三项

① 王建军，黄显华．教育改革的桥梁：大学中小学伙伴合作的理论与实践［M］//黄显华，朱喜颖．一个都不能少：个别差异的处理．上海：上海科技教育出版社，2003：213-242.

② 傅树京．大学与中小学合作发展：理念及实践［J］．辽宁教育研究，2003（5）：69-71.

③ 张翔，张学敏．教师教育U-S共生性合作的发生机制探究［J］．教师教育研究，2012，24（1）：29-34.

④ 褚宏启．基于学校改进的学校自我评估［J］．教育发展研究，2009（24）：47-53.

标准：深度、长度和广度。① 因此，仅改善学校的物质条件是浅层次的变革，只有触及制度层面和文化层面的变革才是深度的学校变革。

第二次世界大战结束之后，返工人员的安置和雇佣以及此后的婴儿潮，导致了20世纪70年代涉及课程变革、制度变革等方面的教育动荡；20世纪80年代，玛格丽特·撒切尔政府推行公共管理改革，由此催生了学校改进运动，与此同时，在《国家在危机之中：教育改革势在必行》一文发表之后，美国也掀起了全国性的学校改进浪潮。②

谈到学校改进，自然无法避开学校效能。罗纳德·埃德蒙兹作为学校效能运动的先驱，认为学校具有效能的五个表现如下：校长具有领导力、教学重点广泛、有序和安全的教学氛围、学生的高期望值、具有明确的学生的成绩评估标准。此后，以埃德蒙兹的理论为基础，美国学校效能的研究更加深入，并不断影响世界其他国家。在认识到学校管理人员和专家应该就学校效能问题聚在一起讨论的重要性之后，国际学校效能与改善大会创建了。参会人包括学校运营的投资人、学校系统的负责人和大学的研究人员，他们会帮助那些经过理论检验的学校转型。③

郑贤昌和谭伟明回顾了亚洲学校发展与改进的历程，认为亚洲学校效能与改进可以总结为：三大教育改革浪潮、九种趋势和挑战。三大浪潮包括：有效的学校运动、优质/有竞争力的学校运动、世界一流的学校运动（图6-1）。20世纪80年代以来，随着基础教育系统的扩展，亚洲的许多教育工作者开始关注学校内部的改进，例如，学校管理、教师素质、课程设计、教学方法、评估方法、设施和教学环境等方面，意在增强学校实现教育目标和课程目标的有效性。20世纪90年代，以提高利益相关者的满意度为主要目的的教育改革浪潮兴起，质量保证、父母和社区参与治理、问责机制、满意度

① HARGREAVES A, FINK D. The Three Dimensions of Reform [J]. Educational Leadership, 2000, 57 (7): 30-33.

② TOWNSEND T. International Handbook of School Effectiveness and Improvement [M]. Berlin: Springer Netherlands, 2007.

③ BEARE H. Four Decades of Body-Surfing the Breakers of School Reform: Just Waving, Not Drowning [M] // TOWNSEND T. International Handbook of School Effectiveness and Improvement. Berlin: Springer Netherlands, 2007.

调查成为这一时期的关键词。20世纪末到21世纪初，为了使年青一代更好地应对信息时代的挑战，亚洲地区的教育决策者及利益相关者敦促教育模式转变，在学校教育中更加突出多元智能、本地化和个性化。

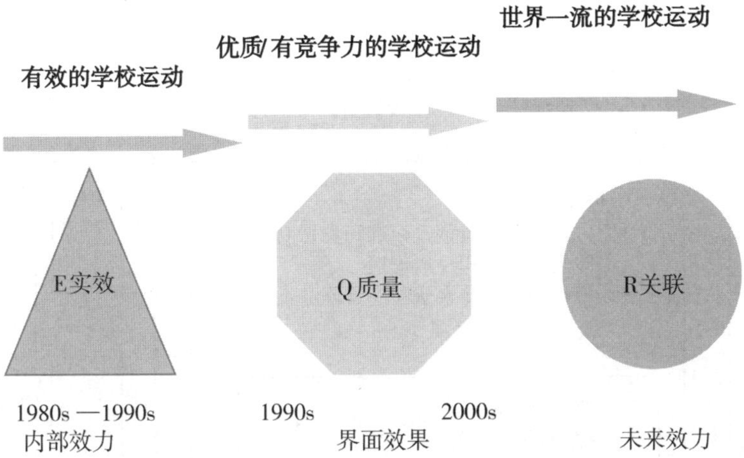

图6-1 学校效能与改进的三大浪潮

亚洲学校效能与改进的九大趋势主要集中于第二、第三次教育改革浪潮之中，如图6-2所示。

中华人民共和国成立之初，中国面临经济和技术的双重困境，短时期内急需合格的科学家和技术人员，因此，在1953年，中央政府确定了194所“重点学校”，这些学校仅占到当时全国学校的4%。① 有限的教育资源向“重点学校”倾斜的后果就是20世纪80年代中期全国将近40%的中小学被确定为弱势群体。随着国民经济的改善与《中华人民共和国义务教育法》的颁布，中央政府也意识到了学校发展的不平衡问题。1989年，普通学校的有效性问题，特别是处境不利的学校的发展问题，被列入教育部的议程。② 1998年

① LI L. Talking about education: Interview with Li Lanqing [M]. Beijing: People's Education Press, 2003.

② ZHANG D. Providing good education for every student [M]. Beijing: Education & Science Publishing House, 2004.

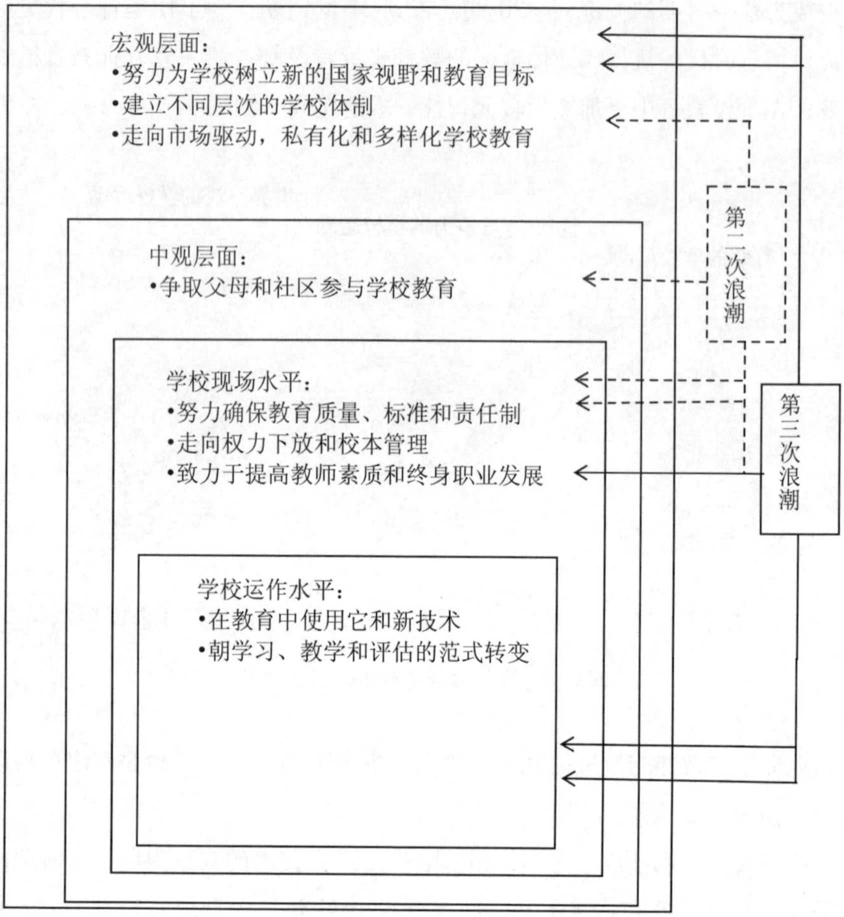

图 6-2　学校效能与改进的九种趋势①

11 月，教育部印发《关于加强大中城市薄弱学校建设，办好义务教育阶段每一所学校的若干意见》，文件从资金、入学政策、人员分配、教师发展等方

① CHENG Y C，TAM W. School Effectiveness and Improvement in Asia：Three Waves，Nine Trends and Challenges［M］// TOWNSEND T. International Handbook of School Effectiveness and Improvement. Berlin：Springer Netherlands，2007.

面出发，提出了旨在改善弱势学校不利处境的措施。① 首先，中央政府和各地政府建立基金会以支持弱势学校的发展。例如，从 2002—2005 年，上海向当地的 194 所弱势学校提供了 11 亿美元的资金支持。② 其次，取消基础教育和中等教育的重点学校制度，学生在小学毕业之后到附近的中学继续学习。最后，教育部在 2003 年建立了咨询服务网站，以便更好地为学校和地方教育局提供服务。同年 9 月，国家教师网络计划（NTNP）在北京启动，在线课程和演示文稿是由中国最著名的八所大学中的教育专家和教授准备的。除了上述举措，关于教师发展的创新方法也值得我们关注，例如，“大名师工作室”方法、“主题高原”方法、“跨区支持”方法、区际伙伴关系等。③

中国台湾地区以 1994 年 4 月 10 日的大游行④揭开了近 20 年的教育改革浪潮，同年六月召开了第七届教育大会，会议明确了减轻学生入读高等学校的压力以及放宽教育两个目标，“教育改革委员会”同年年底成立。1996 年 12 月发表的教育改革总计划概括了未来 10 年的发展目标，提出了五个改革的方向：放宽教育、帮助每一个学生学习、拓宽招生渠道、提高教育质量以及建立终身学习协会。⑤ 改革强调教育的主要任务是帮助学生发展能力，而非仅仅掌握特定的学科知识。赋予学校权力是这次教育改革的重要特征。学校成为变革的中心，教师成为变革的推动者。1994 年颁布的“教师法”规定建立两个机构——教师审查委员会、教师协会，“义务教育法”及其执行细则的修正案也改变了校长会议的选拔程序和职能，这些政策不光使学校拥有

---

① Ministry of Education (MOE). Reinforcing the development of disadvantaged schools and making every elementary and middle school works in large and medium cities [EB/OL]. http://www.bjsupervision.gov.cn/zcfg, 1998.

② Achievements of the rebuilding advantaged middle schools project in Shanghai [N]. Wen Hui Daily, 2006-01-11.

③ FENG D. School Effectiveness and Improvement in Mainland China [M] // TOWNSEND T. International Handbook of School Effectiveness and Improvement. Berlin: Springer Netherlands, 2007.

④ PAN HL, YU C. Educational reforms and their impacts on school effectiveness and improvement in Taiwan, R. O. C [J]. School Effectiveness and Improvement, 1999, 10 (1): 72-85.

⑤ Council on Education Reform. The concluding report [R]. Taipei, Taiwan: Council on Education Reform, 1996.

更大的自治权，还让教师更多地参与学校决策。课程标准被课程框架取代，教师的角色从课程的实施者变为课程的设计者，新课程的20%由学校的教师自行设计，这是校本管理的一项重要举措。建立学校网络、建立中小学与大学的伙伴关系也是教育改革的方法。台湾教育部门在台湾北部、中部和南部地区建立了三个战略网络，在地方县市也建立了相应的学校网络。不同学校的教师定期与其他学校的教职工分享他们的课程设计，除此之外，每周一还有一次常会，以供网络学校与教育局课程委员会成员之间进行对话，谈论各个战略网络共同关注的问题。2002 年启动的“深耕计划”旨在建立大学与中小学的伙伴关系。在农村地区，这种伙伴关系可以帮助学校和教师重塑自己的当地文化价值。在知识经济和全球化的背景下，农村地区的人们可能处于更不利的地位，因此，基于学校的课程开发可以让学校的教师充分反映当地的价值观，从而消解学生关于自我认知的负面情绪。①

校长的领导和教师的参与在学校的改革中起着至关重要的作用。有领导力的校长会在课程框架的形成过程中扮演协调者的角色，在课程开发的每个阶段都起到一定的促进作用。② 而教师的态度、信念、能力和责任感也关系到改革的成败。研究发现，当教师被要求与同事一起开发新课程时，他们会感到不安。③ 即使学校成立了课程改革委员会，教师们也倾向于独立完成工作，团队合作很少见。另外，教师可能会因为开发新课程而挫伤积极性，从而对以后的工作漠不关心甚至对新课程采取抵制的态度。④ 学校的教师能够

---

① PAN H L. School Effectiveness and Improvement in Taiwan [M] // TOWNSEND T. International Handbook of School Effectiveness and Improvement. Berlin: Springer Netherlands, 2007.

② LIN M D. Curriculum leadership of school principals and school-based curriculum. From theory and policy to implementation on grade1 to grade 9 curriculum [M]. Kaohsiung: Fuwen, 2000: 155-186.

③ FULLAN M, HARGREAVES A. What's worth fighting for in your school?: Working together forimprovement [M]. Buckingham, UK: Open University Press, 1992.

④ CHENG H L. Theory and strategies of school-based curriculum development [M] //PAN H L. School innovation: Theory and practice. Taipei, Taiwan: Xue Fu, 2002: 141-171.

充分认识到新课程的教学目标，但大多数教师认为自己没有执行的能力。①因此，这提醒我们，学校改革要重视教师的处境、信仰和兴趣。

文化环境影响着改革成效。Wei 通过对两所学校的比较发现，在开放氛围中进行改革的学校获得了成功，在保守风格中尝试改革的学校则以失败告终。② 因此，重塑学校文化是建设优质学校的第一步。学校改革要充分了解自身及周边社区的文化底蕴，以此为基础建立支持自我更新的环境。

二、有关大学与中小学合作的研究

U-S 合作追本溯源，最早可以回溯到 19 世纪末期的芝加哥实验学校，该学校由著名教育家杜威创办。U-S 合作可以分为三个阶段：19 世纪末到 20 世纪初，U-S 合作的主要内容是教师培训。中小学为大学的师范生提供实习场所，大学给中小学教师开展课程培训。20 世纪初到 80 年代之前，大学开始介入中小学教育的发展③。20 世纪 80 年代中期后，U-S 合作更进一步，尝试改变教师教育的质量、提升中小学的办学质量，同时实现教育变革。其中最有名的是美国的“专业发展学校”和英国的“教师伙伴学校”。“专业发展学校”的目的包括：为师范生更好地进入教师领域做好准备，为在职教师的专业发展提供培训机会、为教学实践的探究提供场域并且促进学生学习成就的达成。“教师伙伴学校”的目的是在大学和中小学之间建立起合作关系，使二者共同担负起对于新教师（师范生）的培训责任，让学生可以“在学校里花很多时间，学习实际教学经验”。④

美国的大学与中小学合作的三种典型模式为：共生模式、有机关系模式

---

① SU S F. Theory and practice of teaching renewal: An Example of English teaching in junior highschool [M] //PAN H L. School innovation: Theory and practice. Taipei, Taiwan: Xue Fu, 2002: 201-250.

② WEI H C. Constructing a learning school: An action research [M] //PAN H L. School innova-tion: Theory and practice. Taipei: Xue Fu, 2002: 363-401.

③ 伍红林. 美国大学与中小学合作教育研究：历史、问题、模式 [J]. 比较教育研究, 2008 (8): 62-66.

④ 徐娟. 教师发展理念下两种“US 合作模式比较研究”——英国教师伙伴学校和美国专业发展学校 [D]. 南京：南京师范大学, 2007.

和公平交易模式。共生关系以双方具有差异性为合作的基础，以双方都具有奉献精神且合作可以满足双方的利益为必要条件。有机关系模式是施莱提和怀特福提出的，强调合作双方存在共有的问题，只有跨越边界开展合作才能使问题得到解决。① 公平交易模式是古德森和费里塞提出的，该模式围绕两大主题：我愿意付出什么？合作中我能得到什么？因此，合作双方必须真诚，并且随着双方的利益和兴趣的改变，交易过程也会改变。② 巴奥特（Biott）认为执行模式和发展模式是 U-S 合作的两种模式。执行模式又称为专家模式，是以示范教授为主要方式的一种合作模式；发展模式则是相互合作的模式，合作过程中伴随着疑问和讨论等环节。威特福尔德等人将大学和中小学的合作总结为协同合作、共生合作、有机合作三种模式。协同合作是“施与”和“接受”的合作模式；共生合作表现为双方互为“施与方”和“接受方”；有机合作模式表现为双方对于解决共同面临的问题有非常强烈的意愿与积极性。

邬志辉认为 U-S 合作分为专家理论应用式和内部生长的学校改进模式。专家理论应用式，是指按照专家给出的方案、指导和示范执行的实践改进；与传统的专家理论应用模式相比，内部生长的学校改进模式注重实践与中小学的实际需求，认为大学专业人员更多的是扮演服务者的角色，合作的目的是让每一所学校都能变得更好。大学专业人员在内生型学校改进中所发挥的作用是：让实践者的教育信念和心智模式“亮相”、突破教育实践者的常规操作并促使原有框架发生改变、让理论工作者和实践工作者可以共同进步蜕变。③ 吴康宁将 U-S 合作分为以下三种基本类型：利益联合型、智慧补合型、文化融合型（表 6-1）。④

---

① SIROTNIK. School- university Partnerships in Action [M]. NewYork: Teachers College Press, 1988: 14, 191-204.

② GOODSON I, FLIESSER C. Negotiating Fair Trade: Towards Collaborative Relationships between Researchers and Teachers in College Settings [J]. Peabody Journal of Education, 1995 (3): 5-17.

③ 邬志辉. 学校改进的“本土化”与内生模式探索——大学与中小学合作伙伴关系的维度 [J]. 教育发展研究, 2010 (4): 1-5.

④ 吴康宁. 从利益联合到文化融合：走向大学与中小学的深度合作 [J]. 南京师大学报（社会科学版）, 2010 (3): 6-8.

表 6-1 U-S 合作基本类型

	利益联合	智慧补合	文化融合
地位认知	己方为目的 对方为工具	己方为目的 对方未必为工具	双方均为目的 双方不再为工具
身份界定	同伴：我们与你们 两个团队	友伴：我们与你们 一个联队	依伴：我们 一个团队
角色关系	指导与被指导	平等互学	共同创造
关注重心	指标的达成	方法的形成	品质的养成
行动过程	完成任务・一种劳作	弥补不足・一种学习	追求超越・一种生活
力量投入	体力・智力（肢体）	智力・体力（大脑）	生命力（身心）
自身体验	成事	成功	成人
评价内容	工作	能力	精神
适用理论	社会交换	多元智能	和谐共创

在中国，有代表性的 U-S 式学校变革包括：北京师范大学教育系与河南安阳人民大道小学所进行的合作、华东师范大学终身教授叶澜主持的“新基础教育研究”、华中师范大学教育系和湖北的荆门市象山小学开展合作以及北京、石家庄等地区的中小学与首都师范大学教育科学研究院合作设立的“教师发展学校”等。①

那么是什么因素推动大学与中小学开展合作呢？王嘉毅、程岭将 U-S 合作的助推力概括为：推动教师教育的发展、学校发展及课程改革的需要、为小学排忧解难、大学职能的应然和专家工作的常态②；李静则认为对大学来说，U-S 合作项目可以使大学教师加深对基础教育的研究力度，从而可以有

① 杨小微. 转型与改革——中小学改革与发展方法论［M］. 武汉：湖北教育出版社，2004：144-150.

② 王嘉毅，程岭. “U-S” 合作及其多元化模式建构——兼述第五届两岸四地“学校改进与伙伴协作”学术研讨会［J］. 教育发展研究，2011（20）：45-49.

理论研究—实践训练—反思提升的过程，对中小学来说，可以通过加盟专业发展学校获得外援的配套资金、理论指导、技术支持和教育资源，从而促进学习型教师团队的形成，实现学校的特色发展，提高学校的办学水平。①

但是我们也应该意识到，大学和中小学合作研究中双方空间距离的缩短，未必带来真正意义上的文化融合。② 大学和中小学各自有自己的文化特征，大学更加擅长科学理论的研究与学科体系的构建，而中小学重视实践层面的行动，因此两者的合作难免存在脱节的问题。蔡春和张景斌则认为在大学与中小学合作过程中有效合作的匮乏是不可忽视的一大障碍，比如，在合作过程中所表现出的合作层次不够、合作的基础薄弱甚至遗失等现象。③除此之外，双方在合作中还存在对合作价值认知不足、行为主体关系不平等、合作层次较低以及保障措施乏力等问题，这些问题也会影响 U-S 合作的效果。④

为了使 U-S 合作过程中的问题得到有效解决，双方应该建立长效合作机制——在合作之初达成共识、在合作过程中保持平等的关系并且建立完善的保障机制与评估机制。彭虹斌认为 U-S 合作最重要的是寻找两者之间的目标和远景共识，如此才可以建立合作的平台⑤，实现两者之间的有效合作。牛瑞雪认为大学与中小学之间的合作，首先应该确立共同的合作目标，参与者需要明确自己的角色定位：作为行动研究主体的教师必须具备强烈的自我发展意识；作为组织、物质以及文化的支持者的学校，应尽到组织义务；作为整个合作过程促进者的学者，应以学校的发展目标为根本遵循，助力教师和学校的发展。更进一步地，合作双方应建立起必要的机制以保证合作的顺利

---

① 李静. U-S 教师教育共同体：目标、机制与策略［J］. 教育理论与实践，2012（8）：34-36.

② 孙元涛，许建美. 大学与中小学合作研究：经验、问题与思考［J］. 教育研究与实验，2012（3）：46-51.

③ 蔡春，张景斌. 论 U-S 教师教育共同体［J］. 教育科学研究，2010（12）：47-50.

④ 陈振华，程家福. 论 U-S 合作长效机制的构建［J］. 教育发展研究，2013（4）：60-65.

⑤ 彭虹斌. U-S 合作的困境、原因与对策［J］. 教育科学研究，2012（2）：70-74.

进行。① 滕明兰认为大学和中小学首先在思想上应该达成共识，其次应该拓宽合作领域并且加强组织文化建设、持续加大资金投入力度。②

三、有关小规模学校文化建设的研究

（一）学校组织文化建设

学校的组织文化由精神、制度、物质三个维度的文化构成，反映学校独特的意识形态，是一所学校特有的“亚文化”。精神文化决定着全校师生的价值观，同时也是全体师生进行教育实践创造活动的动力源泉；制度文化为学校全体成员的一言一行提供了规范和惯例；物质文化通过学校的办学条件、环境等得以反映，是学校文化中比较表层的部分。③

全体师生一同培育学校价值观的过程即为学校文化的建设过程。通过学校文化的建设，全体师生形成共同的做事规则和方式，建立起对学校这个组织的认同感，并且可以在学校里找到归属感。④ 具体到学校组织文化的建设环节，王心如、郑文认为首先应该对学校的组织文化和环境有一个初步了解，然后我们应该在组织中明确价值标准，通过各种实践活动强化员工的认同感。⑤ 领导者在提升组织文化的过程中发挥着重要的作用，领导者应该具备比较高的文化鉴赏能力并且具有组织文化转化的能力，这种能力可以促使本组织的文化内化为组织成员共同遵守的信念和原则。因此，要想有效地提高大学的组织文化，塑造组织形象，应该做好以下几方面的工作：领导者必须率先垂范；积极发挥舆论的导向作用；充分发挥榜样的作用；努力开发和利用学校的文化资源；对员工在工作过程中遇到的困难和挫折给予积极帮

---

① 牛瑞雪. 行动研究为什么搁浅了——大学与中小学合作研究的困境与出路［J］. 课程·教材·教法，2006（2）：71-77.

② 滕明兰. 从“协同合伙”走向“共同发展”——大学与中小学合作问题研究［J］. 教育发展研究，2008（22）：68-71.

③ 徐建培. 论学校组织文化建设［J］. 当代教育科学，2004（12）：7-9.

④ 杨全印. 学校文化建设：组织文化的视角［D］. 上海：华东师范大学，2005.

⑤ 王新如，郑文. 谈学校组织文化与学校效能［J］. 教育科学，1997（3）：53-57.

助。① 何长平则认为现代中小学学校文化建设的核心是学校价值观的建设，关键在于构建创新型的教师文化，有效途径是构建学习型学校，目标是提升学校品位，打造学校品牌，争创品牌学校、精品学校，迎接知识经济时代的挑战。②

学校组织文化对于一所学校的健康发展有着重要的作用。实证研究证明学校里形成人本导向的、对学校的组织文化比较认同的氛围能够对教师满意度和学校效能产生积极的、显著的影响。③ 因此，拥有积极向上的校园文化是一所学校必需的核心竞争力，全校师生能够以此为契机，实现共同发展。④ 学校作为教育组织具有自身的选择机制，并借此构建学校制度文化，再通过学校活动的内化与传播功能，将制度文化内化成全校师生的内在素养。⑤ 徐建培将学校组织文化比喻成可以传播知识的导航器、可以生产知识的加能站、可以应用于知识的黏合剂以及有助于学校管理高效进行的催生床。⑥

我国的学校文化建设工作仍存在一些问题，主要包括理念层面的失真现象、价值层面的失范现象、制度层面的失常现象、行为层面的失控现象、物质层面的失意现象。基于此，我们应该明晰基本的理念和价值观，规范和加强学校的组织和制度文化建设，在此基础上注重塑造学校的形象，进而建立良好的学校形象。⑦ 在针对一所学校的个案研究中，唐丽芳认为不能营造一种有利于组织变革的文化环境是导致学校组织文化变革失败的原因。因此，我们在充分理解和评估当下文化的基础上，要积极寻找重塑学校文化的路径和方法，抓住机遇并且时刻关注权力关系的变化，在教师培训与发展方面下

① 郭祖仪. 试论大学组织文化的提升与组织形象的塑造 [J]. 高等教育研究，2001 (5)：41-45.
② 何长平. 现代中小学学校文化建设研究 [D]. 南昌：江西师范大学，2006.
③ 徐志勇，张东娇. 学校文化认同、组织文化氛围与教师满意度对学校效能的影响效应：基于结构方程模型（SEM）的实证研究 [J]. 教育学报，2011 (5)：118-130.
④ 陈文海. 学校组织文化的探索与实践 [D]. 武汉：华中师范大学，2008.
⑤ 乐传永. 学校组织文化功能的探讨 [J]. 教育理论与实践，2000 (1)：29-32.
⑥ 徐建培. 论学校组织文化建设 [J]. 当代教育科学，2004 (12)：7-9.
⑦ 胡苑姗. 现代学校文化建设研究 [J]. 知识经济，2013 (12)：177-178.

足力气，给予全力支持。① 学校文化的建设工作还要求我们处理好以下几组关系：传承与创新、学习与借鉴、校内与社会、主导与主体。②

（二）小规模学校文化建设

在关于课程体系建设的研究中，宋星、雷晓燕认为校本课程本身所具有的文化价值是学校进行课程建设的立足点，除此之外，文化品牌的形成还要依靠文化实践和文化精神的提炼总结，并且以文化发展的需要打造品牌性的课程产品或服务，最后基于文化元素制定文化品牌标示。③ 在针对学校信息化建设所进行的研究中，王欣指出农村小规模学校的信息化建设存在以下问题：未设立专项经费资金、基础设施建设不完善且在全国东中西部地区差异较大、信息化的设施利用率不高且后续的维修保护不到位、校长信息化的领导力缺乏且老年教师的信息化素养不高等。除了政府政策制定和执行存在偏差以外，小规模学校自身信息化建设的不健全也是阻碍学校发展的关键因素。因此，作者认为小规模学校应该注重实际应用和学生需求，分类发展；多个渠道筹集资金，以此来拓展信息化的发展空间；重视信息化人才的培养，扩大信息化的应用范围；加强校际的信息化交流，最大限度地共享优质资源。④

在学校文化建设过程中，农村小规模学校存在的问题包括：作为教育主体，学校的地位却得不到保证，主要是指学校文化形成以教育行政部门为主导、专家团队为主体的“展示文化”。其原因在于教育行政部门的过分干预削弱了学校文化的积淀性；学校对于地方文化和校本文化的忽视，对学校文化的传承性不够；校长领导团队或专家团队的垄断性地位，剥夺了学校之中

---

① 唐丽芳. 课程改革中的学校文化：一所学校的个案研究［M］. 长春：东北师范大学出版社，2015.

② 丛惠春. 学校文化建设中需要处理好的几方面关系［J］. 现代教育管理，2018（7）：33-37.

③ 宋星，雷晓燕. 校本课程的文化价值与文化品牌建设研究［J］. 教学与管理，2019（24）：83-85.

④ 王欣. 农村小规模学校信息化建设调查研究［D］. 长春：东北师范大学，2018.

其他成员的参与性。① 除此之外，王强在《农村小规模学校班级课堂文化建设的思考》一文中通过分析农村中小学课堂文化建设的现状，总结出以下问题：学校的文化建设常常忽视课堂文化建设，学校的文化建设重硬件轻软件、重外部轻内容；学校领导没有精力关注课堂文化建设，一是因为学校领导从思想上认为课堂建设是小事，二是因为学校领导没有时间精力去管课堂文化建设；传统的教育观念与教学模式依然主导着教学活动，主要表现在正常教学课和示范教学课的巨大反差。② 在对图们市的特色学校进行调研的时候，朴红华发现图们市的学校文化建设存在以下不足：学校不会根据自身情况挖掘办学特色；学校有名目繁多的校园活动但是缺少内涵；学校重视对校园物质环境的建设而非文化生活方面的建设。同时值得我们注意的是以课程研究带动学校文化建设内涵式发展的实践已经取得了一定的成效。③

在农村小规模学校课程建设方面，东北师范大学农村教育研究所通过对全国 115 所小学开展调查得出以下结论：超过 40%的农村学校不具备开设英语、体育、科学等相关课程的能力。④

因此，为了更好地落实农村小规模学校文化体系，我们要做到立足实际，探究解决策略。对于课堂文化建设不重视的情况，我们应该从精神、制度、物质三个层面加强建设。⑤ 对于在合作过程中学校主体性地位缺失的现象，我们应该建立起“学校主体、专家辅助”的学校文化建设机制，这样可以理清校长领导团队与专家团队的身份和责任，恢复学校的主体地位。⑥ 除此之外，李恺、詹绍文、邢思珍认为想要加强乡村中小学学校文化建设，应

① 张霄，汪飞，杨飞. 学校文化建设中学校主体性地位缺失的原因探析——兼论“学校主体、专家辅助”的学校文化建设机制［J］. 教育理论与实践，2019（2）：15-18.

② 王强. 农村小规模学校班级课堂文化建设的思考［J］. 亚太教育，2019（7）35.

③ 朴红华. 特色学校文化建设的实践探索［J］. 现代教育科学，2019（8）：51-54.

④ 赵复婧. 农村小规模学校的课程与教学问题研究综述［J］. 西北成人教育学院院报，2018（1）：95-100.

⑤ 王强. 农村小规模学校班级课堂文化建设的思考［J］. 亚太教育，2019（7）35.

⑥ 张霄，汪飞，杨飞. 学校文化建设中学校主体性地位缺失的原因探析——兼论“学校主体、专家辅助”的学校文化建设机制［J］. 教育理论与实践，2019（2）：15-18.

该做到以下四点：一是建立共同愿景，培养共同价值观；二是构建教师文化，形成乡土情怀；三是强化制度约束，养成文化自觉；四是根植乡土文化，形成学校个性。①

四、关于小规模学校文化特色的研究

（一）中国大陆地区对小规模学校特色的研究

付美龄的硕士毕业论文研究的是巴东县的农村小规模学校，研究结果显示农村小规模学校在文化建设方面存在物质文化建设落后、精神文化建设贫乏、制度文化建设不足、活动文化建设较少的问题。具体来说，巴东县的农村小规模学校物质基础落后，需要加大改进力度；精神文化建设方面，“一训三风”形同虚设，素质教育基本上是“墙面文化”，学校办学未能融合本地乡土民俗特色，故而没有形成办学特色；制度建设较为健全但是师生认可度较低、可实施性差；学校只履行日常教学任务，不愿过多开展课外活动以满足学生成长中的个性化需求。② 除此之外，农村小规模学校在特色化发展过程中面临着专业师资匮乏、课程开设困难、办学品位不高、特色活力不强等问题。毛拴勤在指出这一系列问题的基础上提出破解之道——坚持创新机制，因地制宜地采取相应政策，全面推行片区化管理、联校走教、复合型教学三种模式，如此一来农村地区的小规模学校便可以朝着小而美、小而优、小而精的学校实现跨越式发展。③ 再者，小规模学校还可以结合“一校一品”的建设拓展学生素质，教师培养少量的学生，有利于因材施教，培养学生的核心素养；学校缺少音体美英语等相关教师则可以利用班班通或者互联网实施教学。④ 在对运用书法实施特色化办学的八里小学所进行的个案研究中，王丽君指出特色办学是化解农村小规模学校困境的有效方法。八里小学

---

① 李恺，詹绍文，邢思珍. 乡村中小学学校文化建设的价值取向与推进路径［J］. 信阳师范学院学报（哲学社会科学版），2019（4）：95-99.

② 付美龄. 农村小规模学校校园文化建设研究——以湖北省巴东县为例［D］. 武汉：武汉轻工大学，2018.

③ 毛拴勤. 农村小规模学校特色发展的实践研究［J］. 甘肃教育，2019（8）：20.

④ 王锋. 少了特色 小规模学校站不稳［N］. 中国教育报，2016-05-18.

在分析原因、研究发展策略的基础上，决定以小班化的形式提高教学质量，以书法办学促进教学质量，打造墨香校园文化，并且构建了以书法课、走教课、阅读课为主体的特色文化课程，加上课外文化的拓展，创建了特色课堂教学模式。① 陈飞在其博士毕业论文中对农村小规模学校红丰小学进行了个案研究，总结了学校发展的思想为“打造有质量谋个性的学校教育”。红丰小学由“贫困薄弱”向着“优质”转变，同时校本课程的开发也使当地形成了“顾全面、重个性、有质量、树特色”的教育局面。②

（二）我国台湾地区对小规模学校特色的研究

我国台湾地区小规模学校是指学生人数少于100人或者学校班级数少于6个班级的学校。台湾地区小规模学校的成因与大陆地区相似，即适龄儿童随父母向城市流动和少子化，并且台湾地区的小规模学校也主要分布在偏远的农村、海岛、山地等。由此观之，我国台湾地区小规模学校发展的方法策略可以为大陆地区提供借鉴意义。

我国台湾地区的小规模学校注重学校的内生性发展。学校在发展过程中，除了考虑经济成本，还会综合衡量小规模学校在教育学、社会学以及文化学意义上的价值取向。例如，从教育学意义来说，小规模学校师生比低，学校的老师可以根据每个学生的实际情况开展启发式、个性化、探究式和小班化的教学。除此之外，学校还注重从大教育观的角度综合考察学生的发展情况，且学校非常重视具有地方特色的文化资源，常常以此为基础，培养学生的地方情感和文化认同。我国台湾地区的小规模学校十分注重校本课程的研发，主要有以下三个特点：开展社区活动并转化为常态的校本课程；将课程专家与教师的行动研究相结合；校本课程建设经费来源多元化。③ 除了坚持学校发展的“内生性”价值取向，孙艳霞认为农村小规模学校还应该注重

① 王丽君. 特色办学解困农村小规模学校——八里小学书法特色办学个案研究［J］. 中国校外教育，2017（4）：48-49.

② 陈飞. 农村小规模学校校本课程开发研究［D］. 长春：东北师范大学，2018.

③ 孙艳霞. 我国台湾小规模学校价值定位与特色发展研究［J］. 课程·教材·教法，2014（9）：126-127，85.

培养优秀的师资，整合多种教育资源，进而形成本校特有的知识体系。①

台湾地区小规模学校还十分重视强化学校的行政领导。首先，小规模学校注重组建优秀的行政领导团队；其次，运用民主领导方式，小规模学校注重集思广益，形成共同的愿景。这个过程要求全校人员发挥各自的智慧，关键在于营造一种民主的氛围，从而使行政领导团队能够积极地协商沟通。另外，创建策略联盟是台湾地区小规模学校发展的保障。小规模学校教师数量少，教师的人均工作量大，因此，与各级学校、产业集团结成联盟，实现人力资源、物质资源的共享，是小规模学校得以发展的有力保障。小规模学校的策略联盟包括以下两类：同业联盟指小规模学校与各级学校之间的联盟，异业联盟指小规模学校与产业集团之间的联盟。②

（三）日本对小规模学校特色的研究

学校的活力不足是日本小规模学校发展面临的最大困境。学校缺乏活力无疑会给学校的发展带来很大的阻碍。诸如学生缺乏上进心、教师缺少提升自己专业技能的热情等问题，最后的结果便是学校的教学质量无法得到保障。日本针对学校活力不足的问题采取了一系列有力的措施：2015 年 1 月，日本文部科学省就这一问题出台了《公立中小学应对少子化的活力校园文化建设国家指南》，旨在探究小规模学校在合并过程中应该遵循的必要规范以及维持小规模学校基本教学应该采取的措施和相关事项；各个社区对小规模学校开展支援活动，形成社区和小规模学校共同建设、共同发展的格局，如北海道政府提出的“以学校为核心的区域治理”，就是举一区之力支持学校的教育举措。③ 其实早在 1954 年，日本政府便颁布《偏僻地区教育振兴法》，其中就规定了市街村除了负责偏僻地区小规模学校的教材、教具的供应之

① 孙艳霞．国外小规模学校创新发展特征与启示［J］．当代教育科学，2017（1）：45-49.

② 刘俊仁．台湾地区小规模学校发展特色学校的基本策略［J］．教育评论，2017（3）：49-53.

③ 任春荣，左晓梅．日本乡村小规模学校发展经验及对我国的启示［J］．外国中小学教育，2019（4）：38-45.

外，还应该在小规模学校缺少体育、美术设施时为其提供相应设施等一系列措施。①

针对高知县土佐市的基础教育改革是日本20世纪90年代后半期在地方分权和放宽限制的推动下进行的。“孩子是学校的主人公”这一理念是土佐市一系列教育政策的核心指导理念，在这一理念的指导下，土佐市通过“基于学校、家庭和社区的合作来提高教育水平”，“注重提高教师的素质和指导能力”，“通过导入教学评价系统等改善教学的措施，提升学生的学力水平”等具体措施。政策改革重视学校、社区以及家长等多主体共同参与学生的教育过程。②

在农村小规模学校的教师管理问题上，日本政府的做法同样可以给我们提供思路与借鉴。第一，日本的教师属于公务员系统，工资和待遇都由国家统一规定，因此，在乡村工作的教师并不会比城市的工资低，反而还会额外获得乡村教师特有的补贴；第二，所有教师都由县（相当于中国的省）统一招聘、培训、管理，中小学教师并非师范毕业生，而是由受过高等教育的、由普通高等院校毕业的学生担任；第三，日本政府十分看重乡村教师的招聘和培训工作，在县级教育委员会统一招聘之后，再按照入职时间长短对教师开展不同的培训。例如，新入职的教师可以通过培训知道如何进行家访以及如何才能帮助班上的“后进生”等知识。③ 除此之外，教育研究所还会与大学合作为中小学教师编写培训手册以及与其一起开研讨会研究学校所面临的问题。比如，教育研究所与大学为初入职的教师编写复式教学的指导手册、举办复式教学研讨讲座等。④

（四）芬兰对小规模学校特色的研究

芬兰的国土面积有338000平方千米，人口有530万，平均的人口密度是

① 吴晓蓉. 日本偏僻地区教育优先发展经验研究——以《偏僻地区教育振兴法》为鉴[J]. 当代教育与文化，2009（4）：100-104.

② 王国辉，刘红红. 试析日本高知县土佐市共同参与型基础教育改革实践［J］. 外国教育研究，2014（6）：59-67.

③ 闻竞. 日本乡村教师的师资保障机制［N］. 学习时报，2015-12-24.

④ 陈君. 日本边远贫困地区教师教育改革战略与路径述评——以北海道地区为例［J］. 教学研究，2018（1）：42-48.

每平方千米 17 个居民，16%的人口居住在人口稀疏的地区（欧洲委员会，2010 年）。芬兰有 30%以上的学校是乡村小规模学校，这些学校一般包含三四个任课教师和数个教学小组。近年来，随着社会变革以及集中化，乡村小规模学校的规模在不断缩小，但是“公平”作为芬兰教育体系所秉承的育人观念从未改变。由此，乡村小规模学校开始了改革探索之路。

周边社区成为乡村小规模学校第一个可以利用的资源。乡村小规模学校的教师积极开发面向当地的课程，使学校变成乡村的文化中心；乡村小规模学校对课程创新进行了多阶段的探索，并行课程是多年级教学的第一个官方课程，即不同年级的学生共同探究一个主题。交替课程作为缓解并行课程班级太多无法顾及低年级学生的弊端而提出的更优化方案，是指两个年级同时研究一个主题。螺旋课程作为并行课程的扩展型课程方式，能够在扩大和深化高年级课程的同时，更加仔细全面地考虑到其他学生。①

早在 1996 年，Eija Kimonen 和 Raimo Nevalainen 就通过对两所乡村小规模学校进行案例研究来探究学校里的课程变化对教学实践的影响。研究得出：在芬兰，乡村小规模学校会通过加强与周边社区的互动来解决学校的办学情景问题，学校还会培训教师、修缮校舍、编写可以提供综合年级差异的教材以及开发用于学校交通的财政支持。另外，学校在教学过程中强调使用本地学科材料，开发综合年级的课程并且积极促进家校合作以及学校之间的合作。在对案例学校进行调研的过程中，作者详细地描述了 Suvila 学校的课程——由教师、学生、父母共同构建的针对学生的个人课程，每年修订一次；包含数学、芬兰语等科目的课程；以历史研究和自然、宗教为主题单元的环境课程；音乐、美术等手工艺课程。② Suvila 学校的主题单位组织如表6-2 所示。

---

① KALAOJA E, PIETARINEN J. Small rural primary schools in Finland: A pedagogically valuable part of the school network [J]. International Journal of Educational Research, 2009, 48 (2): 109-116.

② KIMONEN E, NEVALAINEN R. Teachers Facing the Challenges of Curriculum Change in the Small Rural School in Finland [Z]. European Conference on Educational Recasrch, 1996.

表 6-2 Suvila 学校的主题单位组织

第一年	第二年	第三年
1. 森林 ·森林生物学、自然界中的生物循环、森林利用、林业、燃烧 2. 历史 ·主题清单之后的课程 3. 地理 ·主题列表之后的课程 4. 我 ·人类生物学、人类发展历史、营养学 5. 圣经 ·主要内容、与当今的联系 6. 贸易 ·消费者信息、昨天和今天的贸易、货币算术、贸易、创业	1. 农场 ·同化、农场上的动植物、哺乳动物、院子和花园里的植物、今天和今天的农业、农业对人类的重要性、全球营养问题 2. 医院 ·健康教育、影响健康、传染病、事故和急救的因素、医院职业、慢性病 3. 地理 4. 历史 5. 湖泊和沼泽 ·湖泊和沼泽的生物学、动物的结构、种群、水的状态、昨天和今天水路的重要性	1. 道路 ·交通、道路在社会中的重要性、路边作为生态系统、昨天和今天的道路建设 2. 物质和能量 ·物质、能量、电力和电气设备的状态、磁性 3. 耶稣 ·生命和中心教义、与当今的联系 4. 地球和空间 ·太空中的地球、天体、星座、起源 5. 地理 6. 历史

综上所述，芬兰、日本、中国台湾地区关于小规模学校的研究都为我们提供了有益借鉴。综合来看，对于我国大陆地区“后撤点并校”时代小规模学校所面临的困境以及对策建议讨论较多，既有从宏观角度对相关政策进行的阐述分析，也有从微观层面针对某个县的实地调研所得出的结论，实践研究成果颇为丰硕。但是关于我国大陆地区农村小规模学校特色化发展的研究相对较少，且多是针对某个地方的案例研究。关于农村小规模学校特色化发展过程中学校组织文化体系构建与实施策略的研究较少。因此，本文拟从学校文化建设、文化建设是如何通过课程与活动得到落实两方面开展研究，在此基础上探究 U-S 合作过程中大学与小规模学校扮演的角色、发挥的作用与该过程中有待完善的问题。

五、组织文化理论

托马斯·彼得斯和小罗伯特·H. 沃尔曼在《寻求优势》一书中指出："一个伟大组织能够长久生存下来，最主要的条件并非结构形式或管理技能，而是我们称之为信念的那种精神力量以及这种信念对组织的全体成员所具有的感召力。"这种力量就是组织文化。

（一）组织文化理论

1. 组织文化的出现

20 世纪 50 年代，组织制度化开始出现。当一个组织有了制度化的规则，就意味着该组织有了可以为组织成员所共同接受的特定的行为模式与准则，最终会形成这一组织区别于其他组织的个性化特征。但是在 20 世纪 70 年代以前，组织一直被看成控制人的工具，是一种有层次结构的理性工具。直到 70 年代末，日本的经济在短时间内飞速发展，引发了西方社会的极大震惊，并促使他们开始反思。人们逐渐意识到，组织不仅是一种单纯的结构、部门、关系，更会像人一样形成自己的性格特征，这种性格特征使其跟其他组织区别开来。这便是组织文化最初的形成过程。

沙因认为组织文化是一个组织所坚信的基本假设和信条。这些基本假设和信条是组织成员共同拥有的，并且他们可能会无意识地运用这些基本假设和信条。更进一步地，沙因将组织文化分为三个层次：人造品和创造物、价值、潜在假设。人造品和创造物构成了物质的和社会的环境；价值是同"是什么"相区别的"应当是什么"的理解；当解决问题的方法被反复运用之后，就会成为理所当然的解决措施。也就是说当初仅仅是一种价值所支持的假设，逐渐会被组织中的人们当作是真实的，我们也会逐渐相信事情本来就是如此，这就是潜在假设。①

2. 组织文化的形成过程

组织文化的不同是因为每个组织的创始人拥有不同的经营理念。作为组织文化的来源，组织的创始人会将自己的价值观、个性特点等融入组织文化

① 朱国云. 沙因的组织文化理论［J］. 江海学刊，1997（2）：50-54.

之中，并据此选拔该组织的高级管理人员，然后据此筛选出普通的组织成员。被选拔出来的成员经过社会化的过程，就形成了独一无二的组织文化。具体如图 6-3 所示。

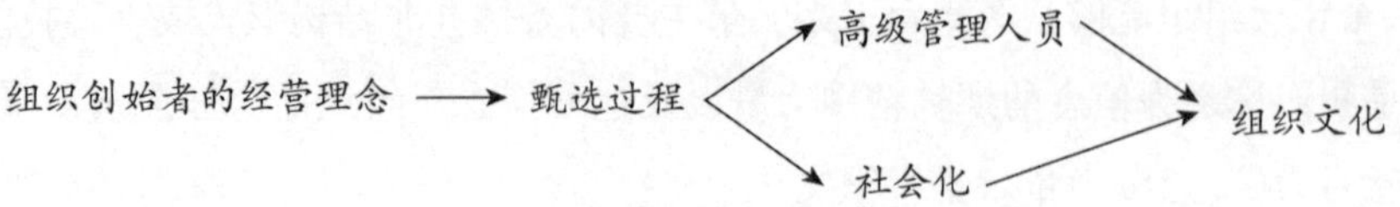

图 6-3 组织文化的形成过程

3. 组织文化的作用

组织文化能够规范组织成员的行为，增强组织成员处事方式的一致性；组织文化可以使组织成员团结在一起，产生强大的向心力，有利于更好地对组织成员进行统一指挥与调配，同时这也可以看作是社会控制的有效手段；组织文化因其自身的独特性还可以用来区分不同的组织；组织文化对于组织成员具有一种“收拢”作用，可以使组织中的成员更多地为集体利益和目标而努力。

组织文化也有其不可忽视的缺点：当组织面临变革时，原有的组织文化便会因其先天的“惯性”而起到阻碍作用；除此之外，在同一组织的人，会因为同化而失去作为个体的独特思想，长此以往会使组织陷入没有活力的困境；最后组织文化还会影响兼并和收购的过程，不利于上述活动的顺利展开。①

（二）学校文化

学校组织文化内在地规定着组织成员的行为规范和活动方式。其核心是组织成员习以为常的规范和隐藏在行为规范之后的假设，表现为全体师生的信仰、价值观、思维方式等。学校的组织文化根据可感知的难易程度分为物质文化、制度文化和精神文化。② 除此之外，基本假设、价值观念和行为规范也是学校组织文化常见的分类方法。

---

① 刘燕华. 组织文化理论探析［J］. 西北民族大学学报（哲学社会科学版），2000（2）：76-80.

② 孟繁华. 学校发展论［M］. 北京：教育科学出版社，2011.

1. 学校基本假设

学校的全体教职人员关于学校的环境、空间以及教育活动等形成的一致看法。

2. 学校价值观念

学校的价值观念主要是回答学校为什么存在以及学校工作的中心点是什么的问题。这个价值观念是包括全体师生在内所形成的价值观，对学校全体成员的价值观具有整合归纳的作用。

3. 学校行为规范

行为规范是学校一切活动的准则，可以分为软规范和硬规范。

学校组织文化的表现载体有以下三种：实物载体，如学校的建筑、校服等。行为载体，如人在某种意识的支配下会进行一定的活动，并且会有相应的结果。我们可以从教师和学生的行为中看到其背后的行为规范和学校价值观、学校精神。语言载体，包括书面和口头两种形式。①

舍恩认为，学校组织文化中价值观层面是最重要的，如学校建设的愿景、学生培养的方向以及建立何种师生关系等方面都体现着学校的价值观。学校的主流价值观最终会体现为教师在学校的生活和工作方式，会决定、影响和形成教师的教育意识、行为态度和行为方式。②

第四节 U-S 合作中 A 小学文化体系的构建与实施

A 小学位于北京市昌平区的农村地区，学校办学历史悠久，现有 S 和 N 两个校区，S 校区有学生 122 人，N 校区有学生 56 人，两个校区共有学生 178 人，教职工 51 人（S 校区 2018 年接收了外来务工人员的子女，因此人数超过 100 人，但本研究仍将其视为小规模学校）。学校自 2018 年搬迁到现今的校址，当下仍然面临再度拆迁的困境。学校附近是大学城，大学城里新建

① 王新如，郑文. 谈学校组织文化与学校效能［J］. 教育科学，1997（3）：53-57.

② 罗宾斯. 组织行为学［M］. 孙健敏，李原，等译. 北京：中国人民大学出版社，1997：526.

了附属小学和中学，这些中小学分走了原本属于A小学的部分生源。N校区已经失去招生资格，5年之后便会自动消亡；S校区仍可正常招生。

A小学开设了国家课程、地方课程、校本课程。国家课程包括语文、数学、英语、音乐、体育、美术、法治与科学，各科都配备专门的教师。其中音乐教师和体育教师较为特殊：音乐教师一个人承担一到六年级的教学任务，体育教师有低年级（1—2）、中年级（3—4）、高年级（5—6）三位教师。地方课程包括北京市的书法课程与专题综合课程、昌平区的“走进昌平、爱我昌平”课程，书法课程配备专门的教师，专题综合课程则拆分为生命教育和安全教育——生命教育与体育课整合，安全教育和少先队活动整合。“走进昌平、爱我昌平”课程则与语文等课程整合。校本课程包括足球、陶笛、快乐的小学生数学、手工DIY、3D打印、田径课程、晨诵。校本课程由学校原有教师开设，不配备专门的教师。开设时间为每周二、三、四下午放学后1小时。足球课和陶笛课分别与体育课和音乐课整合，即国家课程规定的每周两节体育课中，一节学足球，一节学体育常识；音乐课则一节学音乐课本，一节学陶笛。课程开设的影响因素主要是学校教师的特长和学生的兴趣。

虽然三级课程齐全，但是A小学外部面临生源减少、再度拆迁的“外患”，内部面临着校园文化形同虚设、课程体系主旨性缺失的“内忧”，因此，学校领导自2018年就萌生了改革的想法，希望A小学能通过改革获得更好的发展，免遭再次被拆迁的厄运。2019年年初，A小学校长与教务主任在参加一次关于“农村小规模学校如何发展”的讲座时见到了现场讲授学校顶层设计理念的大学教师Y，于是向Y老师表达了合作意愿，双方达成初步合作意向。在一年多的时间里，U-S合作通过构建学校文化体系促进了学校的发展，取得了阶段性的成果。

一、A小学与大学的合作模型

吴康宁将U-S合作的基本类型归为利益联合型、智慧补合型、文化融合型，并且进一步指出，U-S合作在实际生活中是更加复杂的，几乎不存在纯粹的上述三种类型，但是，中小学与大学若是想要有深入可持续的发展，那么双方应在合作中做到文化融合。文化融合型的 U-S 合作是指双方能够通过文化的交流，相互作用，创造出一种能够高效率推动合作、高质量促进发展的新的文化。因此，在合作中，双方必须把对方视为目的，而不能仅把对方视为自身利益实现的“工具”；“依伴”的意思是互为依伴，这样中小学和大学在合作中就不再是“你们”与“我们”两个团队，而是“一个团队”；这个团队虽不能说没有一点“指导与被指导”的成分，但基本属性是“共同创造”，这种创造具有平等性、互依性、紧密性；大学和中小学关注点不在于指标的达成或方法的掌握，而是高效率的伙伴合作、高质量改进学校所需要的品质养成；行动过程也不再仅仅是为了弥补自身不足的改进学习过程，而是一种追求超越的生活过程本身。这一过程中，双方都需要投入全部身心，在合作成效显现的时候，双方会有“成人体验”，这种体验是因为双方的思想与行动得以协调推进、智慧和情感能够协调发展，自己与他人可以共同成长、改变自己与改变世界可以同时进行；效果评价是对双方在合作中所体现的思想和文化素养的一种“精神评价”，也就是评价对方有没有做到以人为本、平等互尊、开拓创新、开放多元、理解宽容、共生共享；“支撑”文化融合型 U-S 合作的理论基础不是单一的，包括多元文化理论、对话理论、和谐社会理论等，所以本研究中将其统称为“和谐共创理论”。①

因此，本研究将 A 小学与大学合作的应然状态与实然状态归结如下（表 6-3），并根据合作动机、地位认知等评价要素对双方协同治理的过程进行分析。

表 6-3 A 小学与大学合作模式

	应然状态（文化融合型）	实然状态
合作动机	构建共同世界	A 小学：学校发展 大学：社会服务+理论实践提升

① 吴康宁. 从利益联合到文化融合：走向大学与中小学的深度合作［J］. 南京师大学报（社会科学版），2010（3）：6-8.

续表

	应然状态（文化融合型）	实然状态
地位认知	双方均为目的，对方不再为工具	A小学：完善自身；大学：完善自身+服务社会
身份界定	依伴：我们，一个团队	友伴：我们与你们——一个联队
角色关系	共同创造	指导与被指导
关注重心	品质的养成	学生综合素质提升，学校特色化发展
行动过程	追求卓越，一种生活	弥补不足，相互学习
力量投入	生命力（身心）	体力、智力（大脑）
自身体验	成人	成功
评价内容	精神	能力
适用理论	和谐共创	多元智能

二、A小学与大学合作动机分析

根据协同治理理论，共同动机的形成是合作开展的基础条件。A小学面临“内忧外患”的局面，出于“自救”的本能主动向大学表明合作意向；大学基于发展自身专业技能的考虑与服务社会的使命感答应了此次合作。至此，双方基于各自的立场形成了共同的动机——促使此次合作达成。

（一）中小学：自身主动寻求变革

A小学建校历史悠久，但是近年来，外部面对拆迁和学校生源不断减少的双重困境，内部面对学校文化建设形同虚设、课程建设不成体系的现实情况，学校领导积极寻求变革。在谈到寻求变革的初衷时，A小学教导主任Z说道：“学校虽然小，但是还要生存下去。就算是只剩下一个学生，我们也得想着怎么让他得到更好的教育，不然葬送了这所学校的不是别人，而是我们自己。”正是因为有这种积极求变的想法，在昌平区教委组织的一场关于“农村小规模学校发展”的讲座中，A小学的校长X和教导主任Z在现场听了Y教授所讲的针对小规模学校顶层设计的案例之后，开始思考学校的发展问题。“我们之前也自己探索过一些培训之类的活动，但是就是东做一下，西做一下，没有主旨和一个统领性的东西，因此不成体系。”（A小学教导主任Z）讲座结束之后，他们联系了Y教授，表达了与大学合作的意愿，希望Y教授可以帮助A小学重新构建文化体系，并据此重构课程体系。

A小学基于自身的发展利益，主动抓住与大学合作的机会，积极求变，迈出了双方合作的第一步。A小学通过讲座中听到的成功案例，相信通过与大学开展合作，学校会得到一个较好的发展，因而给予了大学充分的信任，这种信任最终成为推动合作达成的基础。

（二）大学：理论研究与社会服务

布鲁贝克在《高等教育哲学》中讲到大学有以下三种职能：传播高深学问、扩大学问领域、运用其成果为公众服务。作为一个研究高深学问并运用其成果服务社会的场所，大学中教师所研究的内容必然比中小学教师研究的内容更为宏观和抽象，也更具有理论指导性，这也是大学和中小学之间的合作得以开展的基础。任何理论研究都不能凭空臆想，而要有实际依据，具体到中小学研究领域，则要求大学教师深入教育现场，从教育现场中总结经验，提升理论，并将其运用到中小学教育实践的场域中，以此来检验理论的正确性，进一步提升理论的针对性和适切性。大学教授Y在谈及参与此次合作的目的时说道：“因为我的研究领域在中小学的教育研究方面，研究方向决定了我的主要工作内容。研究的是偏向应用性的学科，就需要我真正地到中小学去，了解他们真实的学校状态，然后回来思考、提炼，帮助他们想对策。这其实是一件双方获益的事情，对中小学来说，他们的学校可以得到指导，获得更好的发展；对我自己来说呢，也有助于我自己的研究更进一步深入，更有现实意义。”（大学教授Y）

大学教师综合考虑研究领域的实践需要以及学术使命的责任，同意与A小学开展合作。此举既回应了先前A小学寻求合作所表现出的信任，同时也为双方的合作赋予了内部合法性与承诺。A小学与大学基于各自的立场，通过初步的沟通交流，达成合作意向。A小学管理层对大学教师权威的信服、理解与尊重，大学教师对中小学教育研究的实践需要和对社会责任感的追求，使得双方的合作具有了合法性。最终，双方得以跨越以前的组织，建立起协同合作的纽带。从地位认知的角度来看，中小学是完全基于自身发展而与大学开展合作；大学则是从理论研究和服务社会两个方面出发，因此并不完全是以自己的利益为根本出发点。

三、U-S合作过程分析

协同合作的开展离不开联合行动能力的形成，即A小学与大学具体合作的开展过程。根据治理理论，联合行动能力包括以下四个要素：程序及制度安排、领导、知识和资源。双方合作需要一定的程序和制度安排，例如，大学专家进校指导的次数、时长等；同时由于协作所形成的内部权力结构与独立机构相比往往不够稳定，因此合作需要合理的制度安排和有力的领导，比如，在合作过程中若出现项目无法推进的情况，需要有明确的制度规定或者强有力的领导推进工作进度；同时，协作的过程需要重组信息和稀缺资源，以便可以形成新的共享的知识，这就需要沟通渠道畅通、信息透明，如此便可以让合作双方都能够最大限度地了解对方的实际情况，从而制定出更加科学的学校文化体系。

（一）合作确立：中小学主动寻求推动合作达成

如前所述A小学面临的“内忧外患”的困境，学校急需改变发展模式，寻求一种逆境中的自我突破。在此之前，A小学就进行了一系列尝试，开设了足球、陶笛、3D打印等校本课程，并将校本课程融入国家课程之中。“比如说，每周两节音乐课，一节学课本上的知识，一节学陶笛；体育课也是一样，每周两节的话，我们会拿出一节来让孩子们踢足球。”（A小学教务主任Z）当谈到开设这些课程是否是为了学生升学加分时，该教务主任Z说道：“这个不是的，我们主要是根据孩子的兴趣以及教师们的特长开设的这些课程，目的也不是为了升初中加分，因为现在没有这种加分了，我们主要就是想培养孩子们的兴趣，让他们得到一个更好的发展。比如说，他们喜欢踢足球，那就组织教师教他们踢足球，孩子们身体好了，综合体能就上去了，那这也有利于孩子们以后的发展。”由此可以看出，A小学一直在积极地寻求改变，以学生的发展为办学的根本目的，因此，A小学主动寻求与大学之间的合作也在情理之中。

A小学每年年初会收到政府拨付的教育经费，用于学校一年的开支，与大学合作的费用就从这里面出。“政府每年年初会把这一年的教育经费给我们拨过来，我们自己分配，那我们就宁肯其他方面节约一点，自己出钱来与大学开展这个合作，重新设计一下学校的发展理念等这些顶层的东西，不然大家就像散的珍珠一样，今天做这个，明天做那个，没有一个统领性的东西，我觉得我们应该朝着一个方向干才对。”（A小学教务主任Z）

（二）具体落实：双方互动下的文化体系构建

改造一所学校是一个非常复杂的过程，需要大学与中小学密切合作，共同发力。“我们要做的工作，一是帮助学校提炼文化要素，凝练出办学理念和育人目标。这个工作难度很大，需要跟学校领导班子沟通交流学校文化的基本思想和方法，思想达成一致后才能进入学校文化要素的提炼中，然后再组织研讨会分析深化办学理念的内涵，再根据办学理念提炼出学校的育人目标。二是从育人目标中分解出适用于学生的核心素养体系，然后根据这个素养体系构建课程模块并整合课程体系。”（大学教授Y）中小学则需要组织学校领导班子及一线教师参与研讨会，在与大学专家的思想碰撞中确立办学理念和育人目标，以此为基础，重构特色课程体系。

双方合作首先要做的工作是重组信息资源。大学与中小学需要尽可能地在见面交流的时间里了解双方的实际情况，实现信息资源的共享，形成全新的知识体系。其次是有效信息的提炼以及文化体系的构建过程，这个过程需要大学发挥理论指导优势，中小学发挥实践层面的优势。最后是课程体系的落实过程，中小学在这一过程中发挥主导优势，学校领导班子通过研讨总结、“磨课”等形式主动作为，积极落实文化理念。大学则通过后续指导跟进、组织校际交流等方式持续提供外部支持。

1. 立足学校，找寻文化内生点

双方合作的第一步便是大学专家进入A小学，帮助学校找准自己的定位，找到学校的文化内生点，从而明确学校的办学理念和育人目标。这是双方思想初步碰撞的过程，也是“立根子”的过程。首先，双方会组织一场“学校课程顶层设计与实施阶段推介会”，大学专家、中小学校领导以及部分

一线教师共同就学校的历史、现状、存在的问题等展开讨论，从而更加清晰地梳理学校的历史文化脉络，提炼文化要素，为办学理念和育人目标提供文化支撑。会上，大学专家坚持要求A小学的教师们畅所欲言，以尽可能多地了解学校的历史与现状，在此基础上，与A小学教师讨论得出最后的办学理念和育人目标。“你们必须参与进来！其实我们是可以直接拿出一个现成的方案来的，但是你们没有参与进来的话，没有自己思想的产生和与别人的思想进行碰撞的过程，最后的效果肯定是不好的。只有大家一起参与进来，一起做出来的东西，在之后落实的过程中，你们才会更容易接受，也更容易将它融入日常教学过程中去。”（“学校课程顶层设计与实施阶段推进会”上Y教授的发言记录）

“一所学校一个样，校校都有自己的样”是Y教授常常挂在嘴边的一句话，在与A小学的合作过程中，这句话得到了充分体现。从进入A小学与学校领导及教师们交流开始，Y教授就注重引导中小学教师挖掘自己学校的地理位置、周边风土人情以及与之相关的历史典故等，保证每所学校都能准确地找准自己的特色，形成独一无二的办学理念与育人目标。

以A小学为例，学校位于沙河地区，自建校以来，校名中就有“沙河”二字，因此，A小学的教师希望可以留住“沙河”这两个字，以此为基础开发新的办学理念。Y教授在与A小学教师进行过两次座谈会后，对学校的基本情况有了一定的了解，同时明确了A小学的办学方向和基本追求。于是，双方将办学理念确定为“琢石成玉，聚石成城”。在对这一办学理念的解释中，Y教授说：“教育本身就是一个雕琢的过程，正好契合了‘沙石’这一特性，只有不断地打磨，孩子们才会成为一个对社会有用的人；结合之前教师们反映学生们普遍存在不自信、行为不规矩的情况，因此这一办学理念对于他们的行为养成是非常必要的，学校应该注重培养学生的团结协作精神，在他们心里种下团结协作的种子。除此之外，这对我们学校的教师来说也是一种信念和激励，虽然我们的学校面临拆迁，但是只要学校存在一天，我们就想尽办法让它变得更好。”（“学校课程顶层设计与实施阶段推介会”Y教授发言记录）同时，将育人目标确定为“培养有实力善聚力的有为少年”，核心素养架构为“五育并举”——担当合作、善思乐探、强健规矩、正雅多彩、勤作笃行。

改造之后的办学定位更加清晰，基于学校自身特点所挖掘的核心素养和办学理念便于学校在开展具体教学过程中不断进行审视与挖掘。同时，A 小学对于自身的情况、学校特色认识得也更为清楚和全面。

2. 结合自身，构建特色课程体系

中小学新的课程体系的构建过程其实就是“立根子—定调子—搭架子—探路子—亮牌子”（大学教授 Y）的一个过程，从学校文化内生点出发，A 小学在明确了办学理念以及育人目标之后，接下来的工作就是围绕明确的办学方向，构建完整的课程体系。

首先，大学专家会与中小学领导、部分一线教师一起分析现有课程体系的不足。“A 小学存在的问题在于他们没有明确的办学理念和价值追求，只是将自己定义为一所普通的农村小学，只要完成了教委布置的任务和下达的要求就可以了。这样就导致学校的课程主要是国家课程标准中的开齐开全的课程，这几年，A 小学也因地制宜地让自己的教师根据个人特长组织了社团活动并开设了社团课程，但这些课程彼此之间没有联系、跟主课之间也没有联系，所开的课程缺乏体系和特色。”（大学教授 Y）其次，在双方就现有课程所存在的缺陷达成一致后，大学专家会要求中小学根据已有的办学理念和育人目标，结合学校之前的课程做出新课程体系的初稿，之后再与中小学一起修改、归纳、提升。中小学起初很抵触，认为自身的理论高度不够，无法单独完成新课程体系的构建工作。但是大学专家对此很坚持，认为这项工作是课程体系构建过程中必不可少的一环。“中小学一定要自己先做，他们总是觉得自己做不出来，不愿意去尝试，但是只有他们最了解自己的情况，只要他们自己经过思想的碰撞，哪怕出来的东西他们自己也会觉得很不成熟，那也是有意义的。”（大学教授 Y）中小学做出最初的课程体系之后，大学专家会再一次进校指导，以中小学提供的初稿为基础，双方就课程体系的构建进行再讨论、再提升，在原有的基础上做出课程的调整。

以 A 小学为例，围绕“五育并举”理念，学校形成担当合作、善思乐探、强健规矩、正雅多彩、勤作笃行五大领域的课程，每一领域又设立基础课程、拓展课程、自选课程、综合课程，整合了之前的三大课程体系，以育人目标为中心轴，使学校的课程体系统一连贯起来。基础课程是国家统一要求开设的课程，同时也作为其他课程的扩展基础，是A小学的必修课程；拓展课程虽然也是A小学的必修课程，但是部分课程需要不同教师联合授课，课程的开设充分考虑了学校的办学特色和办学理念等方面的因素；自选课程是在考虑学生个人兴趣爱好、教师特长等因素的基础上开设的课程，由学生自愿选择是否参与；综合课程是全校师生一起参与的大型活动，可以提升学生的综合能力，展示学校良好风貌。

3. 形成合力，促进课程体系落实

在办学理念、育人目标确定之后，大学与中小学又据此明确了学校的四级课程体系，意在使学校的文化理念通过具体的课程内化于全体师生的日常行为之中。换言之，新的课程体系是学校文化的载体，并且通过A小学与大学专家后期的跟进得以落实，使学校文化理念根植于中小学全体师生的内心，成为他们信奉的准则。课程体系的落实过程直接关系到U-S合作的成效，是对前期合作成果的巩固与检验，因此是U-S合作中至关重要的一环。

首先，教导主任和各教学组长组成“磨课小组”，以此来督促一线教师落实好新课程。“磨课”就是教导主任和各个教学组长一遍一遍地听课、评课，然后从领导和学生的双重角度提出改进建议，使一线教师认识到教学中的不足并做出改变。“就是一遍一遍地‘磨’，有时候一节课‘磨’六七遍，但是讲好了这一节课，其他的基本也能讲好。因为他就知道应该怎么把育人目标结合到课程之中了，一通百通。一学期下来每个教师的课我基本都会听一到两遍，然后组织大家开座谈会，说一下听过的课都存在什么问题，大家畅所欲言谈改进措施。”（A小学教导主任Z）

其次，大学专家持续跟进后续落实工作。针对中小学在落实过程中遇到的问题，大学专家通过实地调研，做出初步诊断，双方再一起结合具体的情况开出“药方”，以保证课程体系落地生根，并且在实践中能够得到不断完善。“我们后续要做的就是每学期至少一次到学校指导评估文化课程体系的落实情况，看他们是否充分理解了文化体系的内涵，是否在课程领域中落实了核心素养，是否在四类课程中体现出了办学理念和育人目标。”（大学教授Y）课程体系构建完成之后，大学专家会积极帮助中小学落实课程，确保顶层设计落到实处。

最后，A 小学通过借鉴其他学校的课程落实经验，可以有效避开落实过程中的误区，并且学习到先进做法。在与其他中小学的交流过程中，大学专家起到了沟通协调的作用，通过大学专家的介绍，A 小学可以跟不同地区的中小学开展线上线下研讨。各个学校将自己的落实措施分享出来，彼此借鉴，取长补短。

四、A 小学与大学合作模式分析

（一）合作方式分析

从协同治理理论来看，相较于单一结构，A 小学与大学的合作存在内部权力的不稳定性，因此，就更加需要合理的制度安排和有力的领导来保证协同合作的有效开展。在 A 小学与大学的合作过程中，形成了一套初步的制度安排，包括大学专家如何开展指导调研工作、过程中采用什么指导形式、指导过程分为几个阶段、每个阶段重点指导的内容、中小学在此过程中需要做的事情等。但是合作过程也存在许多问题，如双方缺乏制度化的沟通协调机制和共同的愿景等。除此之外，双方协同治理的过程也反映了内部权力的转移，如大学专家在合作过程中始终占据着权威的话语权，只有在大学专家缺席的场域，中小学领导者才会占据领导权，开展落实工作。

利用前文表 6-3 的评价要素对 A 小学与大学的合作模式进行分析，可以得出以下结论：虽然在文化体系的构建过程中 A 小学也参与了讨论，但更多地起到提供学校历史文化信息的作用，双方之间的合作不能达到“共同创造”的程度，双方之间更多的是一种“指导与被指导”的关系；合作双方是“我们与你们，一个联队”的关系，双方并不仅仅局限于达成协议中规定的指标，而是就学校文化体系的构建积极地探讨、互动和沟通。在这个过程中，A 小学得到大学的指导，构建起具有学校特色的文化体系，大学得以在实践场域中检验理论、提升理论，双方不断优化自身智慧；从文化体系的构建过程可以看出，合作所关注的重心在于学生品质的养成；整个合作过程中，双方都有基于自身利益出发的目的，因此更倾向于一种弥补不足和学习发展的过程；在合作中双方所投入的力量更多的是基于大脑的智力和体力的投入，它需要双方认真地观察、思考、琢磨、体会，努力地获取自身知识之外的知识；由于双方都会从合作中得到提升，因此会产生一种“成功体验”，即在取得一定成果之后萌生出“我进步了”的感觉；对于合作的评价机制，大学会看A小学在文化体系的落实是否到位，是否能够通过特色课程体系的落实将学校的办学理念渗透到学校生活的各个方面，从而促进学校的特色发展。A小学对于大学则没有类似的评价；A小学与大学的合作适用多元智能理论，这种理论认为人的智能不是单一的，每个人都拥有多种智能，只是在不同人身上会表现出不同的形态，因此，通过学习，可以使个人最大限度地发挥潜能，产生新的智慧状态。也正是因为如此，大学可以通过合作，向中小学学习实践智慧，而中小学可以通过合作向大学参与人员学习思想和理论智慧。

（二）合作角色职能分析

通过对A小学与大学的合作过程进行分析，发现双方在合作过程中都有自己需要承担的责任和履行的义务，为U-S合作的顺利开展提供支持。

1. 大学：理论研究与宏观规划

（1）理论研究

在U-S合作过程中，大学负责输出本领域最新的研究成果，并将其转化成新的发展理念，为中小学的发展提供理论支撑和专业引领，并且以理论为基础，结合具体情况，为中小学构建学校文化体系。

（2）宏观规划

大学专家对中小学的指导规划对中小学的未来发展是十分重要的，起着统领性的作用。中小学虽然对自身情况及面临的困境是非常清楚的，但是缺少高屋建瓴的视野。大学专家可以从更加宏观、更加符合科学理论的角度对中小学的情况进行分析，帮助其构建更加完善的发展体系。

2. 中小学：提出需求、落实执行

中小学作为改革主体，是最清楚自身需求以及现实困境的。因此，在与大学合作的过程中，中小学首先做的是对自身情况进行梳理，在座谈会上尽可能全面、详细地与大学专家分享；其次，就自身的改革需求、改革目标做到心中有数；最后，在落实阶段，中小学发挥主场优势，积极落实相关措施，巩固合作成果。

在A小学文化体系的构建及落实过程中，大学与中小学之间的合作分为三步：确定办学理念及育人目标、构建特色课程体系、课程体系的落实。在确定办学理念及育人目标和构建特色课程体系的过程中，大学都是占据主导地位的，而中小学则处于从属地位。在这两个阶段中，A小学主要的工作是准确翔实地反映学校的历史、文化特色以及现存困境，大学更多地起到理论输出、总结提升的作用。在第三阶段——课程体系的落实过程中，中小学得以发挥主场优势，通过实践、交流学习等方式落实课程体系，而大学更多是起到辅助性的作用，例如，针对落实工作中遇到的问题进行后续指导以及介绍不同的中小学进行相互交流。由此我们可以看出，在U-S合作的过程中，大学主要起到理论指导、经验总结的作用，中小学则主要是在实践落实层面起作用。

五、U-S合作的案例成果

陈如平教授认为一所新样态小学的建立离不开“四色”——打造本色、夯实底色、形成彩色、彰显特色。① 因此，在中小学的顶层设计过程中，大学专家极为注重引导中小学教师发掘学校的历史与周边特色。在谈及现在学校文化体系与之前的学校文化体系有什么区别时，A小学的教导主任Z说道：“以前我们学校的发展理念，是让教师和学生都能得到良好的发展，这种口号用在哪个学校都可以，大家觉得跟我们学校也没什么关系。现在的学校发展理念、育人目标以及相关的课程都是我们根据我们学校的历史与专家多次讨论得出的，因此非常符合我们学校自身的特色，是其他学校没有的，大家也从心里认可。”

A小学顶层设计前后变化如表6-4所示。

① 陈如平. 打造新样态学校［J］. 教育科学论坛，2016（24）：7-10.

表 6-4　A 小学顶层设计前后变化

	办学理念	育人目标	核心素养
改造前	教师发展、学生发展	无	无
改造后	琢石成玉，聚石成城	培养有实力善聚力的有为少年	担当合作、善思乐探、强健规矩、正雅多彩、勤作笃行
内容解读	琢石成玉：教育即雕琢、打磨，对学生不断打磨使其成为一块美玉。 聚石成城：培养学生团结合作的精神；教师的一种坚持信念，教师有齐心和干劲，只要学校存在一天，就坚守一天	培养各方面优秀并且乐团结合作、会团结合作的学生	德：担当合作——引导学生具有合作精神，勇于担当。 智：善思乐探——引导学生在人文和科学领域都要乐于探究、善于思考。 体：强健规矩——身体强健，并且有规矩意识。 美：正雅多彩——培养学生多才多艺，会发现美并且创造美。 劳：勤作笃行——培养学生坚持不懈地对待一件事情的毅力和耐心

A 小学构建的文化体系是 U-S 合作取得的重要阶段性成果。

对 A 小学与大学开展合作前后的文化体系进行了对比：A 小学的办学理念由先前的“教师发展、学生发展”变为“琢石成玉，聚石成城”；学校的育人目标确定为“培养有实力善聚力的有为少年”；核心素养为“担当合作、善思乐探、强健规矩、正雅多彩、勤作笃行”五育并举。学校的文化体系不是一蹴而就的，而是经过了大学与中小学的多次研讨。

首先，在双方达成初步合作意向之后，大学专家开始进校指导，同步举行“学校顶层设计与实施阶段推介会”。大学专家在进校之前就通知校方，除了学校领导班子，所有该时间段不上课的一线教师也要出席推介会。此举既是为了保证大学专家更加全面地了解学校情况，也有利于减少后续文化理念通过课程落实时所遇到的阻力，从源头上避免“学校育人目标、办学理念与课程体系两张皮”现象的发生。第一次进校指导，大学专家的主要任务是全面了解学校情况。通过中小学领导及一线教师现场自述、查看学校文献资料以及实地参观校舍等方式，大学专家对学校文化有了比较全面的认识。在此基础上，双方对学校文化体系重新构思。

其次，在大学专家第二次进校指导时，双方就办学理念、育人目标、一训三风展开讨论。大学专家担任推介会的主持人，并将学校文化体系的表格画在黑板上，在双方的讨论过程中逐步加以完善。A 小学自建校以来，学校名称中就包含“沙河”二字，于是学校领导班子提出以“沙石”为核心概念构建学校文化体系。双方围绕“沙石”这一概念，结合学校历史、周边风土人情开始了文化体系的构建工作。在双方讨论过程中，若对某一理念产生分歧，大学专家便会陈述自己的观点，并给出多个可供选择的建议，中小学的领导及教师便会针对这些建议进行集体讨论，最终决定选用哪一个；若双方无法达成一致意见，则会采取“搁置再议”的方式，大学专家将几个备选方案标注在表格中，双方各自回去思考一段时间，将此问题作为下次推介会的开篇讨论问题。通过两次“学校顶层设计与实施阶段推介会”的研讨，A 小学以办学理念、育人目标、一训三风为主要内容的学校文化体系初步明确。

在 A 小学的文化体系构建完成之后，双方便据此重构课程体系。课程是学校文化理念的载体，只有通过课程的落实，学校的文化理念才能被全体师生接受，并将其作为日常行为处事的准则。

在双方合作之前，A 小学的课程体系是传统的三级课程——国家课程、地方课程、校本课程。在国家课程和地方课程的基础上，A 小学采用课程融合的方法，根据教师的特长及学生的兴趣，增设了校本课程。比如，校本课程中的足球课是融入国家课程体育课之中的，每周两节体育课教师会用其中一节教学生们踢足球；校本课程中的陶笛课是融入国家课程音乐课中的；其他的校本课程由学生自愿选择是否参与，学校在每周二、三、四下午 3 点半之后会保证不少于 1 小时的授课时间。A 小学在确保国家课程和地方课程正常开设的基础上，主动为学生开设校本课程，具有一定的创新意识，但是三级课程没有主旨性的统领，仅仅是在考虑了教委的要求、平衡了教师的特长与学生的兴趣以及现有可调配资源的基础上开设的。A 小学前期课程体系框架如表 6-5 所示。

表 6-5 A 小学前期课程体系框架

国家课程	地方课程	校本课程
语文、数学、英语、音乐、体育、美术、道德与法治、科学	北京市：书法、安全综合（生命教育、安全教育） 昌平区：走进昌平、爱我昌平	足球、陶笛、快乐的小学生数学、手工 DIY、3D 打印、田径课程、晨诵

在分析了前期课程体系的不足之后，大学专家要求中小学以学校文化体系为依据，在原有课程体系的基础上做出一份新的课程框架图。起初，中小学的领导班子及一线教师十分抗拒，认为自己不具备这样的能力，通过多次电话和线上通信工具询问是否可以由大学专家做出一份初稿，双方在此基础上进行讨论修正。大学专家耐心解释要求其做初稿的目的，并且予以宽慰，打消对方的疑虑。

在中小学提供了课程体系的初稿之后，大学专家第三次进校指导，主要任务是根据学校的文化理念，在课程初稿的基础上重构学校特色课程体系。A 小学最终的课程体系从国家课程、地方课程、校本课程三大模块扩展到基础课程、拓展课程、选择课程、综合课程四大课程模块。课程体系从最初的纷繁复杂、没有内在逻辑关联到实现了国家课程校本化、校本课程特色化、拓展课程品质化、选择课程多元化、综合课程主题化的目标。“我们其实算是观念比较先进的，之前也积极探索了一些校本课程，想着学生们可以多发展一下兴趣爱好，综合素质能提高一点。但是除了陶笛、足球能融入国家课程中，这三大课程之间就没什么关联性了，总觉得缺少一些内在关联性，各个课单打独斗的，没有一个整体的目标。现在好了，从育人目标、办学理念到具体的课程，我们知道上每一节课的目标，就有了聚力点，劲儿就能往一处使了。”（A 小学教务主任 Z）A 小学构建起了具有内在联系的四级课程体系，凸显了学校的特色文化，促进了学校的特色化发展（表 6-6）。

表 6-6 A 小学课程体系整体框架图

五育并举	四大课程			
	基础	拓展	选择	综合
担当合作（德）	道德与法治	家长进课堂	争做小小 先进兵 榜样的力量	寒暑德育 小少年
善思乐探（智）	语文 数学 英语 科学	快乐的 小学生数学 晨诵	3D 打印	元旦才智 大比拼
强健规矩（体）	体育 综合实践	安全综合 （生命教育+ 安全教育）	足球 田径课程	九月开学季
正雅多彩（美）	音乐 美术	书法	陶笛 小小合唱团	六月艺术节
勤作笃行（劳）	走进昌平、 爱我昌平	小小田园家 “一分田” 种植园	种植小分队 手工 DIY	三月勤耕节

第五节 U-S 合作中的问题与对策

根据前文表 6-3 所示的 A 小学与大学合作模式的实然状态与应然状态，现对 U-S 合作过程中所存在的问题分析如下。

A 小学是一所传统的农村小规模学校，面对当下的困境寻求自身发展无可厚非。要想使双方的合作达到“建构共同世界”的目的短时间内是不现实的。从这个角度看，A 小学仅仅把大学当作自身发展的“工具”也是情有可原的。在行动过程中，A 小学急于解决眼前的发展困境，因此，主要是通过合作汲取大学的理论知识，增强自身的智慧，双方的合作在短时间内也不可能达到“追求卓越”的层次。同理，评价机制也是基于学校发展“能力”的提升，而不可能超越现实的发展阶段去评价双方在合作过程中有没有做到以人为本、平等互尊等。基于现实中农村学校的发展需要，合作适用的理论仍然是“多元智能”理论，即中小学可以从大学汲取理论和思想智慧，大学可以从中小学处汲取实践智慧。除去现实情况限制的因素，我们从身份界定、角色关系、力量投入等方面分析 U-S 合作过程中大学、中小学以及合作程序存在的问题，同时针对存在的问题提出相应的对策和建议。

一、存在的问题

（一）合作主体角色及职能问题

1. 中小学：依赖心理严重，自我意识不足

农村小规模学校普遍面临着经费短缺和教师老龄化问题，这也直接决定了在与大学合作的过程中他们的动机是谋取自身发展，在合作过程中也必然地将对方当作达成目的的工具。在合作过程中他们关注的是改革能否取得实际效果、学生的综合素质是否能切实得到提升。这些现实考量直接决定了在与大学合作的过程中，农村小规模学校不可能以一种平等的姿态与大学展开对话，因此，也就不可能与大学专家形成一个真正意义上的团队，而是将专家视为“指导者”与“学术权威”。尽管我们看到大学专家在双方合作的过程中尽力在程序上保证中小学的参与、决策，但中小学这种“低位姿态”仍然贯穿于整个合作过程。

大学与中小学的不同之处在于大学重理论研究，中小学重实践探索。因此，在涉及学校的文化建设时，中小学管理层及一线教师处于弱势地位，容易对大学专家产生依赖心理，认为理论性的东西理应由大学专家提出，自己的任务是贯彻执行。在几次推介会上，学校领导班子能够主动提出自己的看法，而其他教师往往是被点名之后才会表达自己的想法。除此之外，学校为保证一线教师的参会率，特意在会议前一天下发了通知，强制要求大家参

与。“一线教师虽然是按照通知参与了整个学校的顶层设计过程，在当时可能也发了言，但是说实话他们还是觉得这事跟他们关系不大。他们主要还是觉得领导规划好了愿景，他们就跟着往前走。我们作为管理层，主要还是想多听听专家的想法，毕竟人家是专业的。专家指导一次，我们就要想好久，消化一段时间，然后过段时间再请专家来看看我们的实践效果怎么样。”（A小学教导主任Z）

由此可以看出，中小学的领导班子具有一定的变革意识，一线教师则普遍存在变革意识不强的问题。其深层次的原因是学校管理层与教师群体存在利益冲突。A小学的校长刚上任两年，教导主任则是任教30余年的本地人，对学校有着深厚的感情。无论是出于积极的“政绩观”还是出于乡土情感为了孩子和学校的发展，A小学的领导层都有充分的理由促成此次合作，寻求更好的发展。但是重构课程体系受影响最大的是一线教师——熟悉的教学方法变得不再适用，还要不断学习新的理论知识与技能，增加工作强度，特别是年龄较大的一线教师，更是存在这种畏难心理。

综合A小学之前的表现，可以得出以下结论：A小学对大学专家存在着严重的依赖心理，始终将自己放在弱势的一方，并非在合作中可以平等发言的合作方。在大学专家与中小学沟通交流的过程中，专家也是多与校长、教导主任进行联络，与一线教师的联系明显不足；从身份界定来看，双方就只有在开座谈会时是一个团队，会集思广益出对策、给想法；从中小学的角度出发，合作的大部分时间双方都处于一种“联队”的关系，即我们与你们组成一个联队，你们更多地给予指导，我们更多地消化吸收。在U-S合作的“角色关系”中可以将其归为“指导与被指导”这一类型。这说明在协同合作的过程中，内部权力和领导力的分配严重偏向大学，中小学在很大程度上处于“被指导”的弱势地位，然而这种弱势地位是由其自身的依赖心理与低位意识所导致的。

2. 大学：未做到全身心投入

（1）理论性过强，意见较为宏观

大学是研究高深学问的场所，理论性非常强；而中小学是教育教学实践的场所，更加注重应用与实践。双方的特性决定了大学专家给出的意见较为宏观，加之对学校的了解不够深入，因此，大学专家给的指导建议在中小学的具体执行中往往需要不断调试。在针对A小学教师的问卷调查中，有25%的被调查者在谈到对于未来合作的期望时，表示“专家站位比较高；希望能更具体、更有针对性；希望能多参与课堂、评课、上课”。其中一位教师L直接指出：“专家站位比较高，所用方法可能并不适用于所在班级的教学。如果专家能够进课堂听课、评课、上课，可能更有益于日常教学。”（A小学教师L）在对A小学的教导主任Z进行访谈的过程中，她也提道：“我们希望能与专家多一些交流，但是专家平时也忙，我们琐碎的工作也很多，大家在有限的时间、空间里所进行的沟通，效果肯定是有的，但是可能专家对我们学校的一些基础教学工作，如对我们要平衡的师资、资金以及不同课程之间的课时量了解的不是很多，针对我们学校具体的建议就相对少一点，这样我们在操作层面上就缺针对性。所以我想如果我们多交流，多沟通，效果应该会好很多。”

在谈到合作过程中让其印象最深刻的事情时，大学教授Y说道：“我觉得印象最深刻的事就是每次进校之前与对方协商时间。因为大学的工作很忙，小学校长和主任的工作更忙，要协调出一个都方便的能持续研讨半天甚至一整天的时间，非常难。故此，见面研讨的次数也就受到了影响，当然，也就影响了合作效率。”

由此可见，大学专家始终作为“局外人”而非“内部人”，没有深入日常的教学实践中做田野调查。大学和中小学双方也都意识到见面研讨次数过少、缺乏沟通以及大学与中小学的理念站位过高是合作过程中不可忽视的问题，也会影响合作效果。

（2）指导形式单一，难以全面了解学校文化

“合作形式就是专家进校指导，主要是座谈会的形式。我们学校就是负责组织这个时间段没有课的教师共同参与进来，然后专家帮我们梳理一些相关的理念、提供一些思路，我们再根据自己的情况看看哪些合适、哪些不合适。其实理念的东西很简练，可能就一句话的事，但我们真正实践起来就很

烦琐，需要考虑学校方方面面的实际情况，需要较长时间。”（A 小学教导主任 Z）双方合作形式单一，座谈会上教师反馈的信息非常有限，大学专家难以准确把握中小学发展的方方面面，仅能对学校有一个大体的了解。所以，双方如果只有座谈会这一种沟通形式的话，课程在落实过程中出现“水土不服”的现象便在所难免，中小学在后期的具体落实过程中就要花费较长时间不断地调整、反馈，合作效率自然也会受到影响。

除此之外，从座谈会这种单一的形式来看，大学投入的是基于大脑的智力和体力劳动，中小学在智力和体力的投入基础上还会有课程落实及调试，因此，可以说是基于生命力的全身心的投入。从协同治理的过程来看，指导形式的单一性不利于协同合作的双方快速、全面地了解对方需求，也不利于既有信息的共享，更枉谈形成新的共享知识和资源。因此，单一的指导形式会影响协同效果。

（二）协同治理过程中存在的程序性问题

根据协同治理理论，U-S 协同合作的过程包括信任的建立、充分沟通、达成共同愿景、建立明确的合作制度、取得阶段性成果等。结合上文的分析，我们可以看出，双方的合作始于 A 小学对大学的信任，经过初步沟通达成合作意向，合作流程较为明确，包括进校指导的次数，每次指导的重点内容等。但是合作流程并未落实为具体的制度约束，合作缺乏共同的目标愿景，且在合作过程中双方的沟通并不充分。虽然现阶段合作取得了一定的成果，但是双方仍需重视合作过程中存在的程序性问题，否则最终的合作效果必然会受到影响。

1. 缺乏制度化的合作机制及沟通渠道

A 小学与大学的合作并没有签订正式的合同，双方达成合作意愿之后，大学专家开始进校指导工作。这种带有传统“乡土中国”意味的信任使得整个合作过程缺少制度化的约束。例如，专家进校指导没有固定的时间表，一般顺序为“A 小学主动邀约——双方协调时间——座谈会举行”。但是在第四次专家进校指导之后，A 小学的校长频频出差，因此第四次进校和第五次进校间隔较长。“Y 教授前几天联系我们协商这次进校指导的时间，问本月 17 日是否有空闲，但是正巧赶上寒假之前的全体教师大会，所以未能成行，估计得年后才能见面了，我们上个阶段攒下的问题也只能年后再向 Y 教授请教了。”（A 小学教导主任 Z）其次，在专家进校指导过四次之后，笔者对 A 小学教导主任进行的一次访谈中她讲道：“专家讲的东西理论性很强，很简练，让我们一下子消化是不现实的。所以我们只能在专家讲完之后，自己消化一段时间，过段时间再请专家来答疑解惑。另外，专家讲的东西是好，但是对我们学校一些很细微的东西了解得不透彻，因此我们还要想实践的时候怎么结合，怎么有效利用这些资源。如果专家能多了解了解我们学校的情况就好了。”当问及双方合作的这一年之中是否向大学专家表达过类似想法时，她表示：“没有说过，因为觉得专家平时都很忙，也不知道他们平时什么时间段有空可以跟我们交流。”

协同的双方由于缺乏正式制度的约束，导致信息沟通不畅，合作效率低下。同时，因为没有正式制度的约束，作为“弱势”的一方，中小学“不敢”表达合理诉求。由此我们可以看出，大学虽然基于理论实践和社会责任的双重考虑与中小学合作，但是在合作过程中，没有做到全身心投入，不能积极主动地询问中小学在课程落实方面的困难。

2. 缺乏共同的目标愿景

当被问到希望学校通过文化建设变成什么样子时，A 小学教导主任 Z 说：“因为没有协议，我们自己也不是很清楚希望学校以后变成什么样子。现在就是一个不断梳理的过程，通过专家来给我们讲，我们慢慢地实践、再反馈，然后不断修正，在这个过程中再确定。虽然现在初步看到了一些成效，但我们都清楚学校之后还有很长的路要走。”A 小学在与大学合作的过程中，双方没有确立共同的目标愿景，也没有明确的量化标准，因此，在合作过程中不免出现责任不明、责任缺失的现象。甚至有类似合作出现指导过程流于形式，实际并无效果的情况。

吴康宁认为效果最好的 U-S 合作应该关注品质的养成而非指标的达成。诚然，以达成诸如“学校能否成为示范校、学生的成绩合格率、升学率提高了多少”这样的显性指标为目的的合作多为利益联合型的合作伙伴关系，是低层次的合作。但是合作双方需要一个共同的目标愿景，以此来约束双方行为。例如，通过合作让每个学生掌握一项特长、让学生的综合素质得到提高（包括身体素质改善、上课积极性提高等）。共同愿景的达成是 U-S 合作必不可少的一环，有利于协同治理的各方更好地履行自己义务。

二、对策与建议

（一）政府：搭建平台，为 U-S 合作创造条件

第一，政府应出台关于 U-S 合作的政策文件，明晰双方的权责界限。20 世纪 90 年代，U-S 合作在我国生根发芽，随后教育界对其进行了一系列研究，教育教学实践也进一步扩展。① 但是官方一直未出台相关的政策文本，因此，大学和中小学在合作过程中应尽的义务、应负的责任没有明确的规定，U-S 协同治理的过程也毫无规范可言。蒋庆荣认为协同过程不应该仅仅是一种应激反应，而应该是审慎、包容和透明的。② A 小学与大学的协同治理，由于缺乏完善的沟通机制，加之中小学自身的“低位意识”，中小学的很多想法不能及时反馈给大学，进而影响了合作效果。因此，在 U-S 协同治理的过程中，有政策文件作为依据可以确保双方的意见都能够得到倾听与尊重，使双方都能最大化地发挥自身的优势。此外，缺少共同的目标愿景依然可能使合作流于形式，因此，双方应在政策法规明确的权责基础上，结合实际情况，制定出双方都认可的评价标准。

第二，政府应设立“中小学专项教师培训以及课程改革经费”或者“大学参与小规模农村学校课题专项经费”，以此解决中小学经费短缺问题。首先，农村小规模学校在自身经费紧张的情况下，还要从一年的财政拨款中省出部分经费用于学校文化建设，此举必然会影响学校其他活动的正常开展。

---

① 安富海，吴芳. 大学与中小学合作：政策引导是关键［J］. 基础教育，2011（6）：77-81，94.

② 蒋庆荣. 协同治理视角下中国高等职业教育治理模式研究［D］. 长春：吉林大学，2018.

其次，经费短缺会影响许多有改革意愿的学校的积极性。只有在保证基本办学条件的情况下，校领导才会考虑提升办学质量的问题。因此，“中小学专项教师培训以及课程改革经费”或者“大学参与小规模农村学校课题专项经费”的设置可以有效消除中小学在经费方面的疑虑，有利于双方合作的开展。

第三，政府可以向社会组织购买服务。协同治理理论发展到今天，已经不仅局限于大学与中小学双方的协同治理，而是发展成为多方参与的综合治理理论。大学、中小学、政府、社会组织四方协同，形成合力——政府提供资金、社会组织保障制度规范、大学输出理论指导、中小学提供教育实践场域，四方共同发力，才能提高协同治理的效率。因此，政府可以向社会组织购买课程服务，并安排农村小规模学校统一学习。此举既可以解决中小学经费不足的问题，又能使更多的中小学校获得改革的机会。社会组织作为教育协同治理理论中不可或缺的一方，理应成为政府教育职能的合作伙伴。政府把一些工作有计划、有步骤地转交给社会组织，自身则需要承担监督和服务工作，确保整项工作的顺利开展。这也是由管理走向治理、由管理型政府走向服务型政府的应有之义。

（二）大学：倾情投入，为 U-S 合作提供服务

首先，大学应加强理论研究，增强指导的实践性。中小学教师具备丰富的实践经验，但是缺少系统的教学理论体系。这也是中小学和大学协同治理得以开展的前提条件。大学的理论往往具有站位高、抽象深奥的特点，这又会成为中小学在理解层面和开展具体教学活动时的壁垒。在与中小学合作的过程中，大学应派出专业的研究团队，深入中小学进行调查，在充分了解中小学情况的基础上发现问题并提出相应的改革建议。唯有如此，才能将理论应用于实践，并且不断从教育实践中汲取养分，充实理论框架。

为保证合作效果，大学专家还需灵活运用多种方法加深中小学对办学理念的理解，从而促使他们更好地落实课程体系。“大学与中小学合作最大的困难就是在理念上难以达成一致，这就需要大学的学者运用多种方法给他们

讲述、展示，甚至我们这边会利用手上的资源让被指导的中小学互相参观学习，有时甚至是陪伴他们一起去，在一起参观的过程中再次给他们讲述其中的理念和思想以及做法。要达成一致，是一个需要反复研讨碰撞的过程。”（大学教授 Y）

其次，全身心投入，增强合作力度。大学教师不能仅仅将中小学作为理论验证与充实提升的场所，而更应该将帮助中小学进行文化建设作为一项“教育事业”去做，全身心地投入其中。大学应该积极改革高校教师评价体系，将 U-S 合作成果作为考核评价机制的一部分，以此促使大学教师全身心地投入中小学的建设中，防止出现部分大学教师仅仅为了获得教学实践数据进入中小学，而使 U-S 合作流于形式的现象。

（三）中小学：加强修炼，为 U-S 合作提供动力

第一，中小学应充分利用周边社区资源。相较城市中的学校和大规模学校来说，农村小规模学校的教学资源相对不足。因此，学校应充分利用周边社区的资源，包括文化资源、人力资源和物质资源。一方面，利用周边社区的文化资源为学生开设特色课程，包括外出实践场地的提供与志愿者的支持服务等；另一方面，农村小规模学校也可以充分利用社区的物质资源，如没有操场的学校可以运用社区的体育场和运动场为学生上体育课。

第二，中小学应增强平等合作意识。中小学应该明确双方是一种合作关系，而不是“上位”与“下位”的关系。首先，中小学的领导层要摆正心态，本着对学校负责的态度，在与大学进行沟通交流的过程中，如果遇到问题应该及时反馈；其次，中小学应该树立自我变革意识，中小学是最了解自身情况的主体，在合作过程中领导班子及一线教师应积极向大学专家反映学校情况，使 U-S 双方能够最大限度地做到信息共享，从而保证改革效果。

第三，中小学应探索多种培训机制，加强校际教师的交流。若外出交流学习的名额有两个，则可以采用“教导主任+教学组长”或者“校长+教学组长”的组合。每次外出交流学习都派不同学科的教学组长，外出交流的组

长回校后与其他一线老师分享心得。这样可以改变每次外出交流都是“校长+教导主任”的组合，避免一线教师没有切身感受，所以任凭教导主任怎么传达学习心得，老教师们也不愿意做出改变的情况。此外，农村小规模学校可以与培训主办单位协商，活动采用现场直播或者是视频录制的方式，这样可以保证一线教师不出校门也能学习，最大限度地保证学习效果。

第七章

社会组织如何参与县域教师培训

第一节　研究背景

一、教育治理的提出

从 20 世纪 90 年代开始，新公共管理理论、新公共服务理论和治理理论在许多发达国家出现并兴起。近年来，由于政府机构的臃肿给经济发展和社会进步带来了不小的弊端，随着政府简政放权措施的推进、国家对教育愈加重视以及相关理论发展的支撑，我国在教育领域展开了一系列改革，以改变政府在教育领域的支配性地位，并且逐渐将学校治理的权力还给学校，提高学校的自主性，改变我国一直以来教育是由政府掌控，学校只是政府政策的执行者的不良状态。

2013 年在党的十八届三中全会中，正式提出“推进国家治理体系和治理能力现代化”的目标，这标志着“治理”已经被摆在国家战略高度，是未来一段时间公共服务的发展方向。同时类似的方针也出现在教育行政领域中，从 20 世纪 80 年代《中共中央关于教育体制改革的决定》中开始，政府就在思考如何下放权力、激发教育活力，并在 2010 年《国家中长期教育改革和发展规划纲要（2010—2020 年）》中明确阐明“教育公共治理”的理念。在关于教育治理的政策发展过程中，我们可以看到从教育部提出“教育治理体系和治理能力现代化”到推动“教育管办评分离”，该放的放，避免“越位”“错位”和“缺位”的政策变化，教育治理的趋势逐渐转向将社会力所能及的交还给社会，厘清教育治理各主体的职责和权限。

二、教育领域内社会组织的出现和发展

教育社会组织是随着政府简政放权力度加大的同时快速发展起来的，1982年《宪法》中首次明确了社会组织可以在教育领域发挥力量，指出“国家鼓励集体经济组织，国家企业事业和其他社会力量依照法律规定举办各种教育事业”。在教育领域充分发挥教育社会组织的作用，是利用社会力量办大事，提高社会组织参与治理的积极性的重要部分。

三、中小学教师队伍建设的需要

随着生活水平和生活质量的提升，使人们更多地思考如何提升精神生活质量，对教育的重视程度也就越来越高，但当今的教育——尤其是义务教育，其质量还存在着很大的问题。而要解决教育质量提升的问题，关键是要实现教师的专业发展和教师素质的提升。教师作为教育发展的重要主体，其专业化发展的实现不仅是个人全面发展的重要部分，更代表整个国家教育水平的提升。所以提高教师专业素质，提高中小学教师队伍的建设，完善教师培训体系成为科教兴国、建立人才强国的需求。

从理论的发展和现实的变化中我们可以发现，国家正在努力实现教育管理体制的转型，其基本方向就是通过寻找社会力量，弥补单纯依靠政府进行教育领域治理的不足和缺陷。那能否充分利用社会组织所特有的多样性、灵活性和自主性，解决教育方面存在的政府失灵和市场失灵，弥补政府教育治理机制的缺陷呢？而解决的程度又如何？

第二节　社会协同治理背景下的教师培训

一、协同治理中的教师培训模式

（一）G-S（政府—中小学）协同模式

G-S协同指的是政府和中小学之间的合作管理。在合作过程中，政府起

主导作用，和中小学之间的关系是单向的，政府制定相应的政策和决议，中小学贯彻执行。在这种关系中，政府和中小学的关系并不是平等的，双方缺乏有效的互动，学校缺乏自主性，也没有建立起相应的沟通反馈机制。基于此，双方合作管理下的教师培训所表现出来的状态是政府并不能根据社会和教师的实际需求制订培训方案，只能运用有限的资源和经验单方面地制定教师培训的方针和课程，无法因地制宜地进行差别化、有针对性的培训。这种单向的管理方式并不是进行研究的重点。

（二）U-S（大学—中小学）协同模式

从国际社会来看，U-S 的协同最早产生于 19 世纪末，U-S 协同概念，最早是由美国的古德莱德和霍姆斯小组提出的，他们主张大学和中小学的合作应该是建立教育学院与初、中等学校的伙伴关系，以培养研究型教师和教育研究者为目标①，并声称提高学校教育质量应该成为大学与中小学合作的最终目的。国内对 U-S 模式的研究成果中，赵玉丹概括出 U-S 合作的三个关键要素分别是：树立共同的行动目标、培养共同的利益点和研究兴趣、形成平等的权利和义务②。巴奥特（Biott）基于 U-S 协同中双方的权力、地位的差别，划分出合作的两种模式，第一种为执行模式，这种模式下的大学占有主导优势，以专家身份对中小学开展指导、教授，为其做示范，要求中小学按照自己的理论和策略实施；另外一种为发展模式，是基于大学和中小学处于相对平等的地位，双方通过询问、交流、沟通、商讨等手段开展合作。

在教师培训领域，杜威创办的实验学校是“U-S”协同开展培训的重要起点，其主张将大学师范教育与学校教师结合。20 世纪初，美国通过召开一系列推进 U-S 协同的会议，鼓励大学应更多地参与中小学教育教学以改进教师素质。从 20 世纪 80 年代开始，美国“教师专业发展学校（PDS）”首先开展了大学与中小学合作的教师教育模式，从而展开了 U-S 协同的新样态。随后英国也开展类似的教师培训计划，如教师伙伴学校，旨在通过大学对中

① Holmes Group. Tomorrow's Teacher: Principles for the Design of Professional Development Schools [R]. East Lansing, MI, 1986.

② 赵玉丹. 大学与中小学伙伴合作：国外研究的现状与述评 [J]. 内蒙古师范大学学报（教育科学版），2007（3）：31-34.

小学进行全面研究，以中小学为基地，以对教师的专业化发展进行改进。而我国最初对“U-S”模式的实验是从各类大学尝试建立附属小学等开始的，如东北师范大学建立的附属小学等，至今仍然存在着政府政策和制度的一系列限制。

（三）U-G-S（大学—政府—中小学）协同模式

U-G-S模式是指大学、政府和中小学三个主体进行协同治理，在这种模式中，三个主体分别承担不同的职责，通过合作在资源和组织上实现互动互补，进而共生共赢的跨机构联盟。

U-G-S教师培训模式是指大学（包括师范大学、专业学校等）、地方政府与中小学校合作开展的为提升中小学教师素质和专业能力的职前培养、入职教育和在职研修等系统性工作。U-G-S的模式遵循“目标一致、责任共担、资源共享、各方获益”的发展原则①。在此原则基础上开展的合作，能够在各主体地位平等的基础上，以成员共同体的身份参与教师培训。在这种合作框架下，中小学能够根据实际需要提出培训需求，地方政府运用自己行政和管理上的优势，提供充足的财务、政策等方面的支持；大学在教师培训的过程中提供相应的研究对策和培训形式以及多样化的智力支持，有针对性地提高教师培训质量。东北师范大学设立的“教师教育创新东北实验区”就是借助“师范大学—地方政府—中小学校”的平台进行教师教育研究的典型案例②。

但是在这些模式中，或多或少都存在着治理失效的问题，这些问题的出现主要是由于各主体在思想认同、组织机构、目标一致性、角色扮演等方面的差异造成的。学者滕明兰指出，致力于教师发展的U-S协同虽然已经展开，但这种合作的层次较低，并将这种合作关系以“协同合伙”一词概括，认为大学与中小学的合作关系仅仅停留在形式上，对教师培训和教育很难起到实质的推动作用。而造成这种状况的原因主要是大学和中小学没有形成一致的合作目标，缺少共同的动力，并且大学与中小学没有以相对平等的关系

① 李广. 建构“U-G-S”教师教育模式［N］. 中国教育报，2013-06-18.

② 刘益春，李广，高夯. “U-G-S”教师教育模式建构研究——基于教师教育创新东北实验区建设的实践与思考［J］. 教师教育研究，2013，25（1）：61-65.

进行合作，其中中小学只能扮演实践基地的角色，负责实验场所的提供，工具价值明显，反而在合作过程中对教师自身的发展没有太多帮助。还有学者认为，中小学在大学和政府的双重权威下，只能扮演“服从者”“执行者”的角色，在政府、中小学和大学的合作过程中，本应处于核心位置的中小学反而被边缘化了。

针对这些质疑，有些研究者用补充参与主体的视角，希望通过引入第三方组织来协调原来模式中存在的矛盾。如“U-D-S”伙伴协作模式，其中“D”指“District”，包括地方教育局和学区、社区相关教育机构等，是以社区作为独立于政府和中小学之外的第三方，为三方合作提供社区环境的支持，并通过社区力量化解原来合作中的文化冲突等问题①。还有如“U-A-S”，其中“A”代表教育行政部门，这与我们所说的“U-G-S”类似，这些模式提出的目的都是通过第三方组织协调各教育主体的关系，形成合作共赢的模式。

二、国内教师培训类社会组织的发展

一直以来，教育发展的核心和关键问题，都是建设高质量、专业化的教师队伍。我们要正确认识教师培训不仅是教师的义务，更是教师的权利。而国家和社会要为实现教师这一权利提供保障。

目前我国的教育社会组织可以进行纵向和横向的划分，按照行政级别上的科层体制，划分为纵向金字塔式的多层次结构，包括从上至下的国家级层面、省级层面、市级层面、县级层面，以及学校层面。按照办学主体，可以划分为多类型（多主体）横向并列结构，分别是教育部门培训机构、科研部门培训机构、其他民办培训机构以及外来培训机构。对当下我国中小学教师培训机构的类型而言，主要分为四类：一是教育行政部门的附属机构，一般以教研组为依托，是中小学教师培训机构的主体；二是独立设置的教育学院，这类学院拥有较多的师资力量，发展较快；三是高等院校特别是师范院校设置的培训机构，这类院校国家较为重视，具有专门解决中小学教师培训

---

① 李国栋，杨小晶. U-D-S 伙伴协作：理念、经验与启示［J］. 外国教育研究，2013，40（10）：30-37.

的部门，同时也有较高的科研能力；四是社会性的教师培训机构，这类教师培训机构是本文主要探讨的，在现阶段的政策导向下，这类组织在社会上丰富起来，并且能够解决其他培训机构中专业性不足、针对性不够的问题。

随着国家和社会对教育的日益重视和努力，我国的教师培训已经在几十年的发展过程中取得了一定的进步。在终身教育思想的影响下，随着我国经济社会的发展，对教师专业素质要求提升，基于教育行政部门的扶持和帮助，现有的教师培训机构已经在一定程度上弥补和解决了教师素质随社会需要提升的需求，同时信息化的发展和在教学领域的应用，也丰富了教师的培训方式，慕课等培训形式应势而生，为构建新的教师培训方式提供了途径。但局限于历史和政策的影响，教师的培训仍容易被忽视和分离，并且在职教师的培训内容和形式等方面仍旧存在较多的限制。主要体现在以下几个方面：

其一，现有的教师培训体系机构僵化。

目前我国提供教师培训的机构大都采用大学的职能式的科层管理形式，如教育行政学院等，管理比较僵化，体制较为封闭，信息不畅通，严格封闭的层级制使得培训的灵活性较差、参与性较低。

其二，教师对于培训的认识不到位，功利性较强。

许多教师不能正确认识培训的重要性，把培训当作任务，盲目按照上级要求排课、请教师，许多教师缺少对培训的了解，对培训内容不感兴趣，认为培训打乱了原有的工作秩序；教师的积极性缺乏，许多教师更是抱着培训有利于职称评定等功利性的想法参与培训，导致教师培训的功利性较强，收效甚微。

其三，培训内容的针对性差、培训方式单一化。

培训内容多来源于教研领导部门、国家教育政策，倾向于对理论的培训，忽视对实际工作实践的指导，提供培训的组织通常忽视教师培训的专业化需求，对不同科目甚至不同区域的教师采取相似的培训方式，缺少对教师培训需求的系统分析，培训专业化程度低。

其四，培训目标发生置换，忽视和过度量化培训整体效果。

无论是组织培训的部门，还是接受培训的教师，在培训过程中都会产生

"培训即为目的"的错误思想，最终导致"形式大于效果"，评价标准依据考试通过与否进行判断，以培训考试成绩代替对整个培训过程的整体效果，理论脱离实际，对于实践的培训较少，忽略了教师培训后的成果转化及课堂实际应用。

三、国外教师培训类社会组织的发展

在教育发达的国家，为了保障教育水平的高质量发展，教师培训一直都是教师十分重要的权利及义务。加拿大一直十分重视对教师能力水平的培养，并开展了"卓越教师教育计划"，制定了从评价到监督的一系列完整的培训体系，保证为教育提供高质量的师资力量。在日本，终身教育的思想更是贯穿了教师继续培训的整个过程，政府出台相关的法规和制度，从法律上保障教师培训权利的实现，并且日本的培训机构采取多样化的培训手段，丰富的培训方式，最大限度地满足教师培训需求。英国早在 20 世纪 70 年代便开始重视对教师的培训，在地方教育委员会的主持下，组成以大学、教育学院、教师中心为主的全国性培训网络，如全国教师工会、教育标准办公室等，"教师中心"① 是最为典型的教师培训机构，一般设置在小学内，当地教育局通过中心对教师进行培训，根据教师的培训需求，组织针对性强且有时效性的教学活动，组织教师进行课程开发、举办学术活动以及为教师提供最新的信息和教学技术，强化落实教师培训，提高教师教学质量。在美国，各州主要是通过定期的教师资格认证制度对教师培训做出强制性的要求，美国有非常丰富的教师培训机构，包括各种大学的研究生院、教师中心、推广讲座等②，"筑就美国（SHAPE America）"是美国一个比较出名的教师培训机构，它会在全国或地区组织举办年度专业学术会议和展览会，通过学者的交流让教师了解最新的改革成果；工作坊研讨，分享教学经验与智慧；通过向教师提供在线学习的服务进行远程辅导；提供充足的培训资源条件和设

① MAXWELL B. In-service Initial Teacher Education in the Learning and Skills Sector in England: Integrating Course and Workplace Learning [J]. Vocations and Learning, 2010 (3): 185-202.

② 梁建. 当代外国中小学教师的在职培训 [J]. 中小学教师培训, 1997 (C6): 56-58.

施，从而应付课程发展变化对教育改革的需求。芬兰为了提升教师的专业素质，成立国家教育发展中心，专门为中小学教师提供培训，包括一些教育课程、国家和国际教育发展项目和相关的问题研究，并且提供相应的咨询①。国外多主体参与教师培训的方式如表 7-1 所示。

表 7-1　国外多主体参与教师培训的方式

类型	案例
大学、专门师资培养机构	美国的大学会负责中小学教师的培养和培训，如进修大学专业课程、参与学术会议等；英国会通过大学为在职教师提供学位和证书长期培训课程；日本各个大学都承担教师培训的工作②
专门的培训机构	法国的教师培训由大学师范学院的学区培训工作组负责；德国的教师培训主要由政府负责的教师进修机构承担；日本有教育研修中心、教学会馆等专门机构承担教师培训的职能
教师专业团体	教育团体是在缺少明确的教师行政负责部门的地区，承担重要的作用，成为教师培训的重要支撑，如美国、英国、德国、日本
广播电视、函授教育机构	主要是通过网络或专门集中培训的方式进行，在新媒体环境下，是各国通用的培训形式
教师所在的中小学校	英国和美国的中小学都有完善的教师培训体系，如工作坊活动、暑期研究或工作经验交流、专业组织活动等；日本也在中小学校内进行教师在职的综合化培训③

通过对国外教师培训制度和机构的梳理，我们可以发现，当今许多国家教师培训呈现出一些共有的特点，如具有强制性的法制化培训制度，具有整体性的多元培训目标、具有综合性的丰富的培训内容、培训课程整体设计强

① Anna Lindh Foundation. National Centre for Professional Development in Education [EB/OL]. http://www.euromedalex.org/about, 2012-08-20.

② 郝德勇. 当代世界各国加强教师职后培训的原因及措施 [J]. 中学教师培训, 1992 (1): 35-37.

③ 王昌善. 世界主要发达国家本科学历初中教师职后培训述评 [J]. 继续教育研究, 2003 (5): 42-46.

调实用性、培训途径具有灵活性、培训模式具有针对性等，这是国外教师培训取得长足进步和成效的关键，这些经验为我国教育社会组织提供教师培训的专业化发展提供了很好的借鉴，有利于我们有效地吸收国外先进经验，因地制宜地开展系统化的教师培训。

第三节 YH 区小学教师培训协同治理模式分析

本文选择山西省运城市 YH 区作为深入调研的代表区域。运城市位于山西省西南部，地处黄河中游，该区是运城市政府所在地，是运城市唯一的辖区，总面积 1237 平方千米，共 70.60 万常住人口，是运城市最发达的区域，该区共有小学 1108 所、初中 295 所。为顺应现阶段国家对教育的重视，响应上级部门对教育改革的政策方针和规划，以及基础教育的发展及改革趋势，教育局一直在寻求该区教育改革的契机，以期有更好的教育发展模式为该区教育发展注入新的生机。

作为该市最大的区，YH 区的教育改革实际是作为龙头示范区，引导和带领运城市教育水平的整体改善。基于该区一直以来的基础教育改革方针，始终遵循以人的发展为第一要素，倡导办学变中求新，变中求进，变中突破。通过政府汇集资源对教师进行培训。

2017 年，YH 区申请加入了中国教育科学院引领的全国“新样态学校联盟”，成为实验区，目前已有 18 所学校成为实验校。在这期间，教科局主管领导、实验校校长、骨干教师先后赴北京、广州、上海、西昌、乌鲁木齐、杭州等地参加相关培训，并且在区域内，搭建交流平台，开展互助活动，将新思想带回各学校。在发展过程中，与深圳立言教育研究院展开正式合作，以“主题阅读”为切入点，进行学科内整合、教师培训等项目合作，促进学校课程重构和教学方式的变革，追求高效的课堂教学。通过主题阅读沙龙、工作室、督导组等形式提升教师的积极性和专业素质。

2018 年区委把新样态学校建设纳入乡村振兴计划，区政府也将此项目列入政府工作报告；教科局更是以“零度思维”（零心态、零距离、零等待、零排斥、零风险）开展此项工作，制定了总体目标和阶段性目标。以城乡“结对子”“1+1”“1 带 1”、老带新的方式推进工作①。同时由中国教科院及立言教育研究院的专家亲自到各学校进行指导。自此解锁了区政府、大学、中小学、社会组织四方协同治理的新方式，从而使 YH 区的教育改革打开了新的局面。

一、对 SFIC 协同治理模型简介

本文中将使用 SFIC 模型（图 7-1）②，该模型是 Ansell 和 Gash 在通过对 137 个不同国家和政策领域的案例进行分析之后，得出由四个部分组成的模型，分别是起始条件（starting conditions）、催化领导（facilitative leadership）、制度设计（institutional design）以及协同过程（collaborative process）。

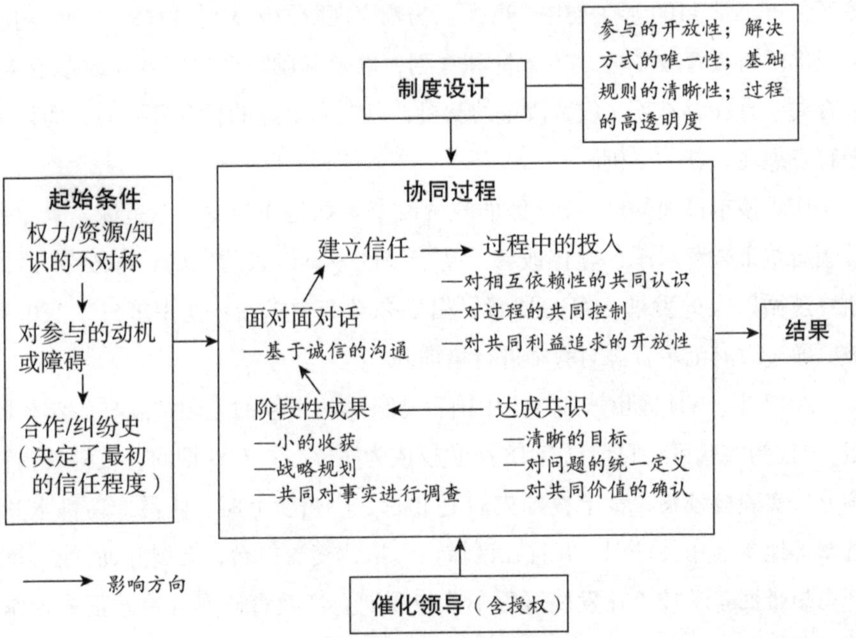

图 7-1　SFIC 模型

---

① 资料来源于运城市 YH 区教育科技局教研室文件。

② ANSELL C，GASH A. Collaborative Governance in Theory and Practice［J］. Journal of Public Administration Research & Theory，2008，18（4）：543-571.

我们重点对该模型的核心内容协同过程进行梳理和应用。协同过程的实现是在起始条件、制度设计、催化领导三方面工作作用下催生的。在协同过程阶段，主要有基于面对面地谈话沟通建立起来的信任进行的过程投入，通过共同的认识及对过程的共同控制，还有利益追求的开放性等方面达成共识，进而确定要共同解决的问题、清晰而统一的目标以及一致的价值追求，在最终进行阶段性的成果检验和调查，完成整个协同过程。在这一过程中对协商沟通、指导监督、策略规划等手段可以熟练地使用。接下来我们便可以通过使用该模型的协同过程对 YH 区四方协同治理的模式进行分析。

对教师培训而言，四方协同模式建立联系的主体主要有政府、社会组织、中小学和大学四方，基于不同的角色和利益，接下来我们对四方主体合作的作用模式进行分析。

二、协同治理的教师培训动力分析

（一）社会组织：提高知名度，实现组织发展

深圳市立言教育研究院在 2009 年正式注册成立，最初研究院的重点项目是语文课程的主题阅读，是运城市 YH 区进行教育改革和发展寻找合作的社会组织，立言教育研究院成了中国教育科学院引领的“全国新样态学校”发展的一员，为参与的实验学校提供顶层设计、教师培训、课程改革等教育资源。

在国家积极鼓励社会组织参与社会事务管理的背景下，立言教育研究院抓住机会，通过自身拥有的丰富资源和指导实践，通过收取教育局划拨的指导费用逐渐发展壮大起来。立言教育研究院在帮助各学校实现更多需求的同时，提升和开发了更多自身的功能，在多省市中小学打开了知名度，在帮助学校成长的同时，实现自身的发展。

“我们也是有目标的，我们认为做出的课题对教育的发展是有效的，希望能够为教育改革贡献来自社会的力量，同时将这种成熟的产品提供给社会，一方面，确实能够实现我们组织内部的循环发展；另一方面，也能够切实为中小学教育的发展和进步做出自己的贡献，看到取得的成绩我们也是充满荣誉感。”（社会组织受访负责人 L）

（二）政府：提高区域教育质量

教育的发展作为政府工作的大事，必须摆在政府工作的重中之重，YH区的教育局为了提升教育质量，满足人们日益增长的文化需求，同时也为了响应国家对于教育发展改革的要求和趋势，提高本区县的教育竞争水平，在传统方法遭遇发展瓶颈的背景下，选择通过社会组织进行专业的教师培训，打开YH区教育的大门，让教师能够了解到其他地区优秀的经验，提升本区整体的教育水平和教育竞争力。

YH区作为该市较为发达的区，教育工作一直起着带头示范作用。在进行参与观察，到实验学校进行教师培训课程参观的过程中，笔者发现，很多其他区和未参与到该项目中的小学教师同样来参加课程培训，目的是为了让这些未加入项目的教师看到新教育方式的优势，鼓励他们加入。所以对于YH区加入四方协同治理，可以有效地带动其他地区的教师参与教师培训。

“四方协同治理的最终的目的是要实现全区，乃至全市教育水平的发展，所以如果外部的力量能够帮助我们实现教育水平的提高，那我们就会不遗余力地引进、扩大。最终也不只有单单实现某一方面或者某一所学校的单独提升，而是要实现全区的教育改革和发展，提高全区的教育质量。”（政府受访教研室主任Z）

（三）大学：实现社会责任，进行理论实践

现阶段国家出台鼓励政策，鼓励大学教授多出去对地方学校进行帮扶，将大学的研究成果应用于实践，将理论转化为实际产出，为教育改革和基础教育的发展做出贡献，使基础教育和高等教育的联系更加紧密。在这种趋势下，更多的大学教授愿意走出去，将自己的研究成果转化为实际应用，并且希望能够实现自己的职业理想和教育愿望。

“我之所以会参与这样的项目，主要有两个原因，首先基于自己的专业愿望，因为喜欢这个工作，并且希望能够有所成果，比如说，我做中小学教育管理研究，是一门应用性学科，如果我天天坐在书斋里，也不去学校，不了解学校的实际情况，那就是闭门造车。所以我希望能够到更多的学校进行实际调研，让我的研究理论真正地有所应用，可以更有效地帮助中小学。其次，我要到那些学校里面去做调研，去帮他们做事情，找一些合作的项目来

增强我对现实的了解，也有助于我自己的研究。”（受访大学教授Y）

（四）中小学：提高学生成绩、提高学校竞争力

该区的教学任务最终落在各中小学的身上，协同治理的需要源于该区小学内生发展的需要，随着教育改革的开展，许多有多年发展历史的学校仍旧固守于旧的教学模式，使得教学发展远远落后于其他地区的学校。寻求发展便成为学校工作的首要任务。

“作为有着20年教学经验的教师来说，一方面我希望能够将我的教学经验发展下去，但是另外一方面我想随着社会的发展，我的教学方式是否还受用，我认为有必要进行知识和方法的更新，这对于学生和教师来说，都是新生机的注入，我希望学校和有关部门能够为想要进步的教师多提供一些机会，我一直对此充满期待。”（受访小学教师Q）

学校的本职工作就是对学生进行德智体美等方面的教育，而时代的发展需要对教育的内容和形式进行不断更新，其实对教师进行专业素质的提升，使其适应现代化社会的要求，也是学校想要提高竞争力，转变为现代新型学校的必然要求。“这几年，学校的发展几乎进入停滞的阶段，我们一直在寻找变革的契机，希望能够改变旧的发展模式，寻找新生。所以当我们发现立言教育研究院和我们的理念相一致时，就希望能够通过社会组织的帮助，进行学校内部的变革。”（受访小学校长C）

三、协同治理的过程分析

（一）萌生需求阶段

在进行教育改革的过程中，无论是处于教师自身专业素质的提升，还是学校发展的需要，教师培训成为改善教育质量的手段。政府在综合分析YH区教育水平和条件之后，认为有进行教师培训的需求。同时在总结以前教师培训的经验教训及发展情况的基础上，认为应该采用四方协同治理的方式进行教师培训工作。

YH区最初参与协同治理，运用社会组织参与教师培训的想法是来源于个别参加培训的教师，由他们组织起来向教育局提出向社会组织寻求教师培训帮助的意见，教育局积极鼓励，在进行多方面评估、权衡考虑之后，最终

选择了深圳立言教育研究院，承担本区的教师培训工作。从政府对该教育项目的审核过程中，我们可以看出教育局对于该区教师的教学需求和反馈十分看重，并且对教育质量提升需求有较好的认识。

“当我们听到有教师反馈培训效果后，十分重视，我也亲自去参加了立言教育研究院在其他地区的培训课程，曾经作为一名语文教师，我确实认为对语文教师进行这样的主题阅读培训课程是非常新颖的，回来后我们也搜集了相关资料，将该项目的引进提上日程。”（政府受访教师培训发展中心主任 W）

“通过对 YH 区政府部门的负责人员进行访问的过程中，我们了解到 YH 区的教育工作面对转型和新的发展挑战，在寻找新的发展方向和方式。在教研室主任和该区多所学校教师的建议和推动之下，教育局开始萌生转变教师培训模式、开展新的教育方式的想法。我们区教育这几年都一直在寻找改革的契机，有了这个理念就一直在寻找切入点，正好逢上申报了中国教科院的一个项目‘新样态学校建设’，要做魅力课堂课程再造和魅力课堂主题阅读，正好我们自身的教育改革想法和这个理念是相符合的，主题阅读也就成为我们‘新样态学校建设’课程改革的一个抓手和切入点。像第三方的这种教育机构，他们专业性非常强，服务较好，我们就愿意尝试与这样的组织合作。”（政府受访教研室主任 Z）

（二）建立互信阶段

该区与深圳立言教育研究院开展合作，源于其他学校推荐的立言教育微信公众号和一次立言教育研究院开始的语文课程主题阅读培训和讲解。从而使得 YH 区的教育改革与立言教育研究院结下了不解之缘。“就是那一次参加培训课程，让我突然觉得我们区的教育改革可以这样进行，也让我有了一些新的想法，想要将这些新的方法带给我们的学校。”（政府受访教师培训发展中心主任 W）

该区政府在切实了解到主题阅读的模式后，开展与立言教育研究院的语文主题阅读课程的双边合作，组织部分教师“走出去”参与主题阅读课程的教师培训。单项主题阅读活动的展开成为双方互信的基础，成为双方合作的契机，为后面和立言教育机构开展更大范围的教师培训活动提供了新的机会。“在组织培训的初期部分教师有抵触情绪，认为增加了本学科的课程压力，但是经过了短时间的学习吸收，教师们越来越觉得这样的培训能够给传统的教学方式注入新的活力，而学生们也表现出了更大的兴趣，这样显著且直接的效果，让我们与立言教育研究院的合作更加有信心。”（政府受访教研室主任 Z）

“有培训的机会我们就愿意‘走出去’学习交流，作为教师也希望能够寻找到区别于传统的教学方式，希望能够更有效地提升学生的成绩，利用更加有效和有吸引力的方式引导学生学习，参加主题阅读的培训确实给我们语文教师一些新的启发，提供了改变的方向。”（受访小学教师 H）

语文主题阅读项目的顺利开展，使得该区与立言教育研究院建立起双边信任关系。在参与主题活动教师的提议下，该区教育局认真思考了当前学校教师面临的实际问题，并准备与立言教育研究院开展具有针对性的教师培训活动。同时立言教育研究院也敏锐地察觉到 YH 区教师专业发展的更多需求，从而寻求与该区进行深度的教师培训项目。从而教育局和立言教育研究院便以教师培训为主题项目开展新的合作。

（三）开展合作阶段

1. 合作洽谈阶段

在确定要与立言教育研究院进行教师培训的合作后，双方就 YH 区的教师专业发展需求与教育局、中小学展开了座谈会，认真分析了该区教师提出的需求，就学校的发展方向、顶层设计、培养目标、学校特色等方面进行综合的考虑，将合作意向和方式基本确定下来，并且在合作方案确定，签订合作协议之后，立言教育研究院会根据具体的培训需求提供相应的服务。

“我们会在正式合作项目确定之前，安排专家和地方教育局以及中小学校开展座谈会，在座谈会中就中小学的需求进行深入的分析，并提供基本方案，在对学校的基本情况有所了解的基础上，才能建立合作关系，签订合作协议。一般的项目周期为 3 年，在这 3 年期间我们每年至少会提供 3 次的专程指导，同时也会根据学校的实际需求以及教师的发展情况具体问题具体分析。”（社会组织受访负责人 L）

“第一次我们校长、教师、教育局领导、立言教育研究院的对接人来到学校进行实地考察，并且组织召开了座谈会，教师也可以提出问题和需求，对我们来说，确实缺乏对理论知识的理解，与社会组织进行合作也是希望能够给我们科学的指导，确实在会上我们听到很多关于学校改革的方向，也给了我一些指引和方向。”（受访小学校长 C）

2. 正式合作阶段

对于 YH 区的教师培训项目，首先由立言教育研究院组织专家团队进行专业分析，形成具有理论基础的培训课程、设计培训方案，不限人数地对该区参与项目的所有教授该课程的教师开展培训，提供专业的问答，具体的指导教师进行课堂形式的改革，同时鼓励学科的整合与贯通。

表 7-2　立言教育研究院培训日程

日期	时间	课程内容与研讨形式	地点	主持人
5月24日上午	8：30-10：00	一、专家报告 报告名称：《数学思维与创造力》 主讲人：张文俊　深圳大学教授	实验小学	董晓兰
	10：00-10：15	二、主题探究课程《大白鲨能潜水多深》 报告名称：《大白鲨能潜水多深》课程说明（三年级） 主讲人：李敏　山西省运城市 YH 区教研室		
	10：20-11：00	三、主题探究课程《大白鲨能潜水多深》 课例：《大白鲨能潜水多深》课题确立课 执教：李敏　山西省运城市 YH 区教研室		
	11：10-11：50	四、主题探究课程《大白鲨能潜水多深》 课例：《大白鲨能潜水多深》数学课 执教：张高红　山西省运城市 YH 区实验小学		

续表

<table>
<tr><th>日期</th><th>时间</th><th>课程内容与研讨形式</th><th>地点</th><th>主持人</th></tr>
<tr><td colspan="5">午 休</td></tr>
<tr><td rowspan="4">5 月
24 日
下午</td><td>14：30–
15：10</td><td>五、专家报告
报告名称：《数创绘本培养创造力》
主讲人：王鸣艺 深圳市立言教育研究院</td><td rowspan="4">实验小学</td><td rowspan="4">董晓兰</td></tr>
<tr><td>15：20–
16：00</td><td>六、课程整合
课例：《大白鲨能潜水多深》科学课
执教：乔冰翠 山西省运城市 YH 区解放路示范校</td></tr>
<tr><td>16：10–
16：50</td><td>七、课程整合
课例：《美丽的海底世界》美术课
执教：张馨戈 山西省运城市 YH 区解放路第三小学</td></tr>
<tr><td>17：00–
17：30</td><td>八、课程整合现场研讨
李敏 干鸣艺 董晓兰</td></tr>
</table>

表 7-2 为立言教育研究院拟定的关于培训课程的日程表，包括专家讲座、实验校教师试讲、专家评课等环节。“对于这样的培训形式我们是比较满意的，专家能具有针对性地对我们老师讲课的现实情况进行点评和指导，这是其他培训方式无法实现的。教育局内部我们也实施了教师培训方案的计划，主要围绕‘师德、师能、师意’这几方面对教师进行思想的动员和专业素质的提升，以期将教师培训常态化、规范化。”（政府受访教师培训发展中心主任 W）

YH 区的教师培训项目计划如表 7-3 所示。

表 7-3 YH 区的教师培训项目计划

项目	方式
集中培训	请专家培训，对于理论方式的讲解（通常为暑期五天的集中培训）
示范课程	专家组织示范课的试讲

续表

项目	方式
专家听课、评课	实验学校教师讲课，专家指导，提出问题和改进意见
跟岗培训	教师走出去，到教育发展好的地区进行为期一周左右的跟岗，用观察的方法对优秀教师的教学过程进行学习

“现阶段我们会根据学校的需求进行专业的教师培训，比如，语文课程的主题阅读活动，我们会配备专家对教材的使用以及课堂形式等方面进行专业的培训，但都是基本方向上的把握。对于后续的实际操作是需要学校自己完成，而我们定期会进行检查和更正督促。”（社会组织受访负责人 L）

“立言教育与教育局正式合作后，专家组织就会进入实地调研，对该区的整体情况进行分析，依据理论提出学校改革和教师培训的方案。一般都是立言帮我们联系好所有的行程，而我们需要做的就是针对他们的需求，比如，有些学校需要顶层设计的校长培训，有的学校需要专业的教师培训，我们会根据我们实地考察到的学校特色、实际发展状况，以及他们的这些需求，进行具有针对性的培训。这些培训包括思想上的培训和实操上的培训。”（大学受访教授 G）

“因为经费的限制，我们只能满足有限数量的教师直接参与立言教育研究院组织的教师培训活动，这些教师参与培训之后会在本校内进行经验的分享和方法的交流。在这样的模式下，我们不能一味地接受，必须要学会知识和方法的转化，让每一个教师都能够参与培训课程，从而形成校内、校际的帮扶合作，最终实现培训成果共享。”（政府受访教研室主任 Z）

“在这样的合作模式下，该区中小学就形成了内部的资源循环和提升的闭环，教师能够主动寻求教学方法的改变，主动成立学科内、学科之间的交流组，以便更好地进行交流提升，这样的培训环节和工作氛围对于学校实现自己的造血功能大有裨益。我们会成立一些工作室、高级研修班、定期研讨会议，鼓励有需要的教师都来加入，后来因为人数过多，我们就以学校为单位，几个学校进行合作，组织‘沙龙’活动。”（政府受访教研室主任 Z）

四、合作成果检验阶段

对于教师培训的合作效果，除了用教师培训后的专业课程考核外，还有一些实质性的审核标准，比如，对教师教学形式的变化、学生学习积极性的改变等，这种合作成果的检验来自政府部门和社会组织两方。

“对于合作开展的教师培训项目效果，我们有一套制定好的考评标准，教育局会定期组织相关人员到各个参与培训的小学实地考察，检验项目成果，除了学生成绩这个检验指标以外，还有对于教师的课堂设置、课堂效果、教师和学生能力提升的程度等方面的检验。对于效果好的学校，我们会让其以示范校的身份组织教师进行学习和观摩。对于不合格的小学，会让其有一定时期的适应和合理的退出机制。其实大多数教师对于这样的培训方式是认可的，在这一过程中积极寻找改变和突破，这是我们愿意看到的，这对学生成绩提升是有帮助的。”（政府受访教研室主任 Z）

“对于合作的效果检验，立言教育机构说这正是他们正在完善的地方，现有的评价标准一般来源于教育局和学校的满意度反馈、实验学校的可见成果输入，如有关实验效果的期刊文章、成功经验分享交流会，以及立言教育组织内部现有的培训效果评价指标。我们希望完善的培训体系能够包含更多培训教师和学生的感受和看法，这才是对培训最实际、最有成效的评价手段。教师和学生的满意度才是我们项目最终的目的。”（社会组织受访负责人 L）

第四节 协同治理的作用机制分析

一、协同治理的合作方式分析

从对过程的分析和梳理来看，我们可以发现在社会组织参与 YH 区教育培训的作用模式中，充分利用了政府部门的权威性、大学专家的理论延展性、自身资源的丰富性、中小学教师培训需求的迫切性，进行最大限度的资源整合，从而为教育的发展提供社会力量。

应用第一节我们提到的 SFIC 应用模型对该区教师培训的合作方式进行分析，我们可以看到，起始条件基于权力资源知识等方面的不对称，导致拥有资源的社会组织、掌握知识的大学、具有实际控制权的政府部门，还有迫切寻求变革的中小学都有一定的参与需求，这是四方协同开展合作的前提。而在合作的过程中，政府部门将实际的控制权授予合作的社会组织进行教师培训项目的实际运作，而政府则扮演监督支持的角色；在 SFIC 模型中我们看到的制度设计是在四方协同治理过程中没有体现出来的不完善之处。在多种作用机制的催化下，开展了四方协同治理。

YH 区教师培训主要采用层级递进、自我复制的形式进行。通过面对面地谈话沟通，在建立相互信任关系的基础上，投入各自具备的资源，形成对过程的共同把控，从而在教师培训的内容和方案上达成共识，进而取得阶段性的成果，阶段性成果的取得增加了双方的相互信任，进而催生了更深层次的合作，在 YH 区教师培训的四方协同治理过程中，体现在由主题阅读的合作延展到整个教师培训中。

在与 YH 区的合作中，立言教育研究院组织专家团队对该区一线教师进行课程等有关教育改革内容的培训，在有限的培训活动之后，可以由教育局出面组织优秀的教师进行经验的分享和二次培训，将外部培训力量转化为内部培训资源，将培训课程从覆盖学校到覆盖整个区域。同时成立工作室、分享沙龙等组织形式，可以由有经验、有兴趣的教师自发组织，也可以成立校内、校际的专业课程教师分享交流论坛会。以点带面，培养更多的骨干教师，辐射更多的区县乡村学校，最终实现全区教育资源共享。

在该组织模型中，除了政府与中小学的关系外，政府与大学、大学与中小学的联系实际上是通过社会组织建立起的相互联系，在整个关系模型中，社会组织整合了资源，提供了平台和途径，大学通过社会组织将先进的理论应用于实际，政府部门通过社会组织的帮助寻找到教育改革的切入点，中小学通过社会组织接收到先进的管理经验和教学方法，实现自身的复制发展。通过社会组织解决外部信息沟通不畅等问题，从中我们可以看到整个教师培训模式的运作和发展，这得益于四方的协同配合。

二、协同治理的角色功能分析

根据对 YH 区教师培训的协同治理模式分析，可以发现在合作过程中各主体均承担相应的责任，履行相关的义务，为四方协同治理的顺利开展畅通渠道，提供资源。教师培训组织运作模式如图 7-2 所示。

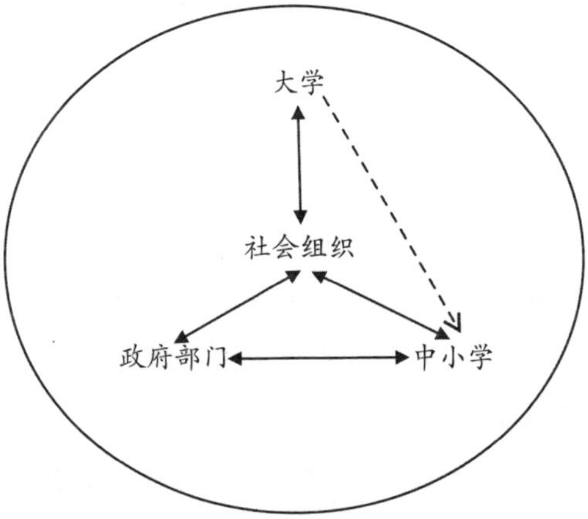

图 7-2　教师培训组织运作模式

（一）教育局：筛选、平台、评估

1. 对社会组织的筛选

教育局承担着选择社会组织参与本区域治理的全部职责。对社会组织的规模、经验、资质、组织特色、能提供的服务和汇集资源的多少等方面进行综合考量，确定筛选和评价标准。结合本区的特点和需求择优选择。

"我们首先对市场上各类社会组织进行调查，也会看邻区、邻县的实验学校的合作对象和效果，教师出去培训回来后也会提出一些建议，这都是我们获取社会组织信息的来源，然后会具体针对我们的需求，选择这一领域做得较好的组织进行合作，毕竟在经费有限的前提下，钱要用在刀刃上，也要能看到实际的效果。"（政府受访教师培训发展中心主任 W）

2. 为区内中小学和社会组织提供沟通的平台

教育局一般情况下是该区教育对外的窗口，承担着输出教育成果、输入教育资源的重要责任。在该模式下，教育局将获取的优质教育资源应用于中小学的教育改革发展，同时将中小学的教育需求进行整合分析，挑选出最适合的解决方案。

“我觉得我们主要承担的是桥梁和窗口的作用，首先是我们 YH 区教育部门和外面第三方机构的桥梁，也是教科局和学校以及教师的桥梁。其次是经常和第三方机构联系，在他们那个圈子里，认识了各个方面的专家，无形当中我就知道哪里都有什么资源，如果我们有这方面的需要，那我就会把信息提供给这个学科系，相当于一个窗口把外面的消息带进来，然后再跟外面联系。”（政府受访教研室主任 Z）

3. 对于培训结果的评估

教育局作为经费的提供者，对于教师培训和学校发展的最终效果要有客观可测的衡量标准，教育部要组织成立专门的监督考评小组，定期听取学校的改革进度汇报，对学校教师的培训进行多角度考评，学生学习成绩的变化、教师课堂的变化及丰富程度等。

“现阶段我们的考评更多的是以量化的形式考核，如教师的考勤、教案完成度、作业批改质量、课件制作水平、公开课试讲、工作反思等，同时我们正在寻找尽量减少这种硬性的评价指标的比重，希望能够看到一些发生在学生身上的效果，但那是一个长期性的监督工作。”（政府受访教师培训发展中心主任 W）

（二）社会组织：对接、指导、评估

1. 对接四方协同的各个主体

社会组织其实承担的是将社会资源整合应用于教育改革和教师培训的发展中。所以根据当地教育局的需求，提供优质的大学理论资源，开展具有针对性的需求分析对策，这些资源的提供是教育局只凭借自身力量无法实现的。

“其实我们的优势在于可以将优质的教育资源提供给各个实验学校，具有较为丰富的实践经验，同时协调大学与 YH 区教育局和各个中小学，对所有的活动和行程进行有效的对接。同时安排大学教授和教育专家为 YH 区各小学进行专业化的培训，并进行有效的互动。”（社会组织受访负责人 L）

“每个大学教师自己的研究方向都还是很明确、很窄的，很多时候有些

学校对教育的某一方面进行改革，但是找不到适合的专家，而中介机构本身就是做市场工作的，所以它既了解学校的需求，同时也了解并掌握各种领域的大学学者的研究领域和水平，他们就把一些教授联系起来合作，更有效地帮助中小学。”（受访大学教授 Y）

2. 指导中小学教师培训活动实施

社会组织对于已经达成共识的教师培训方案的实施进行指导，课程的安排、人员的配备、培训次数和周期的选择，以及培训方式的针对性设计，从而指导教师培训的实际落地实施。

“我们进行的教师培训项目不同于传统教育体制下一刀切的教师培训模式，我们能够根据学校的需求，对不同学科的教师进行有针对性的培训，并且我们能够提供专业的培训资源，这是其他组织无法提供的优势。”（社会组织受访负责人 L）

3. 评估教师培训效果

立言教育研究院实际上仍然承担着对教师培训效果的评估，教师培训效果衡量标准，很难做到完全的量化。所以只能采用一些间接的评估方式，如通过实验学校对项目进度和项目效果的反馈、中小学培训成果的发表、学生的成绩等。通过二手资料的获取进行自身工作效率的梳理以及问题的反思。

（三）大学：研究、规划、培训

1. 进行理论研究

在四方协同治理的过程中，大学要提供相关最新的理论研究成果，为教师培训以及区域教育的改革进行顶层设计和理论支撑。“一方面是把我的学术方面的这些专业思想传递给实验学校，另一方面也会把这些新的培训方式和发展的理念方法介绍给他们。相当于是启蒙，对他们来说是扫盲教育也好，启蒙教育也好，思想更新教育也好，我要做的就是进行专业的引领，这是我在整个过程中的作用之一。”（受访大学教授 G）

2. 对学校整体发展提出规划建议

大学专家的指导对学校的发展方向来说十分重要，虽然教师培训的内容和需求中小学自身是最了解的，但是大学学者能够站在更宏观的角度对学校的发展情况和存在问题进行分析，提出更科学化的培训方案。“在实践上，对中小学进行指导规划确实能够帮助学校去构建他们的课程体系，因为校长虽然在理论上理解了，但是他还是不能够跳出他那一所学校原有体系对他的学校进行一个全面的构建。那么，我们属于第三方，第三方就能够更科学、更专业，也更客观地去规划构建学校体系。”（受访大学教授 Y）

3. 提供宏观的培训示范

专家在提供理论支持的基础上还要能够将理论转化为现实可行的策略，并且能够被中小学教师和管理人员学习和吸收，这就需要对理论的转化进行专业的培训。“我们在推广课程的过程中，收到教师反馈，觉得课程非常好，但是不知道怎么用，也不知道怎么用新的方法上课。研究院为了解决这个问题，便开始邀请这一领域的专家对教师进行有针对性的培训，并且会组织进行示范课的讲解。”（社会组织受访负责人 L）

（四）中小学：提出需求、落实执行

在 YH 区教育局提供的统一教师培训背景下，中小学除了对自身情况有充分的自我审视，知晓自己发展的短板，找到自己的需求，同时也是 YH 区教师培训政策措施的忠实践行者。

中小学要对自身的情况进行清晰明了的梳理，发展状况、学校特色、改革目标等要做到心中有数，这样才能够给第三方组织提供足够的信息进行需求的分析和方案的制定。同时针对大学和立言教育研究院的方案要有较好的落实力度，成立高效的示范小组，在校内树立终身学习的理念，鼓励教师积极参加培训，增加对教师科研能力的培训，如学历进修、挂职锻炼、职称评定等。

第五节　社会组织参与教师培训存在的问题及对策

在管办评分离的社会背景下，按照四方协同的主体划分，我们将社会组织参与教师培训过程中所带来的优势及相应的借鉴意义进行梳理，在 YH 区社会组织参与教师培训作用模式的分析下，我们可以发现在四方协同治理下，各个主体基于平等的地位开展合作，可以充分发挥各自的优势为教师培

训提供资源，形成完善的责任分工体制，构建具有针对性、高效的教师培训体系，更好地服务于学校发展和教育治理。但多方协同治理也必然存在一些无法避免的角色不清、定位不明确的问题。接下来笔者以下面两部分对 YH 区教育管理运作模式进行问题和对策的总结。

一、现存问题

针对 YH 区的调研采访，我们发现现阶段社会组织参与教师培训作用模式还存在很多不足之处。

（一）主体缺乏动力（起始条件）

1. 中小学积极性不高，教师主动性差

中小学作为政策和培训的具体贯彻落实者，在整个四方协同治理的过程中至关重要，但很多学校是被动的，是在教育局的推动下参与的，教师的积极性和主动行不高。“现阶段很明显能够看出来一些校长和教师并不想主动参与这样的培训，认为耽误了上课和休息的时间，也没有认识到积极寻求改变的重要性，固守原有的思维模式和教学方法，这其实对学校的发展和学生能力的培养是完全没有益处的，我们能做的就是把这些能够提供的资源给到各个学校，也确实有一定的评估机制，能否取得效果还是看学校自身。有些学校做了好多年也不见成效，这其实是对教育资源的浪费。”（政府受访教师培训发展中心主任 W）

2. 社会组织资源整合存在困难

社会组织要想提供丰富完善的教师培训，就要最大限度地整合社会资源，包括各个学科的专家和教学方法等，但是在现有的条件和环境下，想要完善优势资源，扩大影响力，还是有一定难度。“我们其实也在努力在全社会范围内丰富我们的资源，提高对优质专家和优质学科教材等资源的整合力度，其实我们现在存在偏科的现象，比如，语文这一方面比较资深，但是在科学、自然等方面资源薄弱，在拓展社会资源的同时，会遇到很多限制性的因素，我们要寻找新的发展方向去提升专业性，这也是我们接下来工作的重点之一。”（社会组织受访负责人 L）

（二）制度缺位，责任划分不明确（催化领导、制度设计）

1. 政府部门存在“越位”现象

在四方协同治理的合作过程中，仍旧存在政府大包大揽片区学校的教师培训工作的现象，并且对学校的培训进度和方式进行严格的规定，并未考虑到各个学校的差别，无差别地统筹教师培训工作。这在一定程度上损害了学校的自主性，导致同质化倾向严重。“我们明确了合作的项目和改革的方向及方针，确定好培训的内容和流程，要求中小学选派代表的教师参加培训，这些前期的过程我们确实很少考虑中小学的实际情况，他们要做的就是在确定一切规划之后，认真贯彻我们的政策决定。”（政府受访教研室主任 Z）

2. 缺乏制度化的沟通合作机制

从协同过程的分析中我们可以看到，在四方主体的合作过程中，并没有制定一定的沟通合作机制，所有的合作环节都是一对一进行，没有搭建起平等的沟通交流平台。无论是在指导环节还是落实环节，各个主体无法实现快速沟通，解决问题。

“有些问题是专门针对我们学校的，但是专家在进行培训的过程中也不可能对每一个问题都回答，我们学校的问题怎么解决呢，有时候想着培训结束再咨询，但是通常都有很多人围着专家，场面比较混乱。”（受访小学校长 C）

“许多时候专家到实验学校进行培训，但是培训的教师和相关管理人员听不懂专家在说什么，这也是让我们很苦恼的事情。”（社会组织受访负责人 L）

“有的时候我们会有疑惑，专家说的这些理论到底应该怎么样落实在我们的学校建设和教师专业发展中呢，这又成了教育发展新的问题，有些教师听了却糊涂了。”（政府受访教研室主任 Z）

（三）协同过程困难复杂

1. 政府部门缺乏教育经费

政府对于教育的支出不足，不能够完全覆盖到整个区县所有参加教师培训的中小学，在教师具有巨大的培训需求和提升空间的时候，政府不能为教师提供充足的培训资源，这其实是教育局面临的最大困难。“其实我们在经费这一方面已经尽了努力，2017年投入60万专项经费，2018年投入137万专项经费，但是仍旧不能满足全区学校教育改革的需求，很多学校经常因为资金不足造成改革停滞。”（政府受访教研室主任Z）

2. 缺乏清晰一致的目标和共同愿景

各个主体带着不同的目标参与协同治理的过程，但是在合作的过程中，各主体并没有对共同价值的确认和一致目标的认可，导致因主体利益不一致造成的责任缺位、过程流于形式等问题。“虽然社会组织能够召集专家为我们诊断把脉，但在这个过程中我们并没有明确大家共同要达到的目标，或者我认为最好能有一些量化的标准，不管是社会组织方面，还是专家方面，至少让我们觉得社会组织、专家和我们在为共同的目标努力。”（政府受访教师培训发展中心主任W）

二、对策建议

基于以上四方协同治理过程中存在的问题以及对社会组织作用模式的分析，在社会组织参与教育管理的过程中，如何更好地发挥各个主体的作用进行教师培训有如下几点相关意见。

（一）以理论框架为基础

基于上文中提到的新公共管理理论和治理理论，现阶段我国致力于构建“小政府—大社会”的模式，而在社会组织参与教师培训的过程中，我们也能够发现虽然还是存在政府“越位”的现象，但是给社会组织发展空间，让其参与教育发展和教师培训已经成为趋势。所以为了更好地发挥社会组织的作用，充分利用社会力量发展教育和进行教育改革，要尽量减少政府政策和行为对教育改革的影响力度。多方面寻求改革发展的渠道。充分利用治理理论，调动社会各主体的积极性，利用社会资源解决教育问题，提高教育质量。从而构建一个以社会组织为平台基底，政府、中小学、大学平等的合作体系。

在该体系中，各主体平等，权责清晰，社会组织扮演着为政府、大学、中小学提供资源和进行有效沟通的角色，并为其他三个主体的需求提供支撑和保障。政府缩小规模和作用空间，中小学要成为独立的个体，要能够根据自身实际情况提出具有针对性的需求，并主动寻求帮助，大学要提供最新、最可靠的理论，为基础教育改革贡献智慧。在该体系中，建立起独立有效的沟通平台，让各主体都能够有效、有序地进行直接沟通。

（二）协同治理过程模式选择

在四方协同进行教育治理和教师培训的过程中，要遵循一定的协作模式，寻找到有利于各方的组织形式，进行教育改革、课程开发和教师培训。

笔者以图 7-3 作为对 YH 区四方协同治理进行教师培训的案例分析过后，得出的理想的作用模式。在该模式中，政府部门、中小学、大学各自独立又有畅通的沟通渠道，这种畅通渠道可以是独立的社会组织，也可以是任意主体所提供的沟通平台，而社会组织则作为更大范围的主体，通过提供更加完善和专业化的资源，以满足各主体的需要，提供更广阔的协作空间，为大学的理论提供实践检验的基地，为中小学教学改革提供理论支持，为政府提升区域教育质量、缩小管理范围提供机会和空间，弥补因政府职能的缩小带来的资源缺乏和政策失灵等公共问题。

在该图中，我们可以发现，“小政府—大社会”的新公共管理理论得到应用，社会组织的出现及其发挥的作用为治理理论的应用提供支持，而在整个教师培训的过程中，正是依赖于对上述理论的应用，教师专业发展才能够有实现的作用模式。

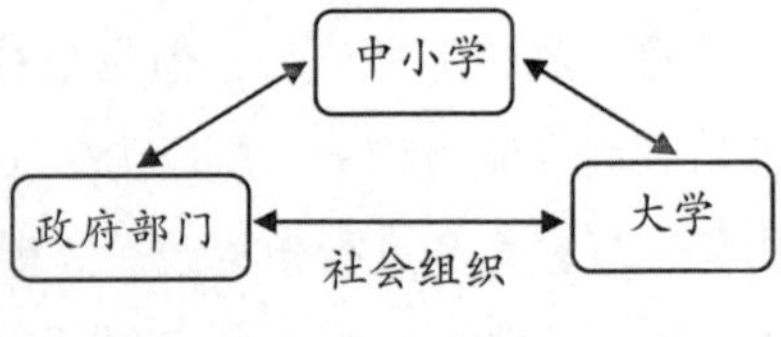

图 7-3　四方协同治理作用模型

在该模式中，中小学提出内生的动力需求，反馈给政府部门，政府部门汇集优质的社会组织资源，经过筛选，为中小学提供具有针对性的培训方案，而社会组织作为承担该项目的主体负责人，要为政府部门和中小学提供大学教授进行的理论分析和专业方案设计。社会组织利用自身优势，将各个主体联系起来，建立共同价值认同和合作愿景，制定清晰而明确的目标，明确各主体的责任，制定完善的制度体系，完善具有普遍适用性的评价指标，形成协同的闭环，进而实现四方协同治理的教师培训模式。

（三）改进方法

1. 动力支持、资源充足

（1）中小学要建立寻求变革的内生动力

中小学校在教师培训计划中是扮演重要角色的主体，对于培训需求的提出、培训方案的规划、培训方式的选择等方面要有积极性和主动性。要在学校内部树立终身学习的理念，要有寻求进步和变革的意识。通过建立内部激励机制，完善校内教师培训体系等方式增加改革动力。无论是教育局还是社会组织或者是大学专家，对教师的培训都是外在的推动力量，中小学只有具备内生动力才能够切实提高培训的效果，实现自身的造血功能，才能提高教育的质量。

（2）大学要提供充足的研究和理论资源

首先，理论在教师培训中十分重要，许多教师具有丰富的实践能力，但是缺乏系统的教学理论和体系，大学具有丰富的理论成果，可以为中小学教师培训提供理论资源支持。其次，提供专业的研究团队，对中小学校教师现存的实际情况进行分析，找到每个学校存在的薄弱环节，根据这些薄弱环节提供方案，具体问题具体分析，充分利用大学的课题资源，这个环节也是将研究成果转化为现实效果的关键。

（3）社会组织整合优势资源、提高效率

社会组织在市场经济条件下，无论是出于治理还是协调利益冲突，或是弥补失灵等方面的需要，越来越具有其优越性。在整合资源、提供针对性培训等方面，社会组织能够做出更加灵敏和迅速的反应，提供更加专业的服务，提出具有针对性、专业化的培训方案。能够充分调动社会资源缓解教师培训的供需矛盾。

社会组织要整合优势的教师和专家资源，时刻把握教育最前沿的信息，根据教师专业化的标准，对教师专业发展的过程进行统筹规划，并且提供教师个体专业发展具有针对性的指导建议。社会组织在提供教师培训的过程中能够将教学内容和实际的成果转化相结合，即培训内容能够转化为课堂应用实践。

（4）政府部门要构建教师培训经费保障体系，扩大教育经费投入比例

政府作为教育投入的重要主体，提供充足的经费实现教育改革是应有之义，教育作为国家发展的百年大计，必须摆在国家发展的重要地位。所以增加教育经费投入，确保教师培训经费的充足和稳步增长。适当通过向社会购买教育培训的服务，一方面可以提高政府提供公共服务的效率，另一方面也能够为社会组织提供资金，促进社会组织健康发展。同时通过经费的投入，提升教师培训的保障。充足的经费是教育改革和教师发展的动力之一。

2. 制度规范、责任清晰

（1）政府部门要推动建立地方教育行政规章

教育作为建设中国特色社会主义强国的重要抓手，其目标是实现为社会培养人才。政府仍然要发挥对教育的领导作用，从政策、制度、保护措施等方面确保教师培训及教育管理的顺利开展。要针对社会组织进入市场制定准入规范和行业标准，设立符合市场要求的资格认证制度，同时建立相应的监督机制，保障公平有效的竞争环境，将社会组织参与教师培训合法化、合规化。

（2）完善制度框架，规范合作形式

通过成立教师培训协会等形式，将社会组织参与教师培训的形式固定下来，成立委员会，实现大学、中小学、社会组织、政府部门的有效沟通和合作指导。通过建立激励机制和监督机制对合作方式进行规定，鼓励中小学建立自身内部的教师培训体系，实现教师培训的有效内部循环，将外部机遇转变为内部优势，提高教育治理和学校竞争力。规范社会组织提供有效的培训方案，提供具有针对性的培训方式，提供专业的课程体系培训计划。同时对培训效果要有一定的监督和评价指标，建立合理的考评体系，客观有效地对培训效果进行评估。

（3）政府部门克服“越位”“错位”现象

现阶段，政府虽然已经调整了管理权限，但是由于体制的滞后性，不可能马上做好适度的退出工作，但是要尽量将工作重点放在大政方针和发展方

向的调控上，确保教育整体不偏离社会主义方向，运用政府资源将优势的教师培训资源合理分配给各个学校。政府要发挥引导的作用，鼓励社会组织发挥力量促进教育的发展和教师专业性的提升。构建有限政府的行政模式，赋予学校一定的自主权，让学校回归教学本质。

3. 过程畅通、平台保障

（1）明确平等互信的伙伴关系

无论是大学和中小学之间，还是政府部门、中小学、社会组织之间都要明确彼此的平等合作关系，大学要克服自己理论权威的领导地位，为中小学教学改革提供切实可行的方案。实现双向的互动会在提供理论支持的同时，收获学校的实践反馈，实现研究成果的转化，明确双方的咨询合作关系，通过平等的沟通交流，明确双方的责任、义务，构建产学研共同体。

政府部门要进行角色的转化，从管理者变为服务者，以民主的形式促进交流沟通。听取中小学的需求，认真做好中小学和社会组织的传声筒，为教育改革和教师培训提供有效的沟通和服务。鼓励社会组织为教育改革提供更多的优质资源，为社会组织的发展提供空间。

（2）建立独立的沟通平台和渠道

合理的四方协同合作模式，离不开畅通和广阔的沟通平台和渠道，有效促进互动，为各主体提供畅通的渠道表达诉求和意见，对方案进行反复的磋商和协调，最大化教师培训的项目效果。建立独立的有利于各方主体随时进行沟通的平台，畅通主体的沟通渠道，可以通过教师培训协会等组织形式，规范沟通渠道，建立良好的合作渠道。

4. 目标一致、价值认同

（1）明确主体利益，建立共同愿景

各主体之间由于利益的不一致，难免会有想法和行为的差异，在四方协同治理的过程中，要寻找各主体的共同利益输出点，加强思想的统一。强化主体对教育改革和培训这一目标的认同，明确划分主体责任，从提出培训需求，寻找合作空间，签订合作协议，输出培训方案，到最终检验培训效果，在这个过程中巩固各主体的责任感和认同感。构建共同的愿景，达成利益共识。明确各主体的权利、义务，厘清关系，形成完整的合作体系。

（2）协调统一问题，构建一致目标

四方协同治理的前提是各主体有共同认同的问题，并且通过讨论能够达成一致的解决意见。一致的目标是进行共同合作的基础，构建一致的伦理体系，为解决教育问题服务。通过沟通交流建立共同的目标，为提高教师专业素质，提升教育质量共同努力。在四方协同治理的过程中要统一社会组织、大学的目标和政府部门以及中小学的目标，一致的目标和标准对后续工作的推进起着重要的作用。

在四方协同治理背景下，无论是政府、中小学、大学还是社会组织其责任和关系都更加明确，同时各个主体的职责又有一定的重合和联系，教师培训活动的开展依赖于各个主体的参与与合作，这样才能确保教师培训质量和针对性的提升，才能够对教师培训的未来发展具有指导和借鉴意义。在四方协同治理的背景下，构建产学研结合的学习共同体，构建分层次、分类别、立体化、可以进行自主选择的教师培训模式，牢牢把握住未来教师培训发展的新方向。

第八章

国际视野：社会组织与教师培训

第一节　治理理论

一、治理理论的具体内容

公共管理和服务的发展演变历经政府失灵、市场失灵、契约失灵等多个阶段，公共服务领域里的单一主体也各自展示了其优劣势。在此之后，“多元主体”的协调互补机制开始兴起，治理的概念也开始出现。治理，其英文词汇形式为“Governance”，本意为控制、引导。作为一个管理学概念，治理一词被广泛应用始自 20 世纪，1989 年世界银行在概括当时非洲的情形时，首次使用了“治理危机”（crisis in governance）一词，自此社会科学各学科也开始使用“治理”这一概念，扩大了该词的使用场景和范围。不同于管理，治理这一概念强调的是不同利益主体间的利益协调和权力分配，以及组织目标的确立和改进，主体间是一种价值认同下的合作关系。治理理论主要创始人 James N. Rosenau 在其《没有政府的治理》一书中指出：“与统治不同，治理指的是由共同目标支持的活动，这些管理活动主体未必是政府，也无须依靠国家的强制力量来实现。”① 俞可平指出，治理是各种公共或隐私的个人和机构管理其共同事务的各种方法的综合。他认为，治理不是规则，是一

---

① 詹姆斯·N. 罗西瑙. 没有政府的治理［M］. 张胜军，刘小林，等译，南昌：江西人民出版社，2001：75.

种活动和过程。治理过程的基础是协调而非控制。治理主体既涉及公共部门，也包括私人部门；作为一种非正式制度，治理是多元主体的持续互动①，共治是路径，善治才是目的②。蓝志勇、魏明（2014）也指出治理的奥妙就在于多元主体积极性的调动和功能作用的发挥，具体表现为社会组织在国家经济与社会发展中的更多的有效参与③。

治理理论的具体内容包括以下四个方面：

其一，“多元主体治理”，强调治理行动需要多元化治理主体构建共同行动体系。包括政府部门（中央及地方各级政府和其他公共权威）、私营部门和第三部门在内的非政府部门共同构成多层级、多中心的决策机制。

其二，“主体责任界限模糊”，由于治理主体多元，一些非政府组织和个人也分担了许多需要政府履行的公共管理责任，公共领域和社会领域的分界也不甚明显。

其三，“主体间存在权力的相互依赖和互动，治理进程具有自主自治网络化特点”。多元主体间需要相互支持和分享各自的知识和资源。实现共同目标的过程中，各主体是自主合作的伙伴关系，打破了过去的监督与被监督的纵向权力分配结构。同时在利益分配方面，存在协商谈判和交易合作的机制，各主体相互对话、增进了解，彼此间不再追求整体一致性，而是基于共同利益的多元化合作模式，推动整个管理朝向自主自治的网络化方向发展。

其四，政府在治理中扮演“元治理”角色，即政府要对整个国家、市场、社会等治理主体和机制发挥宏观协调的功能，在制度和法律层面做好分配与监督的功能，为整个社会的治理行动指明方向，明确治理边界，整合治理功能，从而实现“共治”的目标。

二、治理理论对教师专业发展的适用性

在本研究中，主要强调治理的多元主体性。多元主体治理的理论源头可

① 俞可平. 治理和善治 [M]. 北京：社会科学文献出版社，2000.

② 俞可平. 治理和善治：一种新的政治分析框架 [J]. 南京社会科学，2001 (9)：40-44.

③ 蓝志勇，魏明. 现代国家治理体系：顶层设计、实践经验与复杂性 [J]. 公共管理学报，2014 (1)：1-9.

以追溯到20世纪70年代由文森特·奥斯特罗姆（1999）和埃莉诺·奥斯特罗姆（2000）夫妇基于公共经济理论提出的“多中心治理理论”，他们认为公共事物的治理应该摆脱市场或政府“单中心”“单主体”的治理方式，建立政府、市场、社会三维框架下的“多中心”“多元主体”治理模式，形成以自主治理为基础的多中心公共物品供给格局。

多中心治理实质上是构建政府、市场、社会共同参与的“多元共治”模式。治理理论，强调多元主体参与，拓宽了治理主体和治理方法，对政府、市场和社会多元主体的期待是实现治理利益的最大化，参与治理的多元主体通过对话协调、沟通谈判等方式达成最广泛的共识。中小学教师专业发展服务的提供是教师专业发展的重要环节，也是促进整个基础教育质量提升和发展的重要因素。将多元主体治理理论引入教师专业发展就是为了规避教育管理中的政府失灵和市场失灵，从而实现良好的教师专业发展运行和治理机制。

三、协同理论对教师专业发展的适用性

协同包括协调各个部分之间的关系，也包括对各个部分之间如何协调运行而发挥作用。协同论（Synergetics）创始于20世纪70年代，创始人为联邦德国理论物理学家赫尔曼·哈肯。20世纪60年代美国战略管理学家伊戈尔·安索夫（H. Igor Ansoff）将协同的理念引入企业管理领域，协同理论成为企业采取多元化战略的理论基础和重要依据。

协同论主要包括以下三方面内容。其一，“系统内部协同效应”。协同论认为复杂系统中存在两种截然相反的作用力，一种使系统有序，一种则使其变得无序。而协同指的是系统内部各组成要素的和谐状态，即研究一个远离平衡状态的复杂开放系统，在外部环境的变化达到一定阈值时，自身如何从无序变为有序的状态和过程。“协调导致有序”的形成条件是：系统开放，与外界存在物质能量与信息交换；系统处于非平衡状态，各子系统相互关联并形成合作竞争关系，协同行动；除系统内部的协同作用外，还需要外部的环境提供适当的控制参量以及必不可少的反馈机制。

其二，“伺服原理”。在系统中快变量服从慢变量，序参量支配子系统行

为。系统在接近不稳定临界点时，系统结构由序参量决定，并支配规定系统其他变量的行为。序参量是管理系统发展演化的主导因素，找到它促进其发挥作用对系统发展具有重要意义。

其三，“自组织原理”。自组织是相对于他组织而言的。他组织是指组织指令和组织能力来自系统外部，而协同论则认为系统从无序向有序演化的过程，实质上就是系统内进行自组织的过程，协同是自组织的形式和手段，也是系统从无序的不稳定状态向有序的稳定状态发展的根本途径。

教师专业发展的治理结构必然是一个多元治理的结构，政府、教师自治组织、私人部门、非营利组织、学校和教师个人等均是非常重要的治理主体，必然需要确立一套能够保证系统协调、低耗高效的运行机制和体系，以保证教师专业发展活动的循环持续。

而协同则是促进教师专业发展，提供高质量专业发展项目与服务的必然要求。根据协同论原理，系统协同效应的发挥取决于系统内部各子系统的协同作用。当中小学教师专业发展系统内部组织结构、治理主体、内外部环境等子系统之间相互协调、形成合力时，就有可能产生“1+1>2”的协同效应。反之，整个教师专业发展事业将会陷入无序状态。其次要确定教师专业发展的核心变量，有利于促进系统产生新的时空效应或功能结构。同时关注和强调开放系统内部的内在性和自生性，加强协同，消弭内耗，有利于促进整个教师专业发展系统与外界的信息能量交换。

第二节　芬兰中小学教师专业发展背景及演进

作为教育公共事业的重要支持者的芬兰中小学教师，其专业发展管理与支持体系历经“管理”到“治理”的演变，教师发展与培训活动与服务的主体也由“单主体”向“多元主体”发展。本章主要分析芬兰中小学教师专业发展服务现状，进而剖析教师专业发展服务存在的问题以及具体成因。从表象到动因，从历史演进到现状实际，探讨教育公共行政学说对芬兰中小学教师专业发展管理与支持体系的具体影响。

一、芬兰中小学教师专业发展的社会背景

芬兰在多项国际教育指标数据排行中遥遥领先。世界经济合作开发组织（OECD，Better Life Index Education）指出芬兰是现代教育水平最高的国家之一，同时在“国际学生评估计划”（International Programme for Student Assessment，PISA）评估报告中，芬兰“教育表现良好”，芬兰学生屡次斩获佳绩，连续多年蝉联总分榜冠军（2000，2003，2006），在最近一次（2015）的评比中芬兰也仅以微弱差距稍逊色于新加坡、日本和爱沙尼亚，居于世界第五。世界经济论坛（WEF）指出芬兰是世界上最平等的国家之一，能够以平等的方式为国民提供教育机会（Global Gender Gap Index，2016）。同时芬兰充分且有效地运用相关资源发展教育并创新，居于全球创新能力排行榜前列，成为世界创新能力最强的国家之一（Global Competitiveness Report，2016—2017）。

图 8-1 为芬兰教育系统的构成模式图。在芬兰，中小学教育主要指图内的基础教育（basic education）部分，共有九年，同时包含可自愿增加的一年，面向 7~16 岁学生。在此阶段，教育普及且免费，学校为学生提供免费的教科书和午餐。学校还注重对学生的成长干预和个别支持及指导，确保没有一个人掉队。根据芬兰教师工会 2017 年的统计数据显示，平均来说，在芬兰小学一至二年级阶段，一名教师要指导和负责 18 名学生；3—9 年级阶段负责 20 名。高中的情况与此阶段整体类似。

芬兰中央政府统筹国家教育事业全局，确定教育优先发展事项，教育事权下放给地方。学校和日托中心负责组织运营具体的教育活动；各省市给予经费、课程、人员雇佣与培训方面的支持（OECD，2013：4），按照其人口比例（6—15 岁公民人数）及其社会经济情况的不同，各省市还会获得中央的财政资助，由市政府决定教育经费的具体分配（OECD，2013：16）①。芬兰在教育投资方面与 OECD 国家的平均水平相似，占芬兰总 GDP 的 5.7%（OECD，2017）。在高中阶段，学费依旧免费，还有额外的医疗保健服务，

① OECD. Teachers’ Professional Development：Europe in International Comparison［Z］. Paris：OECD，2013.

学生还可以获得学校提供的免费午餐，但学生需要自行支付课本费用。值得注意的是，在芬兰，无论父母职业和收入，每个有需要抚养孩子的家庭，都可以从公共基金中获得支持。政府将国民经济预算的16%用来发展教育。除此之外，还有地方政府的私人团体的资金支持①。教育成为芬兰公民经济和社会福利的有力保障。

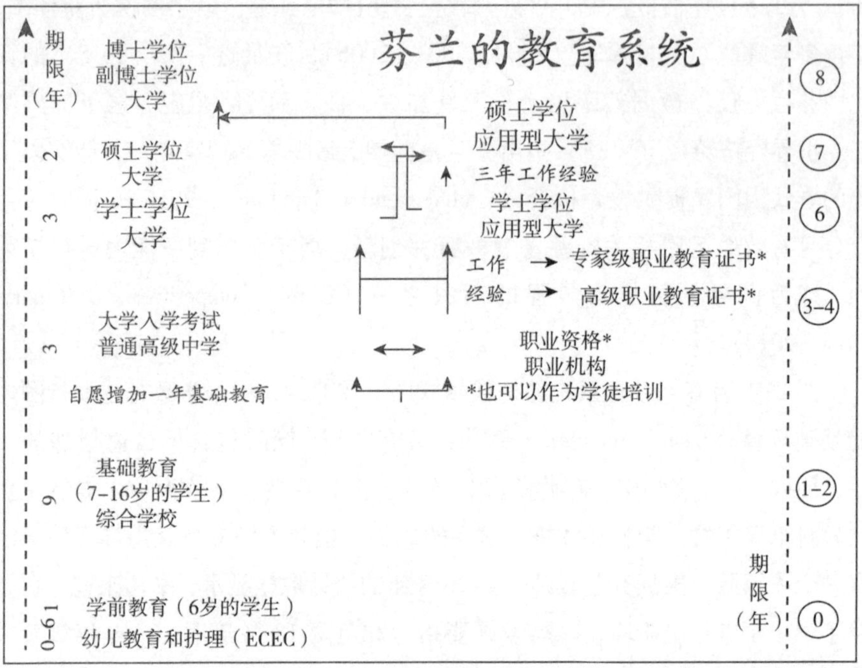

图8–1 芬兰教育系统构成模式图

资料来源：芬兰教育部网站。

在芬兰，教师有课堂教师（如我国的包班教师）和学科教师之分。课堂教师（class teacher）指的是综合学校的一至六年级的小学教师；学科教师（subject teacher）指的是七至九年级的中学教师。两者都属于芬兰的基础教育（basic education）。芬兰的小学教师往往同时具备多学科教学能力，原因

① 刘媛媛. 芬兰教育成功的原因［J］. 人民教育，2007（6）：62.

在于，在一至六年级阶段，同一个班级的学生主要由同一个教师担任。而七至九年级，不同科目由不同的教师任教，有的教师也可能同时担任两三个科目的教学任务。芬兰教师也因其教学和对学生评价的自主权而闻名（OECD，2013：4）。本研究中，研究对象主要是芬兰基础教育即小学和初中阶段，面向 7~16 岁学生的学科教师。

在芬兰，大学法（1997）、大学学位政府指令（2004）、职业师资教育学训练法案（2003）、职业师资教育学训练之政府法令（2003）等法律政策性文件在法律层面规定了教师教育的具体要求和内容①。在芬兰，教师教育是属于研究型导向的，培养的是研究型教师。所谓研究型教师是指在拥有多元知识结构和娴熟教学技能的基础上，还具有一定的科研意识与科研能力，乐于在教育实践中不断探索教育规律和教育方法，并能自觉运用先进的教育思想和方法指导实践、提高教学效果、提升自身专业水平的教师②。强调教师提出问题，探究分析问题，同时通过积极思考以解决问题的能力。芬兰教育认为教师教育的基本目标是教育有能力的教师发展其职业所必要的专业素质，以确保教师终身教学工作的需要③。因此，在教学方法设计上也在很大程度上基于教师具有学习和专业发展的自主性的假设④：教师是他们领域内的具有丰富知识积累的专业人士⑤。

说教师是他们本领域的专业人士并不过分。因为在芬兰，每一个中小学

---

① Comparative Study of Nordic Teaching-training Process ［Z］. Nordic Council of Ministers, Copenhagen, 2009：26-27.

② 李梦茹. 芬兰研究型教师培养模式及其启示［J］. 教师教育学报，2017（3）：109-117.

③ KANSANEN P. Teacher Education in Finland：Current Models and New Developments ［G］//MOON M, VLASCEANU L, BARROWS C. Institutional Approaches to Teacher Education within Higher Education in Europe：Current Models and New Developments. Bucharest：UNESCO-CEPES, 2003：85-108.

④ ASPFORS J, HANSÉN S-E. Gruppmentorskapets många ansikten - en metaanalys av möjligheter och utmaningar［Different perceptions of group mentorship - a metaanalysis of opportinutiers and challenges］［M］//ASPFORS J, HANSÉN S-E. Gruppmentorskap som stöd för lärares professionella utveckling［Peer Group mentoring as support for teachers' professional development］. Helsingfors：Söderströms, 2011：108-204.

⑤ HEIKKINEN H L T, JOKINEN H, TYNJÄLÄ P. Peer-Group Mentoring for Teacher Development［M］. London：Routledge, 2012.

教师都拥有基于研究的学术型教育学硕士学位和至少五年的全日制教育学知识学习经历。他们受到的教育内容中融合了教育内容、方法、理论等科学性的知识，不仅可以指导具体的教学实践，还可以帮助他们更深层次地理解孩子的发展和成长①。同时大学里有独立的教师教育部门，学生拥有严格的学术环境与发展机会。有的大学还有附属的教学实习学校供学生进行教学实习实践。

二、芬兰教师专业发展的实践方式

在芬兰，参加教师专业发展活动是每一个教师的义务。据芬兰国家教育局文件指出，教师有权参加具有充分工资福利的强制性专业发展和培训项目，然而，在政策文本中没有关于培训的具体规定内容。2017 年，芬兰教育工会发起了以捷克教育改革家约翰·阿莫斯·夸美纽斯（John Amos Comenius）的名字命名的夸美纽斯教师誓言（The Comenius Oath）的第六条："作为教师，我将持续努力学习，更新和发展我的职业技能，实现职业的共同目标，并支持我的同事。"对教师参加在职培训提出了要求。

关于芬兰的教师专业发展项目和活动的分类方法，比较常用的有如下两种：根据教育行政管理层级为依据的行政分类法（国家、省市、学校）；根据产品市场中的不同利益相关者的身份（提供者、购买者、消费者）的角色分类法。这两种分类方式的结合比较符合本研究的实际情况。一方面，行政分类法可以与协同理论相结合，为本研究在纵向维度上的权利划分和协同机制提供分析框架；另一方面，角色分类法完美地契合了治理理论强调的"多元主体"共同参与的论点，为本研究在横向上厘清教师专业发展活动中各主体的角色定位提供了支持。

根据芬兰全国 2014 年教学人员集体协议，教师每年必须参加专业发展培

① 康建朝，李栋. G20 国家教育研究丛书：芬兰基础教育［M］. 上海：同济大学出版社，2015.

训活动的时间为 3~5 天，并可以自行选择参加额外的课程①。学校有义务每年为教师提供至少 3 天的在职培训，以促进教师的专业持续发展②。主要由芬兰教育部、大学附属的教师教育培训中心和教师工会组织贸易联盟等联合提供。

促进芬兰教师专业发展的在职培训课程有短期和长期两种。短期培训课程从几小时到 3 至 5 天不等；也有 12 天至 12 个月长短不等的中长期课程可供选择。国家教育专业发展中心、教师教育学院或其他大学院系部门为教师提供了广泛的、高质量的在职培训项目。与此同时，大学附属的教师继续教育和培训公司（如赫尔辛基 HY+公司）也为在职教师提供培训项目和课程。培训课程和具体方案的设计主要由当地教育管理部门和私人顾问管理和负责。芬兰国家教育署（The Finnish National Board of Education）也会利用大学的资源开办一些在职培训课程。每个学校也可以为本校教师自行组织专业培训，并申请教育部门的相关资助。芬兰各省或城市通常每年会为每位教师分配 200~220 欧元的培训费。与国家计划优先发展相关的教师职业发展项目，则由芬兰国家教育署统筹配置，由政府财政支持。而与自我激励相关的、自发性的教师培训项目，教师也可以获得例如来自欧盟的经济支持③。值得注意的是，在芬兰，教师专业发展、继续教育、在职培训与教师职位晋升之间没有正式的联系。

2000 年以来，在学校教师和大学教授之间的，基于专长的相互分享的新型教师专业发展培训模式在芬兰兴起并迅速发展。这种专业发展的主要思想是：中小学教师根据自己的教学经验和知识分享“培训”大学教授；而大学教授将根据其各自的研究成果，向中小学教师介绍有关不同学习内容或教学

① Collective Agreement for the Teaching personnel. OVTES 2014—2016. Kunnallinen opetushenkilöstön virka- ja työehtosopimus［OVTES 2014—2016. Municipal teaching staff positions and contracts］［EB/OL］. Retrieved from http：//flash. kuntatyonantajat. fi/ovtes-2014—2016/html，2014.

② The Finnish National Agency for Education. Teacher Education［EB/OL］. http：//www. oph. fi/english/education_ system/teacher_ education，2017.

③ HEIKKINEN H L T，JOKINEN H，TYNJÄLÄ P. Peer-Group Mentoring for Teacher Development［M］. London：Routledge，2012.

方法等方面的最新研究。通过这种模式，教师专业发展研讨会和教学经验分享日每年可以被安排在一起。大学教授和中小学教师都可以是培训者，也可以是这些活动的参与者。中小学校教师可以参加讲习班和讲座，并获得学分，还可以将这些学分用作其学位学习、学分认定的一部分。这些学分也可用于教师研究生学位学习或冲抵强制性在职培训要求的天数。过去两年内提供的培训案例包括：多元文化学校与有才华的学生给教师带来的挑战；如何批判性地阅读媒体信息；如何面对父母等。

芬兰学者在审视芬兰教师专业发展活动，尤其是在职培训活动时指出，从个人短期的在职培训到更持久的更完善的系统化在职培训项目和方案，究其培训效果来说，后者可能更具有可持续性和有效性。根据欧盟一项关于教师专业发展的研究报告指出，芬兰教师专业发展面临如下问题：教师培训课程项目体系不够统一和完善；知识经验共享的方式手段有限；教师工作负担重和时间短缺，无法充分参与专业发展项目。不同省份城市和学校的经济状况各异，财政支持力度也有较大差距。同时芬兰的地理位置和较高的参与费用也被认为是阻碍芬兰教师不愿参与长距离旅行到他国参与专业发展活动的原因。

2016 年 8 月，芬兰学校开始进行新课程体系改革，实施新的核心课程来取代 2004 年版的国家核心课程。笔者试从教师发展的目的、促进教师发展的机构、不同机构的课程和培训方法等维度来展示新课程体系的内容。

新课程体系的核心是保障每个学生的独特性和接受良好教育的权利；通过教育发展人性中的良善，增长学生的知识和能力，促进公平和民主价值的实现。在新课程体系中，教师被认为是教育的核心，也规定了教师在教育中的具体职责。教师的职责包括监督和促进学生的学习，确保每个学生得到尊重和公平的待遇，保障学生福祉，及早发现学生潜在问题，并为学生提供指导和支持。“监督”“促进”“指导”和“支持”这些词语也表明了教师专业发展的目的及其在整个教育事业中的重要地位和作用。人们可以清楚地看到，教师从“传授知识”的“讲台上的圣人”向课堂里“引领启发”学生共同学习的“领路人”的身份角色转变；从单纯的下达指令到与学生合作，鼓励和聆听学生的多元声音。但令人吃惊的是，整个方案全文几乎没有提到如何确保教师能够以及怎样发挥其“监督”“促进”学生学习的作用，并为学生提供“指导”和“支持”，这也就是说促进教师发展的机构的角色和分工是不够明晰的。

并且需要注意的是，在新课改方案颁布之初，大多数的芬兰教师就已经在教学岗位上了，他们所受到的师范教师教育给予他们的知识和实践并没有特别对应新课程方案提出的“新”思想。因此，在促进教师专业发展的课程和方法论层面，该方案对处理教师专业技能与新教育思想之间的矛盾给出了如下两个方案：一是学校会与其他学校合作，促进教学交流与合作并加强员工的能力。二是鼓励教师积极开发职业交流互动网络，促进教学实践的发展。

面对新的课程体系方案对于教师专业发展新要求，芬兰中小学教师应该如何处理新形势下教育任务多样化和教师身份多元化所带来的挑战呢？从治理的视角出发，芬兰国内促进教师专业发展的各类组织和机构又将怎样提供适合教师的专业发展项目，促进教师应对和准备这些新的标准和新的要求，就成了接下来研究所要关注和回答的问题。

三、教师培训理念及实践的改变

教师专业发展是教育行政管理的重要内容，教育行政又是公共事业与服务的重要组成部分。教育行政管理的理论与实践受到公共行政与服务理论的重要影响。教育行政学的演进与公共行政学的发展密不可分。

自威尔逊创立公共行政学以来，古德诺提出“政治—行政二分法”，强调官僚制和科学管理，教育行政学历经以泰勒和韦伯为代表的，强调“效率为先”的古典公共行政阶段；以弗雷德里克森为代表的，批判仅以效率为中心，强调“社会公平至上”的新公共行政阶段；以奥斯本、盖布勒为代表的，强调“市场主导，私营管理”“顾客至上”的新公共管理阶段；以登哈特为代表的，强调“公民价值”的伦理与责任的新公共服务阶段。与新公共服务同阶段的理论还包括，强调“多元主体”协作共享公共资源与权力分配，从而实现政府最优决策，达到“善治”目标的治理理论。

与之相对应，西方教育公共服务的组织和提供也在政府主导、市场主导、社会主导和多元主体协同的选择中不断发展。当今时代，教育公共服务的时代特点主要表现为，引入协同理论、倡导多元主体协同治理，以公众满意度为导向，构建动态化、多层次、网络化的教师专业发展社会合作模型。

Kansanen（2003）指出芬兰教师教育的起始最早可以追溯到1852年。赫尔辛基大学神学院，在当时设立了第一个教育领域的教授职位，开所有北欧国家教育领域的先河。获得该职位的教授同时还是路德教会的牧师，其职责是监督芬兰的学生教师和中学教师专业的发展①。1863年，另一位路德教会的牧师Uno Cygnaeus在于韦斯屈莱（Jyväskylä）成立了第一所教师培训学院，男女全纳兼收。Cygnaeus受到瑞士和德国教育家的影响，在其设立的课程中强调为各年龄段的儿童提供教育，并重视师范教育中的宗教和实践主题。受其影响，许多其他的师范学院在芬兰纷纷成立，且第一批候选人主要来自农民家庭背景。教师负责其所在村庄的文化活动。1921年，芬兰普及所有儿童都要接受六年制基础教育。芬兰教师被认为是“国家的蜡烛”，是当地社区的重要人物，这与中国“蜡炬成灰泪始干”的比喻相似。Niemi（2012）指出在芬兰，“尊师重教”具有深厚的历史根源，并且一直是芬兰社会的重要文化特征②。在此阶段，芬兰的宗教机构，包括天主教会和福音路德教会，长期支持芬兰人的教育和教师的专业发展。而芬兰最早的教师专业发展活动形式，据Hellström（2012）的研究则是夏季课程学习，教师可以利用暑期进行课程学习，促进专业能力的提升。这是芬兰国内教师专业发展存在时间最长，也最普遍的方式。

20世纪70年代是芬兰教师专业发展的学术化阶段。70年代的芬兰政府实行中央统一、集中决策的政府管理模式；规范化、集中化的特征在80年代中期达到高潮。芬兰官方教育政策关注社会公平与教育平等，目的是平衡教

① KANSANEN P. Teacher education in Finland：Current models and new developments ［G］//MOON M，VLASCEANLI L，BARROWS C. Institutional approaches to teacher education within higher education in Europe：Current models and new developments. Bucharest：LIN-ESCO-CEPES，2003：85-108.

② NIEMI H. “The Societal Factors Contributing to Education and Schooling in Finland.” In Miracle of Education ［M］//H. NIEMI，A. TOOM，A. KALLIONIEMI，et al. Rotterdam：Sense Publishers，2012：19-38.

育机会，利用人才储备来增加国家的财富。发展教育被视为对人力资本的投资①。芬兰政府于1971年批准颁布“教师教育法案”，实施师范教育改革。1972年，芬兰颁布公务员法令，VESO教师培训项目开始实施，并规定芬兰教师每年必须有3天参加教师专业发展和培训项目。这便是所谓VESO培训②。1974年，芬兰中小学教师师范教育从师范学院转到大学。1979年，芬兰中小学教师就职的基本标准被提出。每一位教师都需要在大学中完成四至五年的教师教育课程并取得硕士学位。这一标准为未来的教师专业素质提出了高水平的学术要求，同时通过扩大教学研究的范围，使得中小学教师教育也得到了发展与改革。在此阶段，芬兰创建了具有以下特点的教育系统：统一性、免费教育、免费学校膳食和特殊需求全纳性教育。同时随着系统性改革，教师的专业发展也成了70年代芬兰教育部着力攻克的重要问题。

在20世纪80年代，州市政府将在每周六为所有教师组织时长达6小时的培训。包括上午的理论知识讲解和下午具体的实践说明部分。除了综合的学校改革之外，芬兰各省还建立了单独的教育部门支持教师专业发展。与此同时，海诺拉（Heinola Course Center）课程中心（Opeko项目和Educode公司的前身）成立，它成为全国范围内的继续教育中心（2008年，海诺拉课程中心，更名为Opeko，并被出售给私营部门，成立了Educode公司）与此同时，芬兰各大学的继续教育学院和专业发展部门也越来越多地参与到系统性教师培训当中。

20世纪90年代，芬兰立法改革，调整法律体系和政府管理模式。1991—1993年，芬兰经历了严峻的经济衰退，这直接导致芬兰政府放弃集权式政府集中决策管理模式，转向打破公私界限，强调市场主导、放宽管制的“新公共管理”模式。所有先前的规范和管制都被废除，并被质量评估（QAE）模式取代。芬兰的教育体系也随之发生改变。改革改变了国家在教

---

① LAUKKANEN R. The formation of evaluation policies in education in Finland [Z]. Evaluating education in Finland, 1995: 17-40.

② HÄMÄLÄINEN K, KANGASNIEMI J. Osaamisen kehittämisen poluille: Valtion rahoittaman opetustoimen henkilöstökoulutuksen haasteet ja tulevaisuus [Z]. Knowledge Development Direction: a state funded education in-service training, challenges and future, 2015.

育领域所发挥的角色和作用。教育改革的一项重要内容是放弃国家统一课程的概念，强调分权与权力下放，采用市级课程的思想，将教育自治权下放到各省市区。国家还将教师的专业发展项目越来越多地外包给大学、私人顾问和私营公司，为教师提供多样化的专业发展项目。90 年代中期，国家议会的放松管制和权力下放减少了针对基础教育相关内容的议会立法，以及国家教育署对于整体国家课程框架的管理。学者 Simola 等指出，这种激进分权式的管理意味着，在国家层面上没有明确限定省市应当如何办学，是导致中央政府丧失对地方各省教育发展合法控制权利的直接原因①。但这种中央与地方关系的新型治理平衡模式也给了市级学校主管部门和教师强大的再分配动力，帮助他们分解了由经济衰退导致的政府财政预算削减压力，同时也为发展具有地方特色的教育政策和教育实践提供了空间和自由，这对教师的专业发展能力和素养提出了新的要求。

这一阶段，教师组织和协会也开始自行组织 VESO 项目，为教师的专业发展提供培训。1996 年以来，国家教育署（National Board of Education）每年还会为高等教育机构和其他组织开放竞争性资助机会，以资助他们开展具体多样化的教师专业发展项目，如成立针对语言多样性学习的 LUMA 中心（www. luma. fi）。该中心旨在通过最新的科技教育方法和活动，激发儿童和青少年对数学和科学学科的兴趣，同时支持教师的专业发展和终身学习，加强其研究型教学能力和信息技术技能的培训和提升。1995—1998 年，世界著名教育家 Pasi Sahlberg 组织领导涵盖 12 个城市和 42 所学校的 Akvaario 项目，组织为教师提供专业发展支持，帮助教师理解和操作当时的新课程体系。1998 年，芬兰国家教育局组织教师电视培训项目（Opettaja-TV），在互联网上和卫星有线电视上播出，为教师免费提供专业发展和培训，该项目一直持续到 2012 年。

到了 21 世纪初，芬兰提出芬兰研究型教师教育理念，强调专业自主和终身学习的理念。教师教育的目标是教育有“自我反思”意识的教师，帮助

---

① SIMOLA H，KAUKO J，VARJO J，et al. Dynamics in education politics：understanding and explaining the Finnish case［M］. London and New York：Routledge Taylor & Francis，2017.

他们将有关教学的研究成果与专业的实际挑战结合起来。在行动中反思和对行动的反思，是教师专业发展的重要部分，是成为具有“自我反思”意识的教师的重要技能①。

同时基于专业知识共享的教师专业发展的新型模式业已兴起。这种培训的主要思想是，中小学教师根据自己的专业日常知识，通过分享有关教学和学习等方面的研究成果来培训大学的教师教育者。这种新模式将针对中小学教师专业发展的合作研讨会和每年的法定培训日安排在一起。中小学教师和大学教授既是培训人员也是这些活动的参与者。参训教师不仅可以获得学分，还可以将这些学分注册于学位结构和研究生学分体系。直至今日，芬兰各省市州还会派遣教师参加芬兰年度教育展览会（EDUCA），使教师可以及时学习芬兰各类教育发展的新成果，提升专业发展素养，以取代既有的VESO培训。

芬兰教育和文化部于2010年启动国家教师专业发展—Osaava计划（2010—2016），确保芬兰学校教师专业的系统持续发展。该计划旨在支持芬兰各省市根据当地需求，系统持续地为其教学人员提供技能和知识培训。2016年，教育和文化部还开展了芬兰教师教育论坛（Opettajankoulutus foorumi，2016—2018），为芬兰中小学教师开展职前和在职培训项目。芬兰国内大约有100名专家参加了该计划的制订和筹备，还听取采纳了国内教师和学生的相关建议。

第三节　教师专业发展多元协同共治主体的行为与实践

一、治理理论和协同理论在教师专业发展中的应用

治理理论和协同理论是西方学者在资本主义经济发展的宏观背景下，立足公共服务实践，由传统市场化、政府干预、政府主导等单一主体供给模

① SCHÖN D. Educating the Reflective Practitioner [M]. San Francisco，CA：Jossey-Bass，1987.

式，演绎出政府、市场、私人部门、非营利组织等多元主体参与的协同治理模式。那么多元共治的内涵和价值何在，相比单一主体，多元主体有哪些优势，各主体怎样合作才能发挥协同作用，对于应用到教师专业发展中的具体适切性又是怎样，这些则成为具体分析多元共治的主体声音和行为前需要解答的问题。根据协同原理，系统要达到和谐有序状态，系统就必须开放，与外界存在的物质、能量与信息进行交流。那么如果将芬兰中小学教师专业发展体系看作一个复杂系统，从上一章的实践历史演进过程中可以发现，教师专业发展系统实际上长期处于相对封闭的状态。而在本文所要讨论的芬兰教师专业发展领域中引入治理理论和协同理论，实现多元共治的重要前提是教师专业发展服务和培训的提供存在多元主体共同参与的可能性。

从历史上来看，20 世纪 70 年代，芬兰政府从教师专业发展服务的决策、生产到供给的各个环节实行集权化管理，但政府资源的有限性也限制了具体项目和课程的数量与质量的发展。后虽也形成市场、社会、教师工会等多元主体参与教师专业发展的格局，但并未发挥其应有的作用，多元主体协同的“治理”模式尚未完全形成。20 世纪 90 年代，严峻的经济衰退导致芬兰政府放弃政府集权式的决策管理模式，转向打破公私界限，强调市场主导、放宽管制的“新公共管理”模式。教师专业发展封闭系统格局趋向开放，政府、市场、社会等各变量相互作用，共塑教师专业发展治理新结构，使得教师专业发展“多元共治”存在可能。

同时从教师专业发展服务和培训的属性特点来看，这类服务并不属于萨缪尔森所定义的“纯公共产品”①，萨缪尔森对公共产品的定义是：商品效用拓展于他人的成本为零，无法排除他人参与分享，即具有“非竞争性”和“非排他性”的特点。但就芬兰教师的专业发展实际情况看，由于分权式的管理模式，不同地方政府的财政税收水平不一，能够给予教师用于专业发展的资金支持也就不同，也就导致了来自不同地域的教师在面对相同的教师专业发展商供给的服务时，具有极大的竞争性。另外，有些培训商的培训还存在着全纳性不够、只对特定群体开放的特点，也使得教师专业发展具有一定

① 保罗·萨缪尔森，等. 经济学［M］. 萧琛，译. 北京：人民邮电出版社，2008.

的“排他性”。因此，在芬兰教师专业发展未能达到政府作为单一主体提供具有完全排他性和非竞争心的纯公共产品的情况下，借鉴治理理论和协同理论，探讨芬兰中小学教师专业发展支持体系的转型完全具备可能性。

首先，芬兰的中小学教师专业发展服务的组织和提供存在着政府和市场失灵的状况，教师专业发展现状急需探讨协同治理方式的转变，这是倡导教育多元共治的现实需求。其次，在芬兰的教师专业发展治理中本就存在多方力量，通过协同治理有利于汇聚资源，并形成相互监督和完善的体制机制，这是多元共治的理论优势。最后，教师专业发展的现实局面已然是由政府单一主体向政府、私人部门、教师自治组织、大学、学校和教师自身的多元主体转变，做好统筹规划，能够促进系统整体功能的进一步优化，这是多元共治的现实基础。

在内涵上，教师专业发展多元共治意味着政府不再是唯一的主体，治理活动的组织载体和参与角色呈现出多元性、多样化的趋势，各类主体在共治的目标下共享资源、合作互动，共同提供产品和服务。相比于单一主体，多元主体治理模式的优势在于可以有效整合政府、市场、学校和教师多方关系，同时探索多元主体在教师发展治理问题中的具体角色和分工，对促进教师专业发展，服务教育发展大局有重要意义。

教师专业发展多元共治还意味着政府和社会以及公民关系的调整，社会网络组织和制度体系的构建。教师专业发展多元治理不仅关注教师专业发展制度安排，也关注教师专业发展进程中教师的中心地位与主体性，增进教师福祉和实现专业发展目标，从而实现“善治”。

二、教师工会和培训公司：“供应商”的评价

在这一部分中将分析供给者是如何描述芬兰教师专业发展的现状以及特点。总的来说，受访者提出的评论是相对消极的。他们指出，在当下教师专业发展并未受到足够重视，缺乏整体性和连贯性，且受到过度市场化的负向影响。

O：“总体来说，芬兰中小学教师的专业发展和在职培训情况不太好，未受到足够重视。”

对在工会工作的 O 而言，她认为促进教师专业发展需要以研究为基础，换句话说，就是将教师专业发展项目保留给专业人员如国家教育署，更为重要的是研究型大学。

O：“教师专业发展培训应该以研究为基础。在这个领域里有很多‘参与者’（actor），我们甚至都不知道他们做了什么……所以我认为，教育部向国家教育署提供资金和项目支持，由他们为教师组织良好的在职培训是合适的。”

在对她的访谈中，O 多次强调，她对许多“私人培训师”的资质和能力是质疑的。

O：“我们也有个人担任培训师的培训项目，但我们不知道他们具体做些什么……”

O：“他们没有教师的背景，那他们就不是教师，那么，他们如果不是教师，那他们的行为也不能称之为教学了。”

E 所在的公司还提供网络信息技术服务（IT）和培训，他补充道：

“在教师专业发展这个领域中，除了教师和提供商以外，还存在第三方即数字技术公司，它们也会提供一些培训服务……所以我认为，当人们谈论教师专业发展时，他们经常讨论和提及的如何在教育中使用信息与通信技术，即 ICT（Information Communications Technology）…… 像×××公司他们向学校销售 iPad，但与此同时他们也提供了很多教师培训……比如，一天的项目……”

E 对这种公司提供的服务和培训颇有微词，他将自己公司与这类公司机构做了比较，并总结认为，不同于第三方机构，他所在的公司作为芬兰教师专业发展项目的主要提供商，提供的项目具有长期可持续性。

与此相仿的是，O 也对芬兰当下教师专业发展的可持续性表示担忧，认为当下的教师专业发展不够协调，缺乏整体性和连贯性。这种不协调主要是由于决策者整体意识的缺乏。

O：“芬兰的教师专业发展和在职培训从来没有连贯一致过……或者说这就是我们期待已久的。我们向市政府建议，他们应当确立明确的发展目标，我们还希望他们能与学校的教师和校长一起思考，一同合作。制订各自的发展计划……”

虽然来自大学的 A 同意 O 的观点，但是 A 还是提出，在芬兰教师专业发展和培训的市场化趋势已然成为事实，并且是件可以接受的好事。

A：“我认为，在过去，私营公司对教育来说就好像是一个诅咒词汇（curse word），直至今日我们也还有这样的观点和态度，尤其是大学的教师。但如果我们看学校和市政当局与私营公司的合作时，规模和范围还是很大的，比如，和家具公司等，我的意思是说我们无法将自己同世界隔离分开，我们需要合作。”

当她作为公司的代表和发言人向笔者介绍展示 A 公司情况时，她还说道：

“我们实行的是企业化、公司化运营，效率是要考虑的第一要素。所以如果你效率不够，那么你就必须离开。”

因此，从她的介绍中可以发现，对这些有公共资金支持，为教师专业发展提供公共服务的公司来说，实际上生产产品的公共性和公司的营利性需求间可能存在矛盾。

而对来自图尔库的 N 而言，这种泛滥的市场化的后果是非常消极的。在她的采访中，她分享了如下的批评意见：

N：“我不得不说的一点是（受访者正在评论上述的另一家公司），我认为它的课程的市场化营销是非常含糊不清的。比如，它们推销一些将芬兰语作为第二语言的课程，并标榜该课程能够赋予参训者作为芬兰语教师的资格。但是他们并没有这种资质，我们曾多次联络他们，并告知他们的描述与事实不相符，可是他们仍然坚持这样做……”

三、芬兰教师专业发展存在的问题

受访者从自身角度出发提到了阻碍教师专业发展的诸多障碍，但总结来看，他们似乎都对财务和资金支持有着相同的担忧。他们认为，针对教师专业发展并没有足够的资金。而且，由于芬兰分权化，各省负责的教育管理模式，根据不同省市的财政和税收情况，教师可以获得的用于支持专业发展项目和培训的资金也大有不同。在 O 看来，这会导致不平等。

O："在一些省份，市政府对于教师的支持力度很大。还有一些省份并不资助教师的专业发展项目，因此，教师需要自己出钱参与培训，这就产生了巨大的不平等。但我们认为这其实应该是雇主（学校）的责任，学校应该为所有教师付费。"

作为工会的代表，O 的角色是捍卫教师的权利和义务。她还对如下说法提出了强烈的批评和质疑。

O："一些市政当局不同意鼓励专业发展的需要，也未能提供足额的各类支持。他们甚至认为，在芬兰，师范教育的实践太长而且成本太昂贵。"

E 也证实了芬兰分权到地方的教育管理模式的确带来了诸多问题。

E："我刚刚和我们公司的一位经理打过电话，他认为，在芬兰，所有省份的教师专业发展都亟待需要帮助和深化。但问题是他们没有足够的资金支持。他们愿意购买一些培训和咨询服务，但归根究底，资金还是大问题。当然，有些大省份和大城市也加大了在教师专业发展上的投入，但在大多数情况下，他们还是处于财政短缺的状态……"

这种情况也对 E 所在公司组织教师培训课程的模式和收费方式产生了影响，当笔者询问到教师是否愿意自费支付培训项目时，他回答说：

E："是的……有时他们确实付费参加，我们也提供何人都可以参加的开放式培训……我们一天的培训价格大约在 150 欧元……每个学校给每名教师的专业发展活动的预算和补贴金额大概是 150～200 欧元……因此，定价为 150 欧元，教师即使自行给付，也是可以负担得起的，不会像 500 欧元那么多。"

另一个问题，不同的教师专业发展项目供给者之间就会为了争取来自国家层面或地方城市的资金资助而争相降低价格，出现恶性竞争。这对她来说，对于教师和教育的发展都是十分不利的：

A："没错，现在有很多顾问都提供费用低廉的课程。据我所知，芬兰南部的一个省在规划教师专业发展项目时，他们向所有的提供商询价，然后选择最便宜的一个。这对教师来说并不公平，因为，商品和服务的价值与价格是相符的。你不能用最少的钱获得良好的训练，所以我们在这方面实际上是有相当的困难。一方面，我们需要降低价格参与竞争，另一方面，我们组织项目和课程也需要大量的资金投入，成本居高不下，我认为这不是很公平。”

然而当访谈接近尾声，被问及最想改变芬兰教师专业发展现状中的哪一部分时，她的反应显得更为激动，提出不能为了降低成本而放弃教育培训质量。

A：“我觉得，那些需要真正高质量教育的大的省市不能为了降低成本和财政支出就选择最便宜的教育机构。因为那样教师就会获得糟糕的、质量差的培训和服务。”

N 则对这个“价格”有着不同的看法，采访者将 A 所提及的一些公司会提供价格低廉的教师专业发展项目的情况转述给 N，她则表示：

N：“其实并非如此，我们大学的情况就不是这样。例如，一年前赫尔辛基市政府向我们购买促进教师专业发展的各类培训项目，价格也确实不菲。他们愿意付出这么多，我想他们真的愿意付出这么多……我不记得具体的价格，但是对他们来说这并没有关系。……他们有一些资金专门支持这类项目，这就是他们如何做到的。”

对 N 来说，只要促进教师专业发展的培训项目质量高，那么收取的费用偏高也就无关紧要，是可以接受的。再回到 A，她对一些省市没有意识到培训质量的重要性或是教师专业发展缺乏长期规划而表示担忧。

A：“如果他们只购买 3 小时的课程，就期待所有问题都会得到解决，我认为那并不会发生……当我看到他们给我们的出价时……我就清楚地意识到他们并不明白他们在做什么，他们试图从我们这里购买什么。所以培训项目便不可能发挥它真正的作用……这真的很令人伤心，因为我们想要尽我们所能，用最好的专家和最好的资源、流程提供课程和项目，但我们的手是捆绑着的，十分受限。”

另一个对政府的批评是他们并未给付足够的资金来支付当教师外出参加专业发展活动和培训项目时代课教师的代课费。O 和 N 特别讨论了这一点：

N：“我认为现在芬兰学校的主要问题是，他们没有足够的代课教师，或者他们没有获得代课教师的可能性，这是阻止教师外出参加培训和职业发展项目的重要原因，同时资金缺乏也导致了这一情况。教师知道如果他要去参加培训，就必须有另一位教师来承担他的责任，但没有代课教师的情况下，你可以猜测到结果……”

除了财务问题之外，受访者还提到了在芬兰有至少20%的教师不参加促进教师专业发展的培训项目的事实。

O：“每年有20%的教师不参加在职培训，但他们不能被强迫。校长应该敦促他们，但很难对他们说你必须去……所以我不知道这究竟应该怎么办。我认为主要是那些临近退休的教师……他们害怕电脑，害怕变化……”

受访者还指出，芬兰的中小学教师的工作强度和压力都比较大，尤其是在国家实行新课程标准以来。那么如何激励他们在繁重的工作之余，参加教师专业发展和培训项目则成了亟待解决的问题。

N：“在我看来，我认为教师现在非常疲惫，因为课程体系和标准都改变了，而且对教师的要求很高，所以他们并不太愿意参加培训……只有那些真的特别有积极性的教师才会报名注册专业发展活动。”

受访者还提到了另外两个与教师专业发展有关的问题。首先是在教师职前的师范教育和入职后的教师专业发展活动之间缺少联系。当N谈及有越来越多的新任教师辞职的情况时，她说：

N：“老实说，我认为教师的职前师范教育并没有很好地为教师做好准备……学生家长有时候对学校和教师的期待和要求都很高。但是在我们的培训和教育体系中缺少如何与学生家长进行沟通和合作……所以我们将其纳入我们的教师专业发展培训课程计划中。”

其次是计算机网络技术和在线课程等方式在教师专业发展培训中的应用较少。O似乎已经意识到了这个问题：

O：“您问我在我们的课程中智能科技设备的使用情况如何？那么我只能说并没有太多……是的，不过我认为它会越来越多的，但现在的情况是在学校和幼儿园里并没有提供电脑，并且教师也不知道怎么使用iPad和电脑来进行教学。”

A对这个问题有着相近的看法，她说：

A：“现在并没有很多国内在线培训提供商，而且大部分培训都是由国家教育署资助的，他们提供的只是最基本的面授课程，所以我认为这确实是一个问题。”

N还根据其自身所在单位的情况解释了为什么在芬兰在线培训课程项目并不常见。但需要注意的是，N只代表一所大学一个学院的情况，在其他大学中情况可能会有所不同。

N："例如，我们提供了三门关于使用多种语言和响应式教学的在线课程，但问题在于，大学里的官僚作风根本不承认这种教学方式，因此，我们不能将我们在网上花费的时间标记为教学内容，这样我们就不会得到报酬，也不会计算在我们的工作付出之内……这里的一切都跟时间挂钩……也许隧道尽头会有灯光吧……我认为也许是这个学院的问题，或许情况在其他学院是不同的……"

在采访过程中，受访教师丝毫不吝啬他们对于当下芬兰教师专业发展的不满之意。

在空间维度，他们表示现在的情况是全纳包容度不够，在偏远地区和农村地区的教师并不能像城市教师一样参加教师专业发展活动。1号教师解释说："所有的活动都不在本地，我们必须去外边城市参与。"她补充说："在赫尔辛基的教师只需要15分钟就可以去这些培训中心参与课程，而我就只能坐火车，而且需要3小时。"5号教师也分享了相似的内容："我试图寻找一些有趣的项目，但数量不多……我发现了一些还不错的项目，但是它远在于韦斯屈莱……在赫尔辛基我仍可以考虑去，但是在于韦斯屈莱①，距离确实太远了……"

而在时间维度，尽管法律中明确规定了有关教师参与专业发展的天数（VESO培训2天+自定1天），但教师们对他们应该预留给专业发展的具体日期犹豫不决。1号教师对没有积极主动参与教师专业发展项目而表示愧疚，但她也指出："我知道我应该做，但是你知道，并没有人在核实和检查这个事情。教师也认为，领导层并没有跟踪专业发展强制性3天的使用情况是由于经济原因：学校对教师专业发展的预算很少，对教师不充分利用这3天事情上睁一只眼闭一只眼，在某种程度上也为他们节省了资金，毕竟他们需要

① 于韦斯屈莱市（Jyväskylä）位于芬兰西部，距离首都赫尔辛基约270公里，距离受访教师所在学校约150公里。

为教师培训提供经济支持。”3 号教师也十分激动地对这个说法做了评论：“在芬兰，这就是教师专业发展一直被忽视的原因……”

而当被问及是否在学校参加专业发展项目时，一些教师表示这取决于教师的个性和自我驱动力。3 号教师认为在新课程标准实施的背景下，每名教师都需要不断更新和完善自己：“根据我的经验来看，我的老同事们，他们还有 5 年就要退休了，他们对专业发展显得并不那么热切……我不知道我 60 岁时会是什么样子，是否会与他们有所不同……但如果你看看这个新课程的内容，每个人都必须改变他们的教学方式，要不断学习和更新。”

更多教师关注的还是受到资金限制的专业发展规律化、持久化问题。5 号教师认为：

“如果资金预算充足，或是培训项目价格可以更低一点，校长应该经常派教师去参与专业发展项目。”2 号教师也补充道：“这真的不是我想不想去的问题，你应该问我能不能去，我能否获得资金的支持。就算满怀期待地真的成行，去了以后，前 30 分钟还算有用，其余的部分基本就是废话连篇了。”对 2 号教师来说，参与专业发展项目是一种人力资本的投资。不过根据培训师水平、主题多样性和内容新颖性的不同，参训教师能够获得的内容也存在较大差异，并且不同学校之间合作相对较少，因为“他们已经决定了自己学校的 VESO 培训内容”，此处的说法也进一步质疑了许多芬兰教育出口商所强调的“芬兰合作文化的特征”。

四、芬兰教师专业发展需要

从需求方面来看，芬兰中小学教师专业发展现状，具有“总需求量大”“需求呈动态化变化”和“需求异质性强”的特征。

（一）总需求量大

根据芬兰国家统计局数据，2017 年芬兰国内综合学校（小学和初中）2384 所，共有学生 556700 名，比上年增长 1.2%（女生 49%，男生 51%）①。

① Statistics Finland. Official Statistics of Finland (OSF): Pre-primary and comprehensive school education [M/OL]. Helsinki: Statistics Finland, 2017.

面对如此数量的学生，根据芬兰教育部2016年发布的报告指出，在芬兰却仅有80%的服务于基础教育阶段的教师参加过强制性的教师专业发展培训活动，高中教师的参加比率为88%。

然而在全体教师中，仅有不到50%的教师有单独的专业学习和培训计划，来支持和深化他们的专业发展（2017年这一比率仅为15%）以应对多样化全面性的学生要求。

（二）需求呈动态化变化

纵观芬兰国内中小学教师专业发展的体制和模式演变可知，在前期的国家统一计划管理时期，教师专业发展活动和服务的供给不由需求决定，而是自上而下的国家统一安排。进入市场化新公共管理时期，全纳性、多元文化、信息技术、全球化移民问题等带来的学生发展新情况，新课程改革为教师教学提出的技能和素质上的新要求，使得教师专业发展的需求在结构上呈现由低级向高级、由单一向多元的动态变化。

（三）需求异质性强

芬兰国内中小学教师专业发展的需求总体上分为地域总体差异和教师个体差异，主要表现在由从业年龄、所在地区经济发展程度和学生构成情况等所带来的差异。较大城市和北区拉普兰地区，相对发达地区与中等发达和欠发达地区的教师专业发展需求存在差异。不同学科、不同年级的教师对专业发展活动和培训项目的需求也存在差异。

五、教师专业发展供给

从供给方面来看，芬兰中小学教师专业发展现状，具有“资金支持多渠道，但总量不足”“供给主体多元，但缺乏联系”和“主题覆盖面广，但模式单一”“整体结构性失衡”的特征。

（一）资金支持多渠道，但总量不足

笔者搜集整理了2017年度芬兰国内提供教师专业发展的多元主体提供的项目和支持情况如下。表8-1详细展示了其他多元主体的具体资金支持情况。

表 8-1 教师专业发展资金支持来源

资金支持来源	组织申请者
国家教育行政部门	大学继续教育学院，应用技术大学，私人教育公司
欧洲联盟	教师个人，任何教育机构
北欧部长理事会	教师个人，任何教育机构
私人基金会	教师个人，任何教育机构
教师个人	教师自行给付

2017 年度，芬兰国内共有申请总额达 27,789,888 欧元的 347 个项目提交给教育部，最终通过审核评定，共有 153 项通过立项，予以财政支持，总金额高达 8,726,000 欧元。

同时欧盟“Erasmus+”计划（2014—2020）也是国际教师专业发展项目的主要赞助商之一。该计划为所有欧盟成员国家的教师提供 5.94 亿欧元的预算。资助教师申请并参加如教育创新、跨文化教育、代际教育、教育学理论及教学法等促进教师专业发展的课程（课程网址及范例如下：www.schooleducationgateway.eu）。

尽管有这么多的预算投入每年教师专业发展项目之中，无论是服务提供商还是参训教师都表示资金缺乏是现在教师专业发展面临的主要问题之一（详见前章访谈分析）。

（二）供给主体多元，但缺乏联系

基于供需平衡理论，在国家财政的支持下，国家教育署、大学附属的继续教育培训公司、应用技术大学、教育学院、教师培训学校、教师工会组织和各类私营部门等多元主体，协同为教师提供类型广泛、内容丰富的教师专业发展项目（详见下表 8-2）。

尽管有如此多的机构和组织提供教师专业发展的各类培训和项目，但是机构之间也存在着相互联系不够紧密，缺乏对话交流的情况。在纵向上，由于分权化管理，各类组织仅仅向国家教育署申请财政资金支持，缺乏更为系统化和体系化的“治理”支持。在横向上，各类组织之间也缺乏相互联系和配合，存在提供的课程内容和服务同质化过重的问题（详见下节主题分析），针对的市场和受众也时有交集，部分地区依旧存在空白。

表 8-2 教师专业发展多元供给主体

类型	供给主体	机构网址和课程内容
国家部门	国家教育署	http：//www. oph. fi/english
大学附属继续教育中心	HY+中心（赫尔辛基大学）	https：//hyplus. helsinki. fi/
	Breha 中心（图尔库大学）	http：//www. utu. fi/en/units/braheacentre/
教师工会	芬兰教师工会 OAJ	http：//www. oaj. fi/cs/oaj/public
私人公司	Educode 公司	http：//www. educode. fi（隶属 EDITA Publishing 公司）
研究型大学	东芬兰大学 ADUCATE	数字环境下的学习和教学培训（60 学分，2 年计划）；家庭与学校在多文化和多语种学校环境中的合作
	拉普兰大学	接受博士申请和提供教师教学课程
	奥卢大学 AIKOPA	创建学校文化和学校内的和平氛围
	坦佩雷大学	教育中的多元文化问题
应用科技大学	汉谟应用科技大学	数字电子化教学与 MOOC 课程创建
	于韦斯屈莱应用科技大学	数字电子化教学与学校社区建设
协会国际组织	教育教师协会	IPAD、戏剧、编程/机器等在新课程教育中的应用
	OKKA 教师暑期课程	组织教师赴意大利罗马进行教育教学培训，与欧洲其他教师建立联系

（三）主题覆盖面广，但模式单一

2017—2018年，芬兰国内教师专业发展各供给主体提供的课程涵盖以下主题：基于能力提升的学生中心教学法研究；多元文化教育；数字化和信息通信技术在教育领域的应用；校长领导力和学校发展；教育学理论与实践和教师学科和职业能力提升；课程与教学评估；多语言读写能力教育；教育福祉和教育心理；社区合作和与国家新课程标准（2016年）的接轨合作等。在评估主题方面，Brahea、“HY+”和Educode三个中心都提供了相关课程：学校评估文化的发展、学习型文化中的评估、教学中的电子评估（手工艺教育）。除Brahea中心持续整个学期的6学分课程外，其他课程均为短期课程（1~2天）。国家教育署对上述课程提供赞助。这些课程的目的是帮助教师反思和发展多样性的学校评估。在机器人和编程主题方面，Brahea、Educode、“HY+”中心等均设有相关课程。课程涵盖主题包括特定技术和软件的应用（例如，乐高、Minecraft、Office 365）以及更广泛的编程和数字融合课程。

作为一个移民越来越多的国家，移民/跨文化/多元文化也给教师专业发展提出新的要求和挑战。许多专业发展和培训课程也关注这一主题。“HY+”提供3门课程：学校中的融合（学制7个月，10学分），学校教育的多样性（2个月，3学分），移民教师资格培训（2年课程，60学分）。Brahea也提供了两个类似的课程：移民文化反映实践（一年，30学分），移民背景的教师培训准备研究（2年制课程，60学分）。在这些课程中，向参训教师提供有关多元文化教育问题的最新研究成果，同时也提供与移民学生（或具有移民背景）合作的具体建议。

芬兰在PISA排名中持续表现优异，学生的读写能力也是芬兰2014—2016年国家核心课程的主要内容。因此，针对学生的读写能力提升的教师素养也成为教师专业发展的关注主题之一。许多机构也提供了关于阅读教学新方法和数字媒体技术的应用等课程。

教育心理和教育福祉话题，只有“HY+”中心提供相应的课程，关注工作生活的伦理道德、教师角色转变、学生识字扫盲等话题。同时也有诸多课程帮助教师适应新的国家课程标准要求，从而确保学校合作文化的发展以及新课程目标的实现。

从供给角度总结来看，芬兰中小学教师有多样化的专业发展课程选择，并且这些课程大多受到国家教育部门的资金资助，并与其要求的大方向主题相符，包括教育福祉、多元文化、信息技术应用等。同时也需要关注不同项目、不同方法论和理论框架对教师的影响。但也不难发现，尽管培训的各类主题覆盖面广，但培训模式方面仍较为单一，多集中在面对面授课、小组研讨等传统的培训形式。

（四）整体结构性失衡

芬兰中小学专业教师的专业发展服务结构整体性失衡主要表现为地区间供给的不平衡和供给内部的相对过剩。

地区间教师专业发展服务的供给差别，主要体现为分权化管理所带来的地方省份财政税收支持能力和水平的不平衡。经济相对发达的、沿海的南部省份和地区，税收资金充足，财政支持力度大；经济欠发达的、居于国家北部靠近北极圈的地区，税收水平低，财政支持力度相对较弱。

供给内部的相对过剩主要表现为供求关系的错位和失调。当前的“新自由主义”市场化供给模式使得教师专业发展服务供给中参训教师和提供商之间的信息不对称。过度强调教师评估、信息技术应用，导致“硬性”技能性教师专业发展服务供大于求。而“软性”的教师专业发展服务，如教育心理与福祉、多元文化与移民问题等主题的培训供给则关注不够，推广力度不强，甚至被忽视和无视。

其原因主要是由于地区发展不平衡，主要体现为分权化管理所带来的地方省份财政税收支持能力和水平的不平衡。在芬兰，教师专业发展服务项目和课程的资金支持来源包括：中央政府（教育部和国家教育署）投入资金、地方各省市财政补贴资金、市场主体投资、社会筹资（教师工会投入资金、联合国和北欧部长委员会等机构注资）、学校投资和教师自筹资金。

第四节 教师专业发展协同治理的定位分工

根据协同原理，复杂系统内部存在竞争与合作，各子系统间的协同行为会超过各要素自身的单独作用，从而实现整个系统的统一联合。由上一章访谈分析可知，教师专业发展具有内容庞杂、层次丰富等特点，其治理涉及范围广，环节复杂、问题也复杂多样：

专业发展应该是强制的还是自主选择的？

专业发展应该更基于理论还是实践？

专业发展应该是短期还是长期？

专业发展应该独自学习还是与学校社区团队合作？

专业发展应该面对面授课还是在线网络式教学？

专业发展应该更关注专家培训还是与同事共享学习？

专业发展的规划管理体系应该自上而下还是自下而上？

专业发展对于每位教师来说应该是一样的吗？

专业发展需要考虑哪些主体的需求：省市、学校、教师，还有？

这就需要政府、私人部门、教师自治组织、大学、学校和教师自身等治理主体发挥各自优势进行分工，再根据所处治理环节，选择较为优化的主体协同方式协同治理。“分工”要求各治理主体明确自身能力、整合资源、确定服务内容与边界；“协同”要求各主体尊重事物发展客观规律，发挥自身优势，实现系统要素“1+1>2”的效果。

一、政府：主导协调

类比我国政府职能，芬兰政府的职能范围主要包括：经济调节、市场监管、社会管理和公共服务①。而公共产品与服务的供给也始终是西方公共行政学的主要研究对象，教师专业发展作为公共教育事业的一部分，也理所应

① 孙运时. 地方政府在教育发展中的作为［J］. 教育发展研究，2010（13）：41-42.

当地成为国家（政府）职能的核心内容。根据协同理论，系统中存在序参量，指的是当系统趋近临界点，各子系统便会形成关联，协同合作，出现序参量。序参量在系统行为支配中起主导作用。而从上述分析可知，教师专业发展这一治理系统中的序参量即为政府。

政府的角色和职能不是大包大揽，而应当是主导协调。准确定位政府职能有利于更好地构建芬兰中小学教师专业发展的多元主体协同治理模式。而政府的职能主要包括以下三项：制度供给、引导协调、法律监管。

二、教师工会：承上启下

在芬兰，教师工会联盟组织指的是 OAJ：trade union，是芬兰教师自我管理、服务与监督的自治性组织。其主要职能可以概括为："承上启下"。

对上来说，教师工会是教师权益的代表者，也是教师表达需求的重要途径。教师工会可以为专业发展项目提供资金支持，以协助政府教育与文化部的规划落地实施。同时也可以代表教师全体跟政府表达诉求、提供政策的反馈结果等，从而保障教师权利的实现和维护。

对下而言，教师工会作为教师自治平台，能够发挥管理和服务的职能，以协助政府和学校实现教师专业发展目标，帮助教育事业整体协调发展，还可以为教师组织提供多样化的培训，开展朋辈交流，促进教师群体内部的知识交流和共享。

三、私人部门：互利双赢

私人部门在这里主要指的是大学附属的培训公司、以 Educo 为代表的国有私营公司和纯私营公司。私人部门，即营利性组织和机构，其目标是追求利润最大化和最大限度地降低成本。市场这只"看不见的手"的调控也给芬兰教师专业发展市场带来了教师选择受限、信息资源不对称、培训质量标准不够完善等问题。要发挥私人部门在教师专业发展支持体系中的作用，既要避免"市场失灵"的影响，还要通过优势互补、信息交流的竞争与合作，实现不同公司主体的"互利双赢"。具体来说就是要积极与政府合作，利用政府提供的财政补贴和政策优惠供给高质量的教师发展培训项目，促进整个教师发展资源的优化配置。

四、学校：补充共享

在采访中，知名教授和一线教师都表示基于“校本”的培训课程都能够有效且有针对性地满足该地、该校教师专业发展的实际需求，同时学校积极组织和提供教师专业发展项目培训，也有利于学校的健康发展和教育目标的实现。因此，我们可以认为，学校是教师专业发展协同治理体系中不可获缺的一员，是其他治理主体的有效“补充”。在这里需要多提一下的是，校长的领导能力和专业前瞻性也是影响专业发展项目的重要因素之一。作为学校领导，校长不能鼠目寸光，只顾个人利益的实现。一个优质的校长，会通过各种渠道和途径，想尽办法为教师专业发展提供条件，从而促进整个学校教育质量的提升和教育目标的实现。

五、教师：实践参与

最后的一个治理主体是教师，教师自身应当发挥作为治理主体成员的能动性，认清自身身份的双重性，认识到自身不光是专业发展活动的直接“消费者”和“顾客”，或者说被动的培训对象；同时也还是朋辈教育、知识经验共享型专业发展服务的供给者。他们有权利通过各种途径表达诉求与期望，对教师专业发展的课程内容及组织形式等提出意见建议，并对各主体提供的服务质量和水平做出监督，并反馈意见。同时也要积极提高主人翁意识，不断激励和调动自己参与专业发展活动的积极性，提升自身的教学能力和水平。笔者根据协同理论中的开放系统、序参量、竞争合作等原理，并结合上述分析，构建了芬兰中小学教师专业发展的多元主体协同治理模型结构，如图 8-2 所示。

教师专业发展的治理存在多元主体。为了完善专业发展大局，则需要为多元主体开拓更为开阔的合作空间，具体要从制度供给和引导协调两个方面入手。

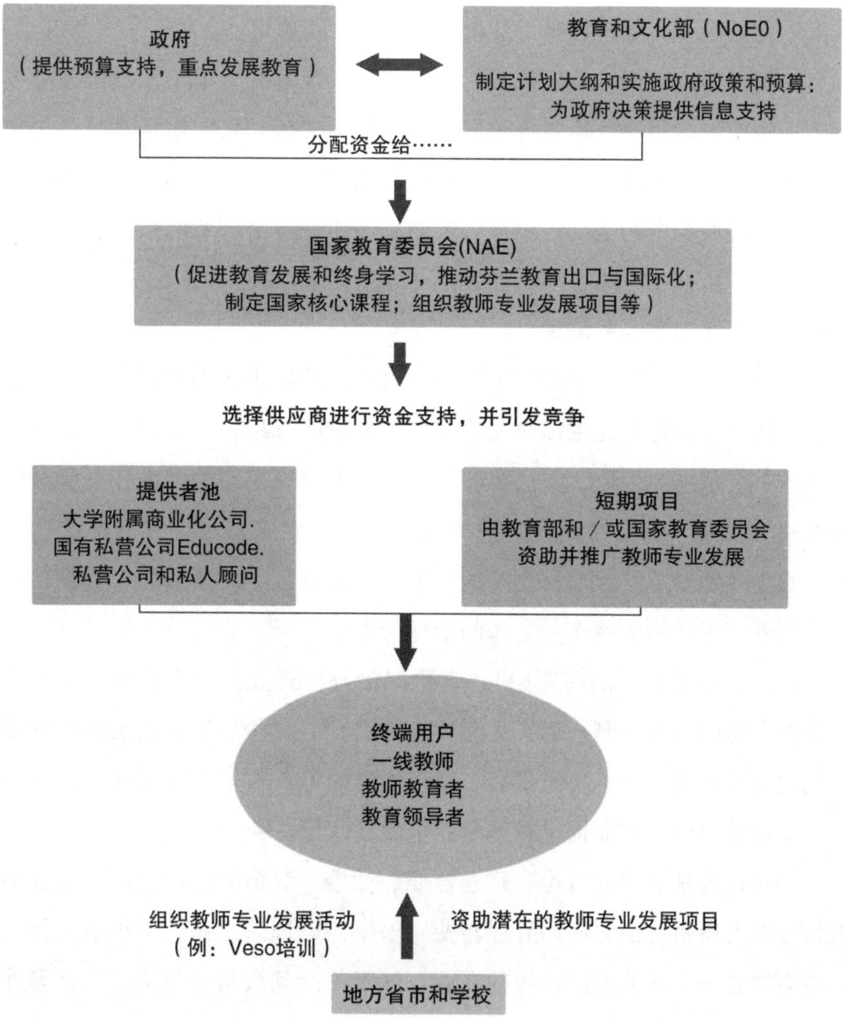

图 8-2　芬兰中小学教师专业发展的多元主体协同治理模型

在制度供给的宏观层面，以芬兰教育和文化部、芬兰国家教育署为代表的政府不能仅仅只投入财政资金的支持，还必须明确教师专业发展的整体战略部署，从目标愿景、指导思想、培训标准和实施细节等要素入手，为教师专业发展创建宏观的政策环境，在制度框架下建立多元主体协同治理的合作机制，为多元主体的协同治理明确目标与方向。同时还必须加大对教师专业发展事业的投入，促进教师专业发展的持续性和稳定性。

在引导协调层面，政府要践行治理理念，统筹芬兰中小学教师专业发展各方面需求，运用财政税收等政策工具，鼓励支持和引导市场和社会力量参与教师专业发展治理。积极主动做好担头挑梁重任，协调多元主体在供给教师专业发展服务中的咨询、决策、生产、评估等各个环节的系统资源优化与整合①，并且通过法律、政策和制度手段，保证各主体平等参与市场竞争，同时注意资源和资金的浪费。

首先，促进教师专业发展的协同治理还需要提供各类保障。在提供保障层面，法律监管是多元主体协同治理机制形成的基础，也是协同形成后监督管理的重要依据。因此，在法律监管层面，由于现在芬兰国内各类监督管理制度缺失，为了确保参训教师的利益，芬兰政府应当建立健全各类法律法规，确立教师专业发展项目供给的标准、资格认证、质量监督、资助标准等规章制度，规范和监督多元主体的治理行为。

其次，要贯彻“治理理论”，强化“治理”理念。建立教师专业发展运行的综合协同治理机制。通过多元主体的合作、竞争、制衡，实现教师专业发展的诉求表达、目标决策部署、课程项目的筹资与生产以及项目的综合评估与反馈等目标，从而促进教师专业全面立体化发展。

同时还要基于协同理论，建立合作、竞争、制衡的协同机制，促进整个教师专业发展系统由无序向有序转变。根据协同理论，芬兰中小学教师专业发展必须是一个开放系统，教师专业发展不仅受到政治、经济、文化等外部因子的影响，还要和外界存在的物质、能量和信息进行交流，这就意味着，教师专业发展必须是多元主体参与治理。同时系统内部必须远离平衡态，当下的芬兰中小学教师专业发展还不平衡，供需矛盾也尚未完全解决，存在很多待完善之处，系统仍未达到平衡。同时包括政府、教师工会、私人部门、学校及教师自身在内的多元治理主体也要积极竞争与合作，共同促进教师专

① 范逢春. 农村公共服务多元主体协同治理的实证研究——对“成都模式”的检验[J]. 经济体制改革，2014 (2)：74-78.

业发展，实现“1+1>2”的协同治理目标。

最后，要建立和完善反馈机制，聆听各主体的意见建议。开放系统的维持和系统目标的实现，都离不开具体的反馈，只有通过评估反馈才能促进系统更好地优化和循环运行。

参考文献

中文专著类：

［1］王名. 社会组织与社会治理［M］. 北京：社会科学文献出版社，2014.

［2］俞可平. 治理与善治［M］. 北京：社会科学文献出版社，2000.

［3］陈振明. 国家治理转型的逻辑：公共管理前沿探索［M］. 厦门：厦门大学出版社，2016.

［4］戴维·奥斯本，彼得·普拉斯特里克，等. 再造政府：政府改革的五项战略［M］. 谭功荣，刘霞，译. 北京：中国人民大学出版社，2014.

［5］上海市浦东新区社会发展局. 中国教育改革前沿报告［M］. 上海：上海教育出版社，2009.

［6］颜丙峰. 教育中介组织的理论与实践［M］. 上海：上海人民出版社，2006.

［7］康建朝，李栋. 芬兰基础教育［M］. 上海：同济大学出版社，2015.

［8］迈克尔·富兰. 变革的挑战：学校改进的路径与策略［M］. 叶颖，周小晓，等译. 北京：北京大学出版社，2013.

［9］孟繁华. 学校发展论［M］. 北京：教育科学出版社，2011.

［10］路易丝·斯托尔，迪安·芬克. 未来的学校：变革的目标与路径［M］. 柳国辉，译. 北京：北京大学出版社，2015.

［11］翁士洪. 金勺模型——社会组织援助义务教育的系统行为分析［M］. 上海：上海人民出版社，2017.

［12］吕纳. 公共服务购买中的政府与社会组织互动关系研究［M］. 上海：上海交通大学出版社，2017.

［13］易轩宇. 社会组织参与社会治理的机制创新研究［M］. 湘潭：湘潭大学出版社，2017.

中文期刊类：

［1］耿超. 多元共治：教育行政方式的转变［J］. 华东师范大学学报(教育科学版)，2018，36（1）.

［2］吴磊，冯晖. 合作治理视域下社会组织参与教育治理：模式、困境及其超越［J］. 中国教育学刊，2017（12）.

［3］程红兵. 教育治理现代化进程中学校治理体系变革研究——以深圳明德实验学校为例［J］. 全球教育展望，2017，46（11）.

［4］孙远太. 管办评分离背景下基础教育协同治理机制研究［J］. 教学与管理，2017（27）.

［5］陈娜. "U-D-S"伙伴协作：价值、阻力与路径［J］. 教育理论与实践，2017，37（8）.

［6］曾巍. 教育信息化促进教育治理水平提升［J］. 教育研究，2017，38（3）.

［7］杜明峰，范国睿. 社会组织参与教育：机制与策略［J］. 教育研究，2017，38（2）.

［8］杨轶华. 非政府组织参与农村教育贫困治理研究［J］. 社会科学辑刊，2017（1）.

［9］谢蓉. 基础教育的公私合作供给模式与治理：基于珠三角的案例研究［J］. 南方经济，2016（12）.

［10］于璇，代蕊华. 基础教育治理研究：回顾与展望［J］. 现代教育管理，2016（10）.

［11］孙远太. 基础教育协同治理的困境及其突破［J］. 教育探索，2016（9）.

［12］李素芹，胡惠玲. 基于U-G-S协同模式的教师发展学校设计［J］.

教育研究与实验，2016（4）.

［13］黄伟伟，肖起清．“U-G-S”模式下中小学传统文化教师教研团队培养模式分析［J］．教学与管理，2016（21）.

［14］朱春芳．主体共治，校本管理：英国基础教育治理模式探析［J］．比较教育研究，2016，38（7）.

［15］朱桂琴，陈娜．“U-G-S”教师教育合作共同体的建构：戴维·伯姆对话理论的视角［J］．教育发展研究，2015，35（18）.

［16］尹达．教育治理现代化：理论依据、内涵特点及体系建构［J］．重庆高教研究，2015，3（1）.

［17］褚宏启．关于教育治理的几个关键问题［J］．人民教育，2014（22）.

［18］褚宏启．自治与共治：教育治理背景下的中小学管理改革［J］．中小学管理，2014（11）.

［19］褚宏启．教育治理：以共治求善治［J］．教育研究，2014，35（10）.

［20］褚宏启，贾继娥．教育治理中的多元主体及其作用互补［J］．教育发展研究，2014，34（19）.

［21］何珊云．社会组织参与教育改革的政策鼓励体系及其创新［J］．教育发展研究，2014，34（17）.

［22］刘益春，李广，高夯．“U-G-S”教师教育模式实践探索——以“教师教育创新东北实验区”建设为例［J］．教育研究，2014，35（8）.

［23］盛明科，朱玉梅．我国教育统筹发展的政策变迁：问题及改进思路——基于1979年~2013年国家教育政策文本的分析［J］．理论探索，2014（4）.

［24］杨朔镔．利益相关者治理模式下的大学外部治理结构变革——以“U-G-S”为例［J］．黑龙江高教研究，2014（6）.

［25］张建．教育治理体系的现代化：标准、困境及路径［J］．教育发展研究，2014，34（9）.

［26］李国栋，杨小晶．U-D-S伙伴协作：理念、经验与启示［J］．外

国教育研究，2013，40（10）.

［27］楼世洲．“影子教育”治理的困境与教育政策的选择［J］．教育发展研究，2013，33（18）.

［28］闫建璋，郭赟嘉．师范院校“大学—政府—学校”人才培养模式研究——基于山西师范大学的实践探索［J］．中国高教研究，2013（8）.

［29］王艳玲，原青林．国外基础教育公私合作伙伴关系探新——以教育治理为视角［J］．外国中小学教育，2013（3）.

［30］汪莉．多元主体参与视角下公立中小学治理结构之重塑［J］．基础教育，2012，9（4）.

［31］李飞龙．国外基础教育 PPP 办学模式的实践及启示［J］．外国教育研究，2010，37（7）.

［32］原青林，王艳玲．国外基础教育 PPP 模式新探［J］．外国中小学教育，2010（7）.

［33］姜美玲．教育公共治理的国际经验及其启示——加拿大、日本教育公共治理考察报告［J］．世界教育信息，2010（6）.

［34］高树昱，吴华．我国教育领域的公私合作伙伴关系审视［J］．教育发展研究，2010，30（8）.

［35］邬志辉．学校改进的“本土化”与内生模式探索——大学与中小学合作伙伴关系的维度［J］．教育发展研究，2010，30（4）.

［36］原青林，单中惠．基础教育公私合作伙伴关系模式：问题与启示［J］．教育研究，2009，30（9）.

［37］吴景松．我国基础教育治理模式的实证研究［J］．中小学校长，2009（7）.

［38］杨朝晖．“U-S”伙伴合作关系问题研究述评［J］．首都师范大学学报（社会科学版），2009（3）.

［39］姜美玲．教育公共治理：内涵、特征与模式［J］．全球教育展望，2009，38（5）.

［40］王晓辉．关于教育治理的理论构思［J］．北京师范大学学报（社会科学版），2007（4）.

[41] 赵玉丹. 大学与中小学伙伴合作：国外研究的现状及述评 [J]. 内蒙古师范大学学报（教育科学版），2007 (3).

[42] 崔允漷. 基于伙伴关系的学校变革 [J]. 当代教育科学，2006 (22).

[43] 唐宗清. 合同制：教育治理的制度创新 [J]. 外国中小学教育，2006 (7).

[44] 俞可平. 中国公民社会：概念、分类与制度环境 [J]. 中国社会科学，2006 (1).

[45] 褚宏启. 教育行政专业化与教育行政职能转变 [J]. 人民教育，2005 (21).

[46] 王少非，崔允漷. 大学—中小学伙伴关系：一种分析框架 [J]. 全球教育展望，2005，34 (3).

[47] 褚宏启. 政府与学校的关系重构 [J]. 教育科学研究，2005 (1).

[48] 范国睿. 政府·社会·学校——基于校本管理理念的现代学校制度设计 [J]. 教育发展研究，2005 (1).

[49] 盛冰. 80 年代以来美国公立学校改革述评 [J]. 全球教育展望，2003，32 (9).

[50] 俞可平. 全球治理引论 [J]. 马克思主义与现实，2002 (1).

[51] 俞可平. 治理和善治：一种新的政治分析框架 [J]. 南京社会科学，2001 (9).

[52] 伍红林. 美国大学与中小学合作教育研究：历史、问题、模式 [J]. 比较教育研究，2008 (8).

[53] 邬志辉. 学校改进的"本土化"与内生模式探索——大学与中小学合作伙伴关系的维度 [J]. 教育发展研究，2010 (4).

[54] 吴康宁. 从利益联合到文化融合：走向大学与中小学的深度合作 [J]. 南京师大学报（社会科学版），2010 (3).

[55] 杨小微. 转型与改革——中小学改革与发展方法论 [M]. 武汉：湖北教育出版社，2004.

[56] 王嘉毅，程岭. "U-S" 合作及其多元化模式建构——兼述第五届

两岸四地“学校改进与伙伴协作”学术研讨会［J］. 教育发展研究，2011 (20).

［57］李静. U-S 教师教育共同体：目标、机制与策略［J］. 教育理论与实践，2012 (8).

［58］孙元涛，许建美. 大学与中小学合作研究：经验、问题与思考［J］. 教育研究与实验，2012 (3).

［59］蔡春，张景斌. 论 U-S 教师教育共同体［J］. 教育科学研究，2010 (12)：47-50.

［60］陈振华，程家福. 论 U-S 合作长效机制的构建［J］. 教育发展研究，2013 (4).

［61］彭虹斌. U-S 合作的困境、原因与对策［J］. 教育科学研究，2012 (2).

［62］牛瑞雪. 行动研究为什么搁浅了——大学与中小学合作研究的困境与出路［J］. 课程·教材·教法，2006 (2).

［63］滕明兰. 从“协同合伙”走向“共同发展”——大学与中小学合作问题研究［J］. 教育发展研究，2008 (22).

［64］徐建培. 论学校组织文化建设［J］. 当代教育科学，2004 (12).

［65］王新如，郑文. 谈学校组织文化与学校效能［J］. 教育科学，1997 (3).

［66］郭祖仪. 试论大学组织文化的提升与组织形象的塑造［J］. 高等教育研究，2001 (5).

［67］徐志勇，张东娇. 学校文化认同、组织文化氛围与教师满意度对学校效能的影响效应：基于结构方程模型（SEM）的实证研究［J］. 教育学报，2011 (5).

［68］乐传永. 学校组织文化功能的探讨［J］. 教育理论与实践，2000 (1).

［69］徐建培. 论学校组织文化建设［J］. 当代教育科学，2004 (12).

［70］胡苑姗. 现代学校文化建设研究［J］. 知识经济，2013 (12).

［71］唐丽芳. 课程改革中的学校文化：一所学校的个案研究［M］. 长

春：东北师范大学出版社，2015.

[72] 丛惠春. 学校文化建设中需要处理好的几方面关系 [J]. 现代教育管理，2018 (7).

[73] 宋星，雷晓燕. 校本课程的文化价值与文化品牌建设研究 [J]. 教学与管理，2019 (24).

[74] 李恺，詹绍文，邢思珍. 乡村中小学学校文化建设的价值取向与推进路径 [J]. 信阳师范学院学报（哲学社会科学版），2019 (4).

[75] 毛拴勤. 农村小规模学校特色发展的实践研究 [J]. 甘肃教育，2019 (8).

[76] 李俐，陈时见. 芬兰中小学教师的在职培训及启示 [J]. 当代教育科学，2013 (8).

[77] 李梦茹. 芬兰研究型教师培养模式及其启示 [J]. 教师教育学报，2017 (3).

[78] 宋保平. 芬兰教师教育的"职前"和"职后" [J]. 现代教学，2013 (3).

[79] 王丽君. 特色办学解困农村小规模学校——八里小学书法特色办学个案研究 [J]. 中国校外教育，2017 (4).

中文学位论文类：

[1] 陈德胜. 约束下的变通：县域政府教育治理 [D]. 南京：南京师范大学，2016.

[2] 陈文海. 学校组织文化的探索与实践 [D]. 武汉：华中师范大学，2008.

[3] 杜明峰. 社会组织参与教育 [D]. 上海：华东师范大学，2017.

[4] 付美龄. 农村小规模学校校园文化建设研究——以湖北省巴东县为例 [D]. 武汉：武汉轻工大学，2018.

[5] 蒿楠. 中小学办学自主权区域实证研究 [D]. 上海：华东师范大学，2017.

[6] 何长平. 现代中小学学校文化建设研究 [D]. 南昌：江西师范大

学，2006.

［7］胡伶. 公共治理范式下的地方教育行政职能转变研究［D］. 上海：华东师范大学，2010.

［8］刘波. 民间教育评估机构运行机制研究［D］. 重庆：西南大学，2013.

［9］刘青峰. 当代中国教育服务公私合作中的地方政府管理研究［D］. 昆明：云南大学，2015.

［10］毛明明. 当代中国政府购买教育服务研究［D］. 昆明：云南大学，2016.

［11］宋官东. 教育公共治理及其机制研究［D］. 沈阳：东北大学，2012.

［12］吴景松. 政府职能转变视野中的公共教育治理范式研究［D］. 上海：华东师范大学，2008.

［13］徐冬青. 市场引入条件下的政府、学校和中介组织［D］. 上海：华东师范大学，2005.

［14］徐娟. 教师发展理念下两种“US 合作模式比较研究”——英国教师伙伴学校和美国专业发展学校［D］. 南京：南京师范大学，2007.

［15］杨全印. 学校文化建设：组织文化的视角［D］. 上海：华东师范大学，2005.

［16］周翠萍. 我国政府购买教育服务的政策研究［D］. 上海：华东师范大学，2011.

英文专著类：

［1］KOOIMAN J. Modern governance［M］. London：Sage Publications，1993.

［2］World Bank. Averting the Old Age Crisis - Policies to Protect the Old and Promote Growth［M］. Washington，DC：World Bank，1994.

［3］COLLINS K C E. Getting Started：An Overview of School Development Practices［M］. Washington，DC：National Catholic Educational Association，

1997.

[4] CHHOTRAY V, STOKER G. Governance theory and practice: a cross-disciplinary approach [M]. New York Palgrave Macmillan, 2008.

[5] KOOIMAN J. Governance and Governability: Using Complexity, Dynamics and Diversity [M] //Modern Governance: New Government - Society Interactions. London: Sage Publications, 1993.

[6] LEAT D, STOKER G. Towards holistic governance: the new reform agenda [M]. Palgrave, New York: 2002.

[7] KOOIMAN J. Governing as Governance Sage [M]. London: Sage Pubn Inc, 2003.

英文期刊类:

[1] ROSENAU J N, CZEMPIEL E O. Governance without Government: Order and Change in World Politics [J]. American Political Science Review, 1992, 87 (2): 311-545.

[2] World Bank. Governance and Development [J]. World Economics, 1992, 10 (2): 79-108.

[3] DANZBERGER J P, USDAN M D. Local Education Governance: Perspectives on Problems and Strategies for Change [J]. Phi Delta Kappan, 1994, 75 (5): 366-366.

[4] Oxford University Press. Our Global Neighborhood: The Report of the Commission on Global Governance [J]. George Washington Journal of International Law & Economics, 1995 (3): 754-756.

[5] RHODES R A W. The New Governance: Governing without Government [J]. Political Studies, 1996, 44 (4): 652-667.

[6] STOKER G. Governance as theory: five propositions [J]. International Social Science Journal, 1998, 50 (155): 17 - 28.

[7] ANSELL C, GASH A. Collaborative Governance in Theory and Practice [J]. Journal of Public Administration Research & Theory, 2007, 18 (4):

543-571.

[8] FASENFEST D. Government, Governing, and Governance [J]. Critical Sociology, 2010, 36 (6): 771-774.

[9] QUARSHIE J D, OYEDELE V. University, Education District, and Schools Collaboration in the Preparation of Local Level Educational Leaders: The Zimbabwean Experience [J]. Procedia - Social and Behavioral Sciences, 2011, 29: 1236-1243.

[10] EMERSON K, NABATCHI T, BALOGH S. An Integrative Framework for Collaborative Governance [J]. Journal of Public Administration Research & Theory, 2012, 22 (1): 1.

[11] PALETTA A. Public Governance and School Performance [J]. Public Management Review, 2012, 14 (8): 1125-1151.

[12] HOPKINS D, LEVIN B. Government Policy and School Development [J]. School Leadership & Management, 2000, 20 (1): 15-30.

[13] ZIMMERMANN J E. The Comer School Development Program [J]. Education Research Consumer Guide, 1993 (6): 3.